新时代法学学术文库

梁慧星 主编

教育部人文社会科学研究青年基金项目资助（15YJC820021）

俄罗斯著作权制度流变考

姜海洋——著

法律出版社
LAW PRESS · CHINA

总 序

我于1988年起担任中国社会科学院法学研究所民法研究室主任，开始考虑学术发展和人才培养问题。在20世纪90年代，中国正遭遇学术著作出版难，尤其未成名的年轻学者的学术著作出版更难。我于是仿照王泽鉴先生担任台大法律系主任时编辑出版《台大法学丛书》的办法，编辑出版《中国民商法专题研究丛书》。自从1994年出版第一本以来，用了20年的时间，按照计划出版了100本。

回首这20年的时间，中国的民商法学快速发展，我相信这套丛书也起到了重要的作用。丛书中的大部分作者，都是在这套丛书中出版了他们的处女作。他们中许多人现在都成了著名学者，而在这套丛书中出版的处女作，则是他们学术生涯的起点。《中国民商法专题研究丛书》当时的编辑宗旨是，从中国改革开放和发展现代化的市场经济的实际出发，广泛参考发达国家和地区民商事立法的成功经验和最新判例学说，深入研究民商法的基本理论和实践中的重大法律问题，为中国民商事立法的现代化和民商事审判实务的科学化提供科学的法理基础，提升民商法理论水平，推出民商法理论研究人才，使中国民商法理论研究尽快赶上发达国家和地区的水平。我想，最初的想法应该是实现了。《中国民商法专题研究丛书》为我国的民商法理论做出了积累，为民商事立法提供了参考，为民商事司法也提供了借鉴。

2020年5月28日，举世瞩目的《中华人民共和国民法典》颁布了。可以说，这是中国几代民法学人的梦想。民法典的颁布，与民商法的学术积累是分不开的。除了编辑出版这套丛书,我还主编了民商法的学术性论文集《民商法论丛》,目前该论丛已经出版了70卷,并入选中文社会科学引文来源期刊(CSSCI)。为了更好地借鉴国外最新的立法成果与学术研究,我又于2013年组织翻译了《欧洲民法典草案》(十卷本),并已经出版。2014年,我还主编了《中国民法典建议稿附理由》(八卷本),该书出版后我还将其转送给相关立法部门。《中国民商法专题研究丛书》《欧洲民法典草案》《中国民法典建议稿附理由》分别入选国家"十一五""十二五""十三五"重点图书出版规划。

2014年,《中国民商法专题研究丛书》的第100本出版后,我就决定不再继续编辑出版了。同年,我来到北京理工大学珠海学院民商法律学院做名誉院长。2015年以来,《中国民商法专题研究丛书》第51到100本书的责任编辑刘文科先生不时找到我,希望我能够把编辑丛书的工作继续下去。由于我年龄大了,精力确实有限,几番推辞。后来学术界的许多朋友也来找我,希望我能够继续编辑丛书。我终于下定决心,将编辑丛书的工作继续下去。

二十几年前,我国民商事立法处于起步阶段,学术著作也多以立法论为主。而伴随着民法典的颁布与实施,解释论的研究会逐渐多起来。这也是我编辑新丛书时的最初想法。当然,继续深入研究发达国家和地区的立法与司法经验,依然十分重要。新的丛书,我希望能够秉持上面所说的两项宗旨。丛书的出版,不限于民商法学科,包括所有法学学科的专题研究著作和博士论文。鉴于中国的法学研究与法律实践正处在一个除旧革新、朝气蓬勃的新时代,我和出版社商量,将这套新的丛书定名为《新时代法学学术文库》。

是为序。

2018年7月

序　言

本书是一篇民法学博士学位论文,实际上是以“著作权制度”为对象的“史学”研究,可能会被认为超越了民法学的范畴。现代学术分科日益细密化,法学研究也是如此。对细密化研究趋势应予以必要的警惕,罗斯科·庞德曾经指出,学术研究应当摆脱前一个世纪流行的极端专业化倾向和狭隘而僵化地划分范围的倾向。著作权制度不能脱离特定社会背景而自生,而是与经济、政治、文化以及国际关系等因素密切相关。著作权制度具有历史传承性,对其研究不能仅关注现在,还应知悉其过去与未来,其他民法制度也莫不如此,我们对于那些貌似“另类”的研究应当持包容态度。

史学研究关注的是过去,但过去并不意味着逝去,过去仍然存在于当下并延续至未来。作为实用法学学科的民法学研究是其典型,过去、现在与未来是紧密联系在一起的。拿现在正紧锣密鼓进行的民法典编纂来说,根本不研究、不了解现行合同法、物权法、侵权责任法、婚姻法、继承法、收养法等法律制定的历史背景、政治经济社会条件,以及历史上的立法构想设计和立法者意思,如何能够达成目标?

本书对俄罗斯著作权制度史的研究不仅再现了俄罗斯著作权制度的过去,描述了它的现在,还对其未来进行了描绘,从而可以全方位了解俄罗斯著作权制度。而通过俄罗斯著作权史这面镜子,也将有助于反思我国著作权制度的过去、现在与未来。

中国法制和法学曾深受苏联法影响,遗憾的是,当前研究俄罗斯法制和法学的著作很少。俄罗斯这样一个曾经对我国有过深刻影响的大国和邻国,我们没有理由不重视对其法制和法学的研究。姜海洋博士选择俄罗斯著作权制度史这样一个宏观研究题目,可谓一个勇敢决定。学术研究离不开爱,如果研究者对所研究领域缺少了爱,很难保证全身心的投入。姜海洋博士本科专业为俄语,他对俄罗斯研究有着独特的情感,这种情感可以保证他在该领域研究的路上坚定不移地走下去。

当然本书也有一些不足之处,例如对不同时期著作权制度的评价缺乏实践证据作为依据。单纯的理论研究虽然也可以做到逻辑上的自洽,却难免说服力不足,这是作者在以后学术研究中应当注意的。此外,部分章节的撰写与论证也存在不足,例如第三章时代背景部分的论证不如第一章、第二章相应部分缜密与透彻。但正如作者在后记中表述的那样,史学研究应循序渐进并持之以恒,我相信他在以后的研究中一定能克服上述问题,做出精彩的回应。

顺便提及,2001 年我兼任山东大学法学院院长并指导民法学博士研究生、硕士研究生。2007 年卸任后仍继续招民法学博士研究生,至 2014 年停招,姜海洋是我在山东大学指导的最后一位博士。今乐见其博士学位论文出版!

中国社会科学院学部委员　梁慧星

2019 年 11 月 27 日于珠海

前　言

以著作权制度的产生为依据,可以将所有国家大致分为两种类型:著作权制度先发国家与著作权制度后发国家。著作权制度先发国家指的是那些现代著作权制度的起源国家,如英国、法国与德国等。著作权制度后发国家指的是著作权制度起源国之外的国家,大部分国家均属此类。先发国家的著作权制度大多在较为封闭的国内环境中形成,并保持着独立发展,著作权制度风格的形成主要受其国内因素影响,"著作权起源于17、18世纪的欧洲,构成了当时该地区政治经济结构变迁的一部分。"①因而,先发国家的著作权制度往往各具特色,著作权领域中的版权体系与作者权体系便因此而形成。著作权制度后发国家指的是著作权制度并非其本土化之产物,而是经由学习与借鉴先发国家著作权制度而形成,大部分国家属于此类,这其中包括中国与俄罗斯。

虽然后发国家在著作权制度发展上存在理论上的"后发优势",即可以通过先发国家的经验避免其曾经犯下的错误,不仅可以迅速地建构起著作权制度,并能够较快地实现著作权制度的现代化。但这种所谓的"后发优势"仅是在接受先发国家的理念基础上才具有意义,这实际上也剥夺了后发国家在著作权领域另外开辟道路的可能性。先进文

① 金海军:《16~18世纪英国知识产权的历史与功能:一种社会结构整体观》,载刘春田主编:《中国知识产权评论》,商务印书馆2002年版,第83页。

化具有强大的渗透力与吸引力，先发国家的著作权制度同样也具有强大的影响力。在先发国家强势文化与强话语权的影响下，著作权制度的正当性已不言自明，激励创作以促进文化繁荣成为其强有力的逻辑基础。但是从史学的角度来看，激励理论并不能令人完全信服，甚至苍白。历史告诉我们，“财产权未必就是某一个社会所需要的鼓励发明与创新的唯一途径”，①近代以来所形成的著作权制度也未必是激励创作、促进文化繁荣的最佳途径，正如那些文明古国的过去一样，虽无现代意义的著作权制度，却依然为人类留下丰富而华丽的篇章。自著作权制度产生之初，对其质疑就没有停止过，“通过慷慨授予作者权利而鼓励文学生产，本来并不认为是一项深思熟虑的政策”。② 虽然著作权制度（乃至知识产权制度）的合理性已经得到了全方位的论证，③但这些论证同样也引发了质疑，“除非是在最平庸、陈腐的水平上，否则它（知识产权法律）也不能从经济学依据、作者人格权理论或者自然法、实证法方面得到解释”。④ 在现代著作权制度产生之前，许多文明古国没有市场激励，也同样产生出丰富的高质量文化成果。但前例已有，加之先发国家文化产业上的发达与文化政策上的强力输出，后发国家著作权制度独辟蹊径的可能性大为减弱。在先发国家著作权制度强有力影响下，加之各国经济文化交流日益频繁的时代背景，后发国家独创一个全新的著作制度已无太多可能，以先发国家为模板建立自己的著作权制

① ［澳］彼得·德霍斯：《知识财产法哲学》，周林译，商务印书馆 2008 年版，第 26 页。

② ［美］威廉·M. 兰德斯、理查德·A. 波斯纳：《知识产权法的经济结构》（中译本第二版），金海军译，北京大学出版社 2016 年版，第 62 页。

③ 可参考以下著述：李扬：《知识产权的合理性、危机及其未来模式》，法律出版社 2003 年版；冯晓青：《知识产权法哲学》，中国人民公安大学出版社 2003 年版；龙文懋：《知识产权法哲学初论》，人民出版社 2003 年版；胡波：《知识产权法哲学新论》，法律出版社 2017 年版；［澳］彼得·得霍斯：《知识财产法哲学》，周林译，商务印书馆 2008 年版。

④ ［澳］布拉德·谢尔曼、［英］莱昂内尔·本特利：《现代知识产权法的演进：英国的历程（1760-1911）》，金海军译，北京大学出版社 2006 年版，第 7 页。

度成为著作权制度后发国家的不二选择。因而,在当前的时代背景下,后发国家只能接受这一充满疑问与缺陷的制度,并通过对其不断的修补来应对现实所提出的各种拷问。

在学习与借鉴的过程中,后发国家与先发国家二者目的不同,不可避免地产生矛盾。一般而言,后发国家的文化产业相对落后,希望按照本国的需要与节奏学习与借鉴先发国家的著作权制度,以促进本国文化产业的发展,以最小成本利用先发国家的文化资源。先发国家则希望凭借著作权制度维护自己在文化贸易中的优势,防止本国文化成果被后发国家窃取,因而迫切希望后发国家的著作权制度在尽可能短的时间内达到本国的水平。矛盾的解决手段很多,但其中最为重要的莫过于武力与经济这两种。正是在武力的威胁下,中国开始了现代著作权制度的建设;也正是在武力的保护之下,俄罗斯得以在沙俄与苏联时期保持着相对独立的发展路径。然而,随着和平与发展成为社会的主题,经济手段逐渐成为解决不同国家著作权纠纷的主要手段。正是在经济的诱惑与压力之下,发展中国家接受并加入了一系列著作权国际条约,并被迫大幅提高了本国著作权的保护水平;而随着发展中国家经济的崛起,发展中国家要求加大自己在著作权国际制度中话语权的呼声越来越高。

无论是以武力强迫还是经济压力为手段来解决国家之间的著作权保护问题,其实质都是一种“强加”模式。然而,强加模式之下的法律学习与借鉴具有可回复性,在强力关系发生变化时,不仅借鉴的过程会停止,借鉴的结果也可能会发生改变。因而,一种新的解决著作权领域矛盾的方式出现,即先发国家通过各种途径增加著作权制度自身的吸引力。因为,当他人的东西具有一种我们只能用“声望”来形容的品质时,对这种东西的学习与借鉴就会发自内心。① 因而,各国都希望通过

① [意]罗道尔夫·萨科:《比较法导论》,费安玲等译,商务印书馆2014年版,第196~197页。

更为科学与先进的立法来博取这种声望,以谋取更大的国际影响力。先发国家凭借着制度先发的优势,加之发达的文化产业与强大的经济实力,使其著作权制度在全球范围内建立起声望,并成为衡量后发国家著作权制度完善与否的重要标杆。同样,后发国家在发展自己的著作权制度时,也希望能够与他国有所不同,以在建立自己的"声望",以突出其国际地位。

在研究某个国家或地区著作权制度时,我们不仅要"知其然",还应"知其所以然"。"知其然"相对比较容易达到,但"知其所以然"却比较难以达到,而且往往容易被忽视。如果要回答这一问题,我们就必须回到这个国家(或地区)自身上,看看其著作权制度是如何产生的,在其发展过程中受到了哪些因素的影响,以及立法者的立法目的又是如何构成的。而这一切都离不开对过去的研究。从一个宏观的视角观察一国著作权制度的历史发展非常必要,因为著作权制度并非完全中立的技术性规定,而是具有浓厚的人文背景,从性质上看,著作权法可谓是文化法、政治法与经济法之揉合法。① 一方面,著作权制度与其运行的政治和经济体制密切相关,一国的文化政策与政治环境对著作权制度的品格影响甚巨,著作权的意义与功能只有在特定的政治背景下才能得以明确;另一方面,著作权法中的大部分内容为财产权,因而,一国之经济政策对著作权制度的影响亦不可忽视。创作时的经济体制可以直接影响到作品的内容和形式,以及创作者行使著作权的方式,"可以断定,社会政治经济的任何重大变化都会影响到存在于这个体系内著作权法的性质、内容以及功能"。② 因而,后发国家在学习与借鉴先发国家

---

① 张静:《著作权法评析》,台北,水牛出版社 1983 年版,第 5 页。

② Michiel Elst, *Copyright, Freedom of Speech, and Cultural Policy in the Russian Federation*, Leiden: Martinus Nijhoff, 2004, pp. 1-2.

著作权制度时不可避免地带有本土化的特征，后发国家的著作权制度虽然与先发国家有较大的相似性，但必然具有其独特之处。“进行文化塑造的各种因素几乎全都影响法律，其程度或大或小。”[1]不同的时代背景、不同的历史际遇以及不同的国内环境也就必然塑造了著作权制度的不同面貌。

就著作权制度发展而言，俄罗斯是一个后发国家，它的著作权制度是以西欧诸国的著作权制度为模板建立起来的，只是在时间上晚了一百年左右。在不同时期的俄罗斯著作权制度中我们都可以发现许多西欧的因素，无论是其立法技术与语言，还是立法内容都是西欧的。但俄罗斯著作权制度又是独具特色的，其政治、经济与文化的特征塑造了俄罗斯著作权制度的独特风貌。“与其他国家著作权历史相比，俄罗斯著作权历史的特点并不仅在于其国家性格的特征上，还在因其社会政治结构特征与历史发展独特性所导致的（著作权制度）姗姗来迟。”[2]在俄罗斯不同时期的著作权制度中，我们可以发现许多异于西欧著作权制度的独具特色的因素，这其中，既有令人称道的独创之处，同样也有令人瞠目结舌的不可思议之举。

对某一后发国家著作权制度的研究并不仅仅在于还原本来面貌，以使我们对研究对象的过去与现在有清晰的认识，还在于通过其历史演变，探寻著作权制度发展的动力所在。因而，研究必须跨越时空，俄罗斯学者利哈乔夫曾指出，“不能正确了解历史，就无法走向未来”。任何一种制度，如果仅是举出其外在的表达，而不对其深层的时代背景与社会环境进行分析，就难免会将这种制度理念上升为超越时

---

① ［美］E. 博登海默：《博登海默法理学》，潘汉典译，法律出版社2015年版，第260页。

② Нагорный Р. С. “История развития норм о свободном использовании объектов авторских и смежных прав до принятия четвертой части ГК РФ”, *Журнал российского права*. -М.：Норма，2010，№ 2. -С. 113-123.

间的绝对概念,并将其奉为颠扑不破的真理。忽视著作权制度的历史延续性,难免会陷于“结构—工具”论的思维之中,也必然会为先发国家话语权的合理性增加砝码。因而,本著作的目的不仅在于还原俄罗斯著作权制度的原貌,以便后来者更进一步,更重要的是研究其历史发展脉搏,以证明后发国家的著作权制度不仅仅是受先发国家影响而成,更重要的是由其国内外复杂且不断变动的环境、历史习惯以及官方的价值喜好所决定。故而,研习俄罗斯著作权制度之流变,不可不考俄罗斯数百年以来政权变迁、文化巨变以及经济发展之大势,而考虑到著作权制度(乃至整个知识产权制度)世界化的发展趋势,又不得不研究俄罗斯著作权制度对外交流之暗潮。

俄罗斯著作权制度的历史发展具有较为明显的断代史特征,以时代为标准,可以将俄罗斯著作权制度的历史演变分为三个阶段:沙俄时期的著作权制度、苏联时期的著作权制度以及俄罗斯联邦时期的著作权制度。

沙俄时期是俄罗斯著作权制度的形成与发展时期。现代著作权制度乃技术发展的产物,技术虽然是著作权制度产生的直接原因,但却非唯一之原因。政治、经济、文化以及社会等诸多因素共同促成了著作权制度的产生与发展。这其中,文化因素可谓著作权制度生存的土壤,政治与经济等社会因素形成了著作权制度发展的外部环境,而技术因素则播下了著作权制度的种子。上述因素的有机结合,共同促成了著作权制度的形成与发展,并塑造了各具风格的著作权制度。沙俄时期的著作权制度可大致分为三个阶段:萌芽阶段、形成阶段与发展阶段。在萌芽阶段,对著作权的保护是零星的、个例的,并未制度化。创作者的收益主要为行政奖励,著作权的私权性质并未形成;在形成阶段,著作权的保护开始制度化,创作者的收益有了法律保障,著作权的私权性质开始形成,但却受到较多的行政干涉;在发展阶段,作者成为著作权制度的核心,著作权的性质已完全演变为私权,著作权的立法水平不断提高,保护力度不断加大,并达到了世界先进水平。沙俄时期的著作权制度沿着自主的道路发展,体现出较高的立法水平,但立法具有明显的专制思维。

苏联时期著作权制度的性质发生了改变,社会主义性质的著作权制度开始形成。十月革命开创了一个新的时代,社会关系发生了根本性变革,旧的社会制度与国家机器被推倒重建,与新的经济、政治制度相适应的法律制度随之而生。苏联时期,著作权制度偏离了沙俄时期已经预设好的发展轨道,由学习借鉴西欧著作权制度转向一条独具特色并符合苏联社会主义制度的发展道路。苏联时期的著作权制度可划分为三个阶段:著作权国有化阶段、社会主义著作权制度形成阶段与著作权制度转型阶段。异化阶段以著作权国有化以及对著作权的严格限制为特征,著作权的私权性质受到侵蚀,由私的领域转为公的领域;社会主义著作权阶段,著作权制度得到全面发展,社会主义特征逐渐形成并巩固。转型阶段以戈尔巴乔夫改革为背景,著作权的私权性质开始回归,社会主义风格开始褪去。俄罗斯著作权制度走出封闭的空间,开始融入世界著作权制度体系。苏联时期的著作权制度具有如下特征:著作权的私权性质反复改变、资本主义与社会主义两种性质的奇异结合、著作权制度具有明显的意识形态色彩等。

俄罗斯联邦时期是著作权制度的成熟与发达时期。著作权制度的发展环境由国内舞台变为世界舞台,著作权制度的发展动力由对国内文化产业的反应变为迅速达到欲求的政治目标,著作权制度的面貌由社会主义变为资本主义,著作权制度的宗旨由偏重公共利益变为偏重私人利益。截至目前,俄罗斯联邦时期的著作权制度可划分为过渡阶段、成熟阶段以及发达阶段三个阶段。过渡阶段以法律适用混乱为特征,但已经明确了未来著作权制度的发展理念与方向;成熟阶段以 1993

年著作权单行法为标志,俄罗斯著作权制度实现了与世界著作权制度接轨,完全适用西方著作权制度的理念、内容与体系,著作权制度的性质有了根本性改变;发达阶段以著作权制度纳入民法典为标志,著作权的私权本质得到了强调与巩固,著作权的保护水平达到前所未有的高度。

在其漫长的发展过程中,俄罗斯著作权制度呈现出三个鲜明的特点:一是悠久的法典化传统。纵观俄罗斯著作权制度立法史可以发现一条清晰的路线,即著作权制度立法由附属法演变为独立的单行法,并最终成为民法典的一个组成部分。二是行政权力的强有力推动。俄罗斯著作权制度的发展属于典型的政府推进型立法,即强调政府运用强制力规制经济和社会的法制建设模式,行政权力在著作权制度发展中居于主导地位。由行政权力主导的著作权制度发展具有一个明显的特征,即著作权制度与政治体制相适应,经历了多次断裂式的剧变与转型。三是传承与学习的有机结合。虽然俄罗斯著作权制度的发展具有明显的"断代史"特征,但同样也具有较为明显的历史传承性,在不同时期的著作权制度中都可以发现诸多相似性,无论是立法理念、立法模式还是权利内容等。与大部分后发国家一样,俄罗斯著作权制度也是一个"舶来品",在不同时期的俄罗斯著作权制度中都可以发现欧洲的因子,欧洲著作权制度始终是俄罗斯著作权制度发展的粮仓与参照物。

俄罗斯著作权制度的历史演变对于我国著作权制度的发展与完善具有重要的启示意义,在完善我国著作权制度时,要处理好学习与传承的关系,既要注意与世界著作权制度发展相同步,也要注意从传统中汲取养分。对于著作权的立法模式而言,对创新以及特色追求应保持理性,将立法的科学性放在首要的地位。因而,当前我国不应采纳俄罗斯的立法模式,即不应将著作权制度乃至整个知识产权制度完全纳入民法典之中。在著作权制度的发展中,要注意合理地使用行政力量的推动作用,就国内层面而言,政府应维持著作权领域各种利益的平衡,特别要注意公共利益的维护,防止大型文化集团对公共领域的侵害。就国际层面而言,要勇于争夺话语权,在维护本国利益的同时,在世界著作权体系中有所担当,以纠正由少数先发国家所引导的著作权制度发展模式。

中国与俄罗斯之间有着特殊的关系,我们曾经走得很近,也曾经走得很远。直至今日,苏联法依然具有较大的影响。中国与俄罗斯均为著作权制度后发国家,二者不仅经历了相同的时期,而且曾经相互影响。诸多的相似性,加之过去紧密的联系,使俄罗斯著作权制度对我国著作权制度的完善与发展具有特殊的意义。

目 录

第一章　沙俄时期的著作权制度

俄罗斯历史的创造者是东斯拉夫人,公元 8 世纪始,东斯拉夫人开始建立国家。862 年,留里克建立了罗斯第一个王国,史称为留里克王朝,该事件被视为罗斯建国的开端。[①] 882 年,奥列格建立了基辅罗斯。12 世纪时,罗斯分裂,进入了混乱时期。1237 年蒙古军队占领罗斯,建了立钦察汗国。在与金帐汗国斗争的过程中,俄罗斯公国建立起来。1547 年,莫斯科大公伊凡四世加冕称沙皇,自此俄罗斯进入了沙俄时期。[②] 1613 年开始了罗曼诺夫王朝的统治时期,一直持续至 1917 年的二月革命。伊凡四世在位期间,印刷技术开始在俄罗斯使用,由此拉开了俄罗斯著作权制度流变的序幕。沙俄时期是俄罗斯著作权制度形成与发展时期,印刷技术的出现以及印刷业的发展成为俄罗斯著作权制度产生的直接推动力,加之政治上的开明、文化上的繁荣以及国外著作权制度的影响,俄罗斯著作权制度得以产生,并逐渐达到了世界先进水平。

---

① 学界对俄罗斯历史上第一个国家的起源颇有争议,[美]尼古拉·梁赞诺夫斯基。马克·斯坦伯格:《俄罗斯史》(第 8 版),杨烨等译,上海人民出版社 2013 年版,第 22～27 页。[俄]О. И. 奇斯佳科夫:《俄罗斯国家与法的历史·上卷》(第 5 版),徐晓晴译,法律出版社 2014 年版,第 36 页。

② 通说认为,沙皇俄国(以下简称沙俄)乃 1547 年至 1721 年俄罗斯的国号。1721 年彼得大帝被授予"全俄罗斯皇帝"头衔之后,俄罗斯的国号随之变为"俄罗斯帝国"(以下简称"帝俄")。但在中文语境下,沙俄乃泛指"沙皇统治下的俄国"(见《现代汉语词典》(第 6 版),商务印书馆,第 1125 页。)因而,沙俄有广义与狭义之解,广义乃泛指 1547～1917 年沙皇治理下的俄国,狭义专指 1547～1721 年的俄国,而 1721～1917 年是为"帝俄"。此处采广义之解。

第一节　著作权制度发展的时代背景

著作权制度产生于印刷术之后，为技术发展的产物，然而，技术虽然是著作权制度产生的直接原因，但却非唯一之原因。正如美国学者马克·罗斯所认为的那样，“版权制度，即通过作为商品的作品来寻求市场垄断力的机制，是一个现代制度，是随着印刷机的产生，中世纪晚期至文艺复兴早期作者身份的个体化，以及17、18世纪商业社会的高度发展而产生的”。[①] 美国学者罗纳德·V.贝蒂格同样认为，“版权的历史表明了在资本主义的崛起、商品关系在知识和艺术领域的延伸、印刷媒介的出现之间存在重要的联系”。[②] 澳大利亚学者山姆·里基森与美国学者简·金斯伯格认为，著作权制度的产生与印刷技术的出现相关，各国之所以竞相给予印刷商与出版商以特权，其原因主要有三：一是出于信息传播控制的需要，维护对其有利的社会秩序；二是鼓励新的产业，以增加政府收入；三是出版业经营者的推动。[③] 由是可见，政治、经济与文化等诸多因素共同促成了著作权制度的产生与发展。这其中，文化因素可谓著作权制度产生与发展的土壤，政治与经济等社会因素形成了著作权制度产生与发展的外部环境，而技术因素则播下了著作权制度的种子。

---

① ［美］马克·罗斯：《版权的起源》，杨明译，商务印书馆2018年版，第12页。

② ［美］罗纳德·V.贝蒂格：《版权文化——知识产权的政治经济学》，沈国麟、韩绍伟译，清华大学出版社2009年版，第10页。

③ ［澳］山姆·里基森、［美］简·金斯伯格：《国际版权与邻接权——伯尔尼公约及公约以外的新发展》（第2版）（上册），郭寿康等译，中国人民大学出版社2016年版，第4页。

一、著作权制度发展的技术背景

“著作权从一开始就是技术之子”，[①]成本分析是一个很好的论证角度，在印刷术出现之前，作品的传播主要依靠手抄，但手抄传播所付出的体力劳动与创作者几乎相同，盗版者的成本优势近乎零。印刷术的出现大大降低了作品复制的成本，作品的复制与传播变得有利可图。然而，印刷术的出现只是为著作权制度的产生提供了一种可能性，推动著作权制度产生的最根本力量乃是商品经济，因印刷技术所产生的印刷业才是著作权制度形成的最重要动力。在印刷业中居核心地位的是出版商而非作者，出版商将资本用在印刷术上，并形成了一个新的经济部门——印刷业。印刷业的出现使得作品成为一种商品，作品创作与流通过程中的各种利益关系得以产生，著作权制度便应运而生。因而，有学者认为，“从历史角度看，著作权是一种财产更多地归因于出版者，而非其他人”。[②]

纵观沙俄时期印刷业的发展，可分为四个阶段：起步阶段、初步发展阶段、稳步发展阶段以及繁荣阶段。伴随着印刷业的发展，俄罗斯著作权制度也经历了从无到有、由落后到先进的发展历程。

（一）印刷业的起步阶段

起步阶段始于16世纪中期，持续至17世纪末。印刷业在该阶段经历了举步维艰的发展，印刷企业的数量与印刷的图书种类都非常少，印

① ［美］保罗·戈斯汀：《著作权之道：从谷登堡到数字点播机》，金海军译，北京大学出版社2008年版，第22页。

② John Feather, *Publishing, Piracy and Politics: An Historical Study of Copyright in Britain*, London: Mansell, 1994, p. 3.

刷业在社会经济中的地位并不突出,对社会的影响不大,亦未能促成现代著作权制度因子的产生。

机器印刷的出现与领土扩张有关,1450 年时,莫斯科公国统治的领土面积不过 43 万平方公里,而至 1533 年伊凡四世继位前,疆域已达 280 万平方公里。伊凡四世在位期间,莫斯科公国对外进行了一系列的扩张战争,领土面积得以迅速扩张。领土的不断扩张为统治者带来了幸福的烦恼,地广人稀使得仅凭武力统治难以为继。因而除武力统治外,还应采用柔性的统治方法,即进行思想上的教化,使新占领地区的民众自觉接受武力征服者的统治。是以有必要将莫斯科公国的思想与文化传输至新占领地区,即将东正教灌输至这些地区,对这些地区的居民进行教化。机器印刷在俄罗斯出现之前,东正教的推广与传播主要依靠口传与手抄,这些方式不仅效率低下而且错误频出。为此,伊凡四世于 1553 年命令伊万·费奥多罗夫(Иван Фёдоров)与彼得·姆斯季斯拉韦茨(Петр Мстиславец)二人设立印刷厂,使用机器印刷东正教教义,自此,俄罗斯印刷业开始了步履蹒跚的发展。起步阶段印刷业的发展呈现出以下特点:

1. 国家对印刷业实施垄断经营。印刷业在起步阶段几乎完全被国家垄断专营,造成这一现象的主要原因在于印刷业乃是为满足专制统治而非民众需求。国家对图书的发行实行双重控制:图书的内容由东正教的主教审查,能否印刷则需取得沙皇的命令。该时期印刷业发展缓慢,印刷机构的数量很少。17 世纪中期之前,皇家印书馆(Печатный Двор)是俄罗斯唯一的印刷机构,也是全国宗教图书的主要提供者。1654 年乌克兰并入俄罗斯后,才出现了第二家印刷机构——隶属于基辅山洞修道院(Киево-Печерская лавра)的印刷厂。该时期几乎所有的印刷企业都是由国家创建,国家对印刷业实施垄断专营,私人印刷得不到官方许可,只能秘密进行。[①] 17 世纪中后期曾出现过官方许可的私人印刷,1679 年,经沙皇费奥多尔三世的许可,著名教育启蒙家、诗人西梅翁 · 波洛茨基(Симеон Полоцкий)的在克里姆林地区设立了一个私人印刷厂,其得到许可的主要原因在于设立印刷厂是用来印刷西梅翁 · 波洛茨基自己的作品。但西梅翁 · 波洛茨基的个人印刷厂乃个别例外,且生存环境极为恶劣,仅存续了 4 年。

2. 印刷的图书以宗教类为主。该阶段所印刷的图书主要以宗教内容为主,伊凡四世建立的国立印刷厂所印刷的最初两本图书——《使徒福音》与《日课经》便是宗教方面的。而纵观整个 17 世纪,莫斯科罗斯共印刷了 483 种图书,其中只有 7 种是非宗教内容的。[②] 图书内容的单调对印刷业的发展具有明显的消极影响,印刷的图书因其内容单调并不受民众欢迎,而内容丰富多样的手抄本却大有市场。

3. 印刷业发展缺乏市场基础。印刷业的发展与民众文化水平之间呈良性互动关系,一方面印刷业的发展有助于提高民众的文化水平,另一方面民众文化水平的提升会增加图书的需求量,并进而推动印刷业的发展。但这一良性互动关系在起步阶段并没有出现,民众对图书的需求很低,未能为印刷业的发展提供市场支持。造成这一现象的主要原因在于民众文化水平很低,图书对大部分民众而言是无用的奢侈品。17 世纪时,俄罗斯国内"识字者凤毛麟角,封疆大吏目不识丁者并不鲜见"。[③] 造成民众对图书需求低的另一个原因是宗教对文化的严格控

---

① 1553 年前,在莫斯科已经出现了几家规模较小的私人印刷厂,但均处于地下状态,只能秘密营业。[俄]T. C. 格奥尔吉耶娃:《俄罗斯文化史——历史与现代》,焦东建、董茉莉译,商务印书馆 2006 年,第 102 页、第 117 页注释 6。

② Кудрявцев С. А,"Русские гравированные книги XVII - XVIII вв.", *КН: Исследования и материалы*, 1960, Сб. 2. -СС. 141-177.

③ 赵士国:《历史的选择与选择的历史——近代晚期俄国革命与改革研究》,人民出版社 2006 年版,第 13 页。

制，使得图书的内容单一，不能满足社会民众的多层次需求，难以激发他们的购买欲望。

4. 尚未培育出适合现代著作权制度生长的土壤。在西欧印刷业发展初期，私人经营的印刷企业有力地推动了印刷业的发展，促进了图书交易市场的形成，产生了对私人利益进行立法保护的必要性。与西欧早期印刷业发展情形不同的是，俄罗斯印刷业在起步阶段的主要动力是政治因素，而非经济因素。印刷业的建立与发展完全是在政府的掌控下进行，私人印刷几乎不存在。因而，在印刷业出现后的一百多年时间里，在俄罗斯并没有形成图书流通市场，印刷业中存在的仅是国家利益，而无任何私人利益的存在。在这种情形下，现代著作权制度无从产生。但不可否认的是，印刷业一经建立，便注定会对俄罗斯社会经济产生深刻的影响，适宜著作权制度生长的环境也将逐渐培育而成。

（二）印刷业的初步发展阶段

彼得一世在位期间（1682~1725年），俄罗斯印刷业进入了初步发展阶段。该阶段的印刷业有了较大程度发展，以莫斯科的印刷企业为例，17世纪初时莫斯科只有一家印刷厂，而到了彼得一世后期时，印刷厂已经达到了十几家。印刷业在社会经济中扮演的角色开始重要起来，对其他领域的影响也开始显现。该时期印刷业的发展具有如下特点：

1. 建立了中央集权型的图书出版系统。初步发展阶段的印刷业仍然是国家垄断专营，只不过教会被排除在外，政府成为印刷业的唯一控制者。该时期印刷业的发展完全是在中央政府的主导与推动下进行，印刷业仍带有绝对的国家垄断性质。该阶段已经开始形成了图书的出版系统，但图书的发行完全依赖于中央集权型的系统，私人投资印刷业的动力缺失且不为官方欢迎。

2. 作品的载体开始多样化。彼得一世执政期间，作品的载体开始丰富起来，报纸成为传播作品的一种重要方式。机器印刷出现之前，俄罗斯便已有了一份依靠手抄本发行的报纸——《自鸣钟》，彼得一世在位期间将其变为第一份官方印刷出版的报纸。《自鸣钟》的内容以世俗内容为主，第一期印刷版《自鸣钟》的主要内容是莫斯科兴办学校的消息、首都新生婴儿的男女比例以及来自全国各地的报道等。以世俗内容为主的印刷品极受欢迎，《自鸣钟》的印刷量每期都在 100~2500 份左右。

3. 支撑印刷业发展的市场基础仍未完全形成。初步发展阶段印刷业仍然缺乏必要的市场基础，受识字率低下的限制，民众对图书的需求仍处于较低水平。在中央集权型的出版体系下，图书的发行主要是为了满足统治与管理，而非民众的需求，因而图书的内容与民众需求相去甚远。另外，国家垄断专营使得图书价格制定与市场相脱节，因而该时期图书的价格过高，仅贵族能够支付得起，普通民众缺乏支付能力。因而，该时期印刷业基本上处于亏损状态，仅是依靠国家财政支持才能存续。例如，圣彼得堡于 1714 年 1 月设立了第一个国营书店，1714 年全年的销售额仅为 192 卢布 58 戈比。圣彼得堡书店的交易额之后有了一定程度的增长，但增长的推动力并非来自市场，而是因为其得以通过行政命令向莫斯科与基辅等地提供图书，来自市场上的需求依然很低。根据 1722 年的统计，在 1714 年至 1721 年长达 8 年的时间内，圣彼得堡所有书店的交易额总计 30,122 卢布，但销售额却仅为 12,495 卢布。①

虽然，彼得一世改革开启了俄罗斯西化的进程，印刷业在彼得一世期间有了较大程度的发展，但却很难将著作权制度的产生归功于这位

---

① М. С. Андрейкина, “У истоков российского авторского права”, *Обсерватория культуры*, НИЦ Информкультура РГБ. –№ 2 / 2005. –С. 105–111.

伟大的开创者身上,因为“从出发点和终极目的来说,这场改革是军事的和财政的性质”。[①] 与中国的“洋务运动”相似,彼得一世改革是在不破坏原有社会整合结构的前提下学习西方各种现代器物文化和制度。[②] 印刷业在彼得一世改革中只是一个不重要的辅助手段而已,印刷业的发展环境较之前没有太大改观,改革对著作权制度产生的推动作用只能说是其改革的一个次级后果而已。彼得一世时期的印刷业,国家利益依然是主导,私人利益仍然缺失。文化世俗化虽然使得作品创作有所增加,但因严格的书刊检查制度,大多数作品依然只能通过匿名方式发表,创作者的社会地位尚未得到承认,专业化的创作方式仍未形成。因而,就著作权制度的产生而言,彼得一世的改革充其量也只能说是从欧洲带来了适宜制度生长的湿润之风而已。但是亦不能因此而忽视彼得一世改革对著作权制度发展的间接意义,因为彼得一世改革的一个重要后果是俄罗斯开始积极参与到欧洲的共同生活之中,西欧国家先进的制度与理论得以进入俄罗斯,滋润了这片法治理念贫乏的土壤。

(三)印刷业的快速发展阶段

彼得一世去世后至叶卡捷琳娜二世在位期间,俄罗斯印刷业进入了快速发展阶段,印刷企业的数量与印刷的图书种类有了明显提高,图书出版业保持了较快的发展速度。1726 年(彼得一世去世后的第一年),全国印刷图书仅有 7 种,截至 18 世纪 50 年代末时,平均每年印刷 23 种,截至 60 年代时,更是高达每年 105 种。1725~1775 年共印刷了

---

① [俄]瓦·奥·克柳切夫斯基:《俄国史教程》(第 4 卷),张泳白等译,商务印书馆 2009 年版,第 192 页。

② 金观涛:《历史的巨镜》,法律出版社 2015 年版,第 107 页。

2000 种图书，而 1775～1800 年就印刷了高达 7500 种图书。[1] 18 世纪末时，印刷业已经成为一个繁荣的经济领域。该时期印刷业的发展具有如下特点：

1. 从事印刷业的主体开始多元化。这一时期，国家对印刷业的控制放宽，不同性质的主体开始参与到印刷业中，俄罗斯印刷业出现了主体多元化的特征。

（1）国家专营的局面被打破。该时期非中央政府控制的印刷企业开始出现，首先是一些科研机构获得了开设印刷企业的特权，如科学院（Академия Наук）于 1726 年、国民学校委员会（Комиссия Народных Училищ）与莫斯科大学（Московский университет）于 1755 年获得印刷图书的特权。这些印刷企业的出现，不仅增加了印刷主体的数量，还丰富了图书的种类。隶属科学院的印刷企业主要出版进步的文章、教材以及自然科学图书，也发行娱乐与实用类图书，如日历与杂志等，因其内容丰富以及贴近民众生活，取得了不错的经济效益。其次是地方政府获得了开设印刷企业的权力。1773 年 1 月 24 日，中央政府颁布命令，规定省政府可以设立印刷企业。虽然这一命令在初期收效甚微，1784 年前并未出现由省政府设立的印刷企业，但至 18 世纪 80 年代末时，省级政府创办的印刷企业数量已十分可观。

非国家专营印刷企业的出现具有重要的意义，有力地促进了图书交易市场的形成与发展。我们可对这一时期的图书交易情况予以关注，不同主体的经营状况大相径庭。国家经营的书店虽有财政支持，但其经营状况却令人沮丧。因为印刷图书种类单一，加之采用集中管理的经营模式，缺乏有效的价格与预算机制，因而不能及时应对市场的变

---

① ［美］尼古拉·梁赞诺夫斯基、马克·斯坦伯格：《俄罗斯史》（第 8 版），杨烨等译，上海人民出版社 2013 年版，第 277 页。

化,图书积压较多。相较而言,隶属科学院与莫斯科大学书店的经营状况明显更好,这不仅与其印刷图书的内容与种类相关,也与这些书店采取的灵活经营措施密不可分。例如,科学院通过行政命令销售其印刷的图书,取得了不错的成绩。莫斯科大学的做法更为灵活,将隶属学校的书店承包出去,学校仅对图书种类与销售方法予以监督。M. B. 莱蒙诺索夫(M. B. Ломоносов)更具市场头脑,1751 年,他通过分期付款协议向不富裕的购买者销售多卷本的昂贵图书。出于对私益可带来效率的确信,他甚至建议以资本主义的方式改革俄罗斯的图书交易,但这一建议并未获得政府支持。

(2)私人印刷企业开始出现。1783 年 1 月 15 日是俄罗斯印刷史上的一个重要日期,参政院以叶卡捷琳娜二世之名颁发命令,允许私人开办印刷企业,私人印刷在法律上得到了认可。私人印刷业迅速发展起来,并出现了一些颇具规模的私人印刷企业,如 H. И. 诺维科夫(H. И. Новиков)的印刷厂。H. И. 诺维科夫曾先后编辑出版了《雄蜂》与《画家》两份杂志,但因其讽刺风格触动了统治者利益而被终止。于是 H. И. 诺维科夫转向了印刷业,但其目的并不是为了个人盈利,而是传播启蒙思想,因而,诺维科夫印刷的图书颇受欢迎。1775~1789 年,诺维科夫的印刷厂所印刷的图书数量甚至超过了俄罗斯自使用机器印刷以来所印图书的总和。

(3)允许外国人在俄罗斯从事印刷活动。彼得一世对外国人颇为青睐,并在外国人的帮助下实施了其改革。叶卡捷琳娜二世同样喜欢与外国人交往,因为他们可以为俄罗斯带来外资、技术、先进的知识与理念。因此,外国人在俄罗斯享有较高的地位,可以参与国家管理,统帅军队,甚至可以享受一些超国民待遇。印刷业虽然对俄罗斯国民是一个雷区,但对外国人而言却非如此。早在 1698 年便出现了第一个授予外国人印刷作品的特权,彼得一世授予阿姆斯特丹印刷厂主杨·捷辛格(Ян Тессинг)特许权,根据该特许权,杨·捷辛格按彼得一世的要求在荷兰印刷关于历史、航海、天文、语言、文学等世俗文化与科学技术方面的图书,并将这些书出口至俄罗斯。从该特许权的内容来看,仅是允许外国人将其在俄罗斯领土外印刷的图书出口至俄罗斯,而且图书的范围与内容受到严格的限制。从其内容与行为实施地来看,彼得一世授予的特权与当时欧洲其他国家授予出版商的特权并不相同,俄罗斯的学者也认为,彼得一世授予杨·捷辛格的证书只不过是将在荷兰印刷的图书出口至俄罗斯,与当时西欧诸国颁发的印刷作品的特权并不类似。① 第一个在俄罗斯国内获得印刷特权的外国人是荷兰人加尔东(Гартунг),依据该特权,加尔东可以在俄罗斯印刷并发行外文图书,但不得出版俄文书籍与作品。1776 年,魏特布雷希特(Вейтбрехт)与什诺尔(Шпор)获得了印刷作品的特权,此时,特权的内容有了较大的扩充,不仅可以在俄罗斯印刷出版外文书籍,也可以出版俄文书籍,而且该特权还可以继承。

经营主体的多元化对著作权制度的产生具有积极的意义,因为垄断并不会产生竞争,盗版行为也无从产生,著作权制度的产生也无必要。经营主体的多样性,使得印刷业中产生了竞争,作品传播过程中所产生的利益归属不再单一,为著作权制度的产生提供了可能性。

2. 创作者的社会地位得到承认。18 世纪中期之前,创作在俄罗斯并不被视为一种职业,因为创作并不能带来固定的收入。随着文化的发展,文学创作引起了广泛关注,一些优秀的文学创作者被招纳至宫廷成为御用文人,并获得了官职、名声与收入。社会公众也开始接受了这

---

① Гордон М. В. "К истории возникновения авторского права в России", *Ученые записки Харьковского Юридического Института*. –Харьков: Изд–во Харьк. юрид. ин–та, 1948, Вып. 3. –С. 173.

样的观点，即文学上的成就也可以成为社会声望的基础，并以此获得固定收入，创作的职业性逐渐得到了社会的认可。此外，民众智力的开启与识字率的提高也有力地带动了图书的需求，文学作品开始成为一种商品，创作成果的商品性得到了社会承认，创作人与出版者之间产生了商品经济上的合作关系，对创作者权益的保护也逐渐受到重视，并在立法中得以体现。这一转变的意义十分重大，自此，写作被赋予了更多的含义。在此之前，写作或许只是创作者一种自我满足的行为，而此时写作与创收、商品经济相关联，创作者同时也是一个产品的生产者，创作与经济利益联系起来，而经济利益的存在才是现代著作权制度得以产生的重要前提。

3. 社会公众对图书的需求不断增长。18 世纪后期，图书的消费群体不断扩大，图书的购买者已由之前的贵族而扩散至普通市民，手工艺者、商人以及小官员已逐渐成为图书的主要购买者。图书需求增长的一个主要原因是市民队伍不断地壮大，随着工业与手工业的发展，越来越多的农民从农业领域脱离出来，这一进程有力地推动了民众对教育的渴望。H. M. 卡拉姆津（H. M. Карамзин）描述的场景表明了当时民众对知识与教育的渴望：5 位烤饼师傅聚在一起，其中 4 个是文盲，其中 1 人阅读，其余 4 人围听。① 图书需求增长的另一个主要原因是民众识字率的提高。彼得一世在位期间虽然强调教育的重要性，但受教育的对象较窄，仅限于贵族及其子弟，因而民众的文化水平仍然很低。彼得一世之后，教育慢慢普及至平民，例如，俄罗斯第一所大学莫斯科国立大学创建于 1755 年，附设两所中学，一所专为贵族子弟，另一所则为平民子弟所开。叶卡捷琳娜二世非常重视基础教育，并于 1782 年设立了

---

① Н. М. Карамзин，"О книжной торговле и любви ко чтению в России"，http://dugward.ru/ library/karamzin/karamzin_o_knijnoy_torg.html ，最后访问日期：2017 年 11 月 20 日。

“国民学校机构委员会”,专门负责全国基础教育工作。由叶卡捷琳娜二世确定的教育体系的基本任务在1786年颁布的《国民学校教育章程》中得到了体现,即“消除几个世纪以来的迷信,使国民受到新时代的教育,这是一种需要付出极大努力的事业,是对子孙后代十分有益的事业”。[①] 18世纪80年代,全国范围内开始设立国立中小学。这些举措有力地推动了国民教育的发展,有力地提高了民众的文化水平。

综上,就著作权制度产生所需要的社会环境而言,叶卡捷琳娜二世可能较彼得一世改革更具推动作用,正如赫拉斯科夫所言,“彼得只给了俄罗斯人躯体,叶卡捷琳娜赋予的才是——灵魂”,[②]叶卡捷琳娜二世在位期间,俄罗斯民智有了较大提高,西方先进的思想与理念也不断输入俄罗斯,因而,叶卡捷琳娜二世在位期间适宜著作权制度生长的土壤才真正得以培育。

(四)印刷业的繁荣阶段

18世纪末,俄罗斯印刷业进入了繁荣时期。这一时期,印刷企业的数量不断增多、规模不断扩大,印刷图书的数量与质量均有显著提高,社会民众对图书的需求日益增长,与印刷业相互间形成良好的互动,作者在印刷业中的地位日益突出,并于19世纪早期催生了俄罗斯第一部现代意义的著作权法。该阶段印刷业发展具有如下特征:

1. 图书的消费群体不断扩大。该时期,俄罗斯的教育事业有了新的发展,特别是亚历山大一世在位期间(1801~1825年),“对于全国教

---

① [俄]T. C. 格奥尔吉耶娃:《俄罗斯文化史——历史与现代》,焦东建、董茉莉译,商务印书馆2006年版,第238页。

② [俄]瓦·奥·克柳切夫斯基:《俄国史教程》(第4卷),张泳白等译,商务印书馆2009年版,第195页。

育亦锐意加以改革……故全国教育颇称发达,民智逐渐开通”。[①] 这一时期俄罗斯民众受教育的机会更多,识字率也有了较大提升。随着国民教育水平的提高,图书的消费群体覆盖了所有社会阶层。“书店里人头攒动,购买者除贵族外,还有政府官员以及冒着严冬匆匆而来又匆匆而去的乡村地主。”[②]民众对阅读表现出了极大的热情,“这一时期的读者并不仅仅是在阅读,而是因阅读而呼吸与生存”。[③] 民众对图书的需求与日俱增,1816 年 Н. М. 卡拉姆津创作的《俄国历史》(История Государства Российского)首次发行,共印制了 3000 册,一个月内即被抢售一空。

2. 图书交易市场已经形成。19 世纪初,俄罗斯图书交易十分繁盛,其主要原因在于私人经营的书店逐渐成为图书交易的主体。许多之前隶属科学院以及大学的书店逐渐转为私人经营,19 世纪 30 年代,全国已有一百多家私营书店。私营书店的规模不断扩大,并取得不错的经济效益。格拉祖诺夫兄弟(Братья Глазуновы)经营的书店便是典型的例子,格拉祖诺夫兄弟极具市场头脑,了解图书市场的需求,能够准确预测未来公众对图书的需求,并重视广告在图书销售中的重要作用,因而,其经营的书店规模越来越大,效益越来越好。自 1800 年至 1849 年,格拉祖诺夫兄弟共发行了 289 种图书,这其中不乏一些大块头的图书。1812 年他们在莫斯科一个城市的流动资本便达到 1.1 万卢布,而其财产(书店、仓库以及印刷厂)的价值超过 9.5 万卢布。除书店交易外,新的传播图书途径也不断出现,如 В. А. 普拉维利希科夫(В.

① 何汉文:《俄国史》,东方出版社 2013 年版,第 165 页。

② М. С. Андрейкина, “У истоков российского авторского права”, *Обсерватория культуры*, НИЦ Информкультура РГБ. –№ 2 / 2005. –С. 105–111.

③ Никуличев Ю. “Век шествует путём своим железным”, *Вопросы литературы*. –№2. –2002.

А. П. Лавильщиков）不仅开设了电影院，还建立了人人都可以支付得起的有偿图书馆，图书馆里有 7000 多册图书，有力地促进了图书的交易与传播。

3. 印刷业已经成为一个重要的经济部门。19 世纪初俄罗斯已走上了资本主义发展道路，私营经济的束缚得以解除，为社会经济的发展注入了新的活力，印刷业遇到了前所未有的发展良机。除私营印刷企业不断涌现外，公办印刷企业的数量也有了快速增长。1807 年中央政府命令所有省会城市开设公办的印刷企业，依据该命令，开设印刷企业成为省政府的任务，这一举措有力地推动了地方印刷企业的发展。1813 年，俄罗斯境内已有印刷企业 65 家，其中，彼得堡有 18 家印刷企业（其中 8 家私人企业），莫斯科 8 家，而省级政府创办的印刷企业数量则达到了 39 家。①

4. 创作者的独立地位正式形成。18 世纪时，作家虽然也可以有一定的收入，但由于他们"常常是要依靠他人资助维持生计"，②因而此时作家的独立地位尚未形成。进入 19 世纪后，作家开始摆脱了依附他人的情形，而逐渐获得了独立地位。文学上的繁荣使创作成为一种颇受青睐的职业，为创作付出的劳动支付报酬已成为社会共识，创作者获取报酬已逐渐正规化与标准化。虽然也存在一些反对创作职业化的声音，例如，В. Г. 别林斯基（В. Г. Белинский）便认为：天才不能因金钱而形成，③但类似观点并没有得到社会的支持。社会已经广泛接受了激励理论：奖励可以推动创作。一些出版商甚至悬赏创作，例如，彼得堡的

---

① Виноградова Л. А, *История книжного дела в России*（988 - 1917）: *Учебное пособие.* / Под ред. А. А. Говорова. -М. :Издадельство МПИ,1991. -гл. 6.

② ［英］杰弗里·霍斯金：《俄罗斯史》（第 2 卷），李国庆等，南方日报出版社 2013 年版，第 259 页。

③ М. С. Андрейкина, " У истоков российского авторского права ", *Обсерватория культуры*, НИЦ Информкультура РГБ. -№ 2 / 2005. -С. 105-111.

出版商 A. Ф. 斯米尔金（A. Ф. Смирдин）便为原创作品悬赏，价格为每印张[1] 200 卢布，翻译的作品为每印张 75 卢布。1815 年出版商 C. И. 谢利瓦诺夫斯基（C. И. Селивановский）为 H. M. 卡拉姆津的巨著——《俄国历史》支付了 6000 卢布的巨额报酬，在当时这笔报酬相当于一个领地的价值。18 世纪末时，创作已经成为一种正式的职业，创作者也由之前的宫廷御用文人转变为自由的文学生产者，实现了从“身份到契约”的转换，这一转变使得创作者权利意识开始高涨，并有力地推动了俄罗斯现代意义著作权制度的产生。

至繁荣阶段，印刷业已经成为俄罗斯一个重要的经济部门，印刷业的繁荣使与之相关的各种利益快速膨胀起来，如何保护与协调这些利益成为当政者的一个迫切任务，著作权制度已呼之欲出。

二、著作权制度发展的社会背景

思想的传播有赖于作品，为防止异端邪说危及统治，统治者需对作品的传播进行一定控制。但不同时期、不同政府对作品（思想）传播的控制力度与方式不同。对作品传播的控制能够直接影响到著作权制度的内容与风格，因而，对俄罗斯著作权制度的研究不能脱离其独特的政治语境。

彼得一世改革前，俄罗斯实行的是政教合一的专制统治模式，即由政府与教会共同对国家实施专制统治，这其中，教会的地位更为突出。但东正教的治理思维非常保守与封闭，例如，俄罗斯印刷业早期阶段的发展动力与西欧相似，都是为了推广宗教，但西欧教会与俄罗斯教会对印刷业的态度却并不相同，相较而言，西欧教会对印刷业的态度较为开

① 注：每印张等于 4 万个印刷符号。

明。15 世纪末时,[①]西欧教会认为印刷业可以更好地宣传天主教,加大对民众的思想控制力度,因而虽然存在严格的书刊检查制度,但教会在严加监管的同时却又支持印刷业的发展。“罗马教廷还宣称,印刷术的发展显示出基督教文明的优越性。”[②]但是,在俄罗斯印刷业起步阶段中东正教却扮演了纯粹的阻碍者角色。[③] 教会不仅对图书的内容进行严格审查,对印刷技术本身亦持排斥态度,机器印刷常被污蔑为异端与妖术,伊万·费奥多罗夫与彼得·姆斯季斯拉韦茨二人创建的印刷厂便在东正教牧首的指使下被民众纵火烧毁。有学者曾形象地指出东正教对印刷业的阻碍作用:“发生在莫斯科罗斯的这一现象具有独特的情形:虽然印刷业不为官方所禁止,但却是在势均力敌的禁止下建立起来的。”[④]

彼得一世执政之后,宗教逐渐退出国家治理,政府成为国家的主导。相比较于教会的封闭,政府更为开明。彼得一世改革打开了俄罗斯对外交流的大门,国外先进的理念与思想开始传入俄罗斯。受当时西欧先进国家的影响,沙皇的执政理念悄然发生变化,慢慢由绝对专制转变为开明专制。俄罗斯开明专制的起始时间颇有争议,有观点认

① 注:1455 年德国人古登堡第一次采用活字印刷术印制《圣经》,这被视为欧洲印刷业的开端。俄罗斯机器印刷比西欧晚了近百年的时间,因而,此处比较的是二者印刷业发展的同期阶段,而非同一时间。

② [荷]彼得·李伯庚:《欧洲文化史》(上),赵复三译,上海社会科学院出版社 2004 年版,第 280 页。

③ 东正教与天主教对印刷技术态度的不同或许与他们的内涵不同,虽然二者均有希伯来精神(对神的信仰和救赎),但天主教更具包容性,与古希腊的理性主义相结合,而东正教则是排斥理性主义的,正如其所追求的“圣愚”那样,将理性与信仰对立起来。金观涛:《历史的巨镜》,法律出版社 2015 年版,第 104 页。

④ Киселев Н. П. “О Московском книгопечатании XVII века”, *КН: Исследования и материалы*. 1960. Сб. 2. –С. 123.

为，彼得一世时便已经开始了开明专制，[①]但亦有观点认为，彼得一世仅仅使俄罗斯由等级君主制过渡到绝对专制君主制，并没有打开俄国官方自由主义的大门。[②] 问题的关键在于“开明专制”的判断，这其中，“专制”较易判断，因而关键点在于是否“开明”。有观点认为，“开明”与“非开明”的根本差别在于君主们的气质和观念，以及启蒙运动的新理念是否渗入了君主的思想意识之中。[③] 该观点将专制与当时社会的先进思想之间的关联作为判断“开明专制”的依据所在，具有较大合理性，可资借鉴。以此为判断标准，可以发现，彼得一世的改革乃是“用野蛮征服了野蛮”，[④]启蒙运动至少不是他所关注的，因而，俄罗斯开明专制时期应在彼得一世之后。通常认为，伊丽莎白女皇在位期间（1741～1761 年）开始实行开明专制，而至叶卡捷琳娜二世期间，开明专制达到了新的高度。开明专制期间，自由主义思想在俄罗斯开始成为一种思想流派与社会运动，个人自由得到了极大解放，创作者的个性得到了释放，作者的个性得以在作品中体现。政府对言论的控制也相对宽松，私人甚至被允许从事印刷业。国家对图书流通的控制方式发生变化，从最初直接控制图书印刷转变为通过授予特权与发布官方文件等方式来间接监管图书流通，为著作权制度培育了良好的催生环境。此外，开明专制还有利于欧洲启蒙思想与自由主义理念传入俄罗斯，来自国外的新文化与新思想广受欢迎，也间接地促进了著作权制度的产生。

专制社会中，君主的开明程度对立法影响很大，这一特点对俄罗斯著作权制度的发展同样影响甚巨，甚至在 21 世纪时依然有非常大的影

---

① ［俄］戈·瓦·普列汉诺夫：《俄国社会思想史》（第 2 卷），孙静工译，商务印书馆 1999 年版，第 30 页。

② 张建华：《帝国风暴：大变革前夜的俄罗斯》，北京大学出版社 2016 年版，第 89 页。

③ 计秋枫：《“开明专制”辨析》，载《世界历史》1999 年第 3 期。

④ 《马克思恩格斯选集》（第 2 卷），人民教育出版社 1995 年版，第 620 页。

响。然而,“开明专制”也是“专制”,即使开明如叶卡捷琳娜二世,“开明”也只不过是一种手段,“专制”才是真正目的。[1] “专制”同样对著作权制度有重大影响,主要体现为书刊检查制度。早期阶段,作品的传播主要依赖于书籍,因而书刊检查成为当时防止公共接触的主要手段。“书刊检查”一词来源于拉丁语“censura”,后来在其他语言中使用,英语为“censorship”,俄语为“цензура”。《不列颠百科全书》将书刊检查定义为:对于被指控危害公共利益的言词或文字进行压制或禁止的制度。单从定义来看,书刊检查制度的功能并不完全是负面的,其设立宗旨在于维护社会稳定与维护公共利益,阻止反科学、反伦理等不良思想与言论的传播。但“公共利益”的认定具有较大的弹性,这使书刊检查制度极易被滥用,因而,书刊检查制度往往成为一种压制思想、维护专制统治的重要手段。这是因为,图书与思想传播的威力绝不亚于枪炮,正如海因里希·伯尔在《语言作为自由的庇护所》中所说的那样,“在两行文字之间,也就是印刷机留下的那一行狭窄的空白里,人们所能聚集的火药,足以炸飞好几个世界”。[2] 因而,越是专制的政府对图书与思想传播的恐惧越大。在西方,审查制度由来已久,可追溯至古希腊时期。印刷术的应用加快了图书与思想的传播,也引发了封建统治者的担忧与恐惧,书刊检查制度开始在欧洲正式建立。以1529年亨利八世发布的第一个禁书目录为标志,英国的书刊检查制度迅速建立起来。[3] 1583年,亨利八世颁布法令,禁止错误和异端的观点的传播,正式建立了英

① 赵士国:《历史的选择与选择的历史——近代晚期俄国革命与改革研究》,人民出版社2006年版,第11页。

② [德]海因里希·伯尔:《伯尔文论》,袁志英等译,生活·读书·新知三联书店1996年版,第45页。

③ Fredrick S. Siebert, *Freedom of the press in England*, 1476-1776: *the rise and decline of government control*, Urbana, University of Illinois Press, 1952, p. 2.

国的出版审查制度。[1] 但在思想启蒙与社会文明发展的冲击下,书刊检查制度受到了猛烈攻击,出版与言论自由逐渐成为文明国家的追求,书刊检查制度的适用受到越来越严格地限制,书刊检查制度日趋式微。

俄罗斯正式颁布的书刊检查法令要晚于欧洲,但对图书的监管却从来没有放松过。与欧洲国家日渐式微的趋势相比,沙俄时期的书刊检查力度却在不断加强。彼得一世时期,随着国内印刷图书以及进口图书数量的不断增多,图书检查逐渐引起了统治者的关注。私人印刷一直处于严厉的国家监管之下,图书出版需要经过苛刻的书刊检查,未经政府许可擅自印刷将被没收出版物,并将违法者送交法庭审判。因而私人印刷的风险性很大,例如 A. H. 拉季舍夫(A. H. Радищев)便因其作品《从彼得堡到莫斯科旅行记》[2]而遭受了逮捕与流放。H. И. 诺维科夫同样因为其出版的图书受到了行政迫害,1785 年,叶卡捷琳娜二世命令大主教普拉东对其出版的图书进行审查,虽然审查中没有发现任何对国家信念有害的东西,但在叶卡捷琳娜二世的指示下,H. И. 诺维科夫还是被认定为"国家罪犯"以及"欺骗公众情感的庸医"而被监禁 15 年之久。[3] 1789 年爆发的法国大革命增加了叶卡捷琳娜二世对思想传播的恐惧,时任教育部长的 A. C. 希什科夫(A. C. Шишков)提醒沙皇,"法国大革命的发生是因为对自由出版监管过弱而导致"。[4] 因

---

① 陈金锋:《都铎王朝图书审查制度探微》,载《宁夏大学学报》(人文社会科学版)2006 年第 6 期。

② 《从彼得堡到莫斯科旅行记》(Путешествие из Петербурга в Москву)是一部旅行笔记,发表于 1790 年。作品描写了农奴们的贫困生活,认为沙皇专制制度是人民一切不幸的万恶之源。叶卡捷琳娜二世为此勃然大怒,将作者视为"比普加乔夫更坏的暴徒"。因而该书发表后不久,拉季舍夫便遭逮捕,并判死刑,后改为流放西伯利亚十年。1801 年,拉季谢夫被彻底平反,但流放期间使其精神受到极大刺激,于 1802 年自杀身亡。

③ Павленко Н. И. Екатерина Великая, *Молодая гвардия*, Москва, 2003, С. 282–284.

④ Виноградова Л. А. *История книжного дела в России* (988 – 1917): *Учебное пособие.* / Под ред. А. А. Говорова. –М.: Издадельство МПИ, 1991. –гл. 6.

而，书刊检查制度越发严厉。亚历山大一世在位期间，书刊检查的力度有所缓，这与亚历山大一世的为政风格相关，他受西方自由主义影响较大，被誉为“俄罗斯政府自由主义之父”与“俄罗斯政治自由主义的实际奠基人”。[①] 但如其他开明沙皇一样，在亚历山大一世身上经常交织着“新思潮的冲动与旧传统的惯性”，[②]因而，沙皇的观念总是在“开明”与“专制”之间摇摆，而当出现重大社会问题时，则会毫不犹豫地摆向“专制”。尼古拉一世在位期间（1825～1855 年），书刊检查制度达到鼎盛，1826 年颁布了沙俄时期最为严厉的书刊检查指令——“铸铁般的（чугунный）报刊检查制度”，依据该指令，任何政治类的文章不得发表与传播。此外还建立了一个专门的书刊检查部门——第三厅（Третье отделение），书刊检查的触角延伸至各个角落。虽然 19 世纪之后俄罗斯出版的图书与定期刊物越来越多，但与之相应的是书刊检查力度的不断加强，许多图书与定期刊物被查封。19 世纪下半期，书刊检查的力度有所松弛，1865 年 4 月 6 日颁布的《出版暂行规则》对定期出版物的审查制度由事前审查改为事后监督。但在 1866 年，由于亚历山大二世遇刺身亡，书刊检查的力度又开始加大，一些进步的刊物，如《现代人》等被查封。17 世纪末时，政府甚至出台了一个规定，沿街卖书的货郎和小商贩必须具备警察局开具的良民证明和所卖图书的全部目录，而且还要有省长特批的图书销售许可证。[③] 1905 年 10 月 17 日，沙皇尼古拉二世颁发了著名的《十月十七日宣言》，宣布实行君主立宪制度，被认为

---

① Гросул В. Я. *Русский консерватизм XIX столетия：идеология и практика*，Прогресс-Традиция，2000，СС. 36，419.

② 郭文：《俄国近代自由主义的理路》，中国出版集团、世界图书出版公司 2014 年版，第 53～54 页。

③ ［俄］Т. С. 格奥尔吉耶娃：《俄罗斯文化史——历史与现代》，焦东建、董茉莉译，商务印书馆 2006 年版，第 430 页。

是俄罗斯专制政权终结的信号,[①]宣言中明确规定了言论自由,这使报社事实上摆脱了书刊检查制度,获得全面自由。[②]

不断加强的书刊检查力度给俄罗斯带来的消极影响显而易见,先进的思想不能传播,作家的创作受到限制等。不仅如此,书刊检查制度同样影响了俄罗斯著作权制度的产生、发展以及面貌。俄罗斯第一部现代意义的著作权制度就是作为书刊检查指令的附件而产生,这也使俄罗斯著作权制度从其诞生之日起就具有行政监管法的性质,而不是私人权益保护法。受不断加强的书刊检查指令影响,俄罗斯著作权制度长期附属于书刊检查指令,著作权的私权性质在现代著作权制度产生之后的很长期间内未能确立。

三、著作权制度发展的文化背景

文化是著作权制度产生的土壤,没有繁荣的文化,著作权制度就成为无源之水、无本之木,俄罗斯著作权制度的产生与发展同样与其民族文化的繁荣密切相关。

莫斯科公国时期(1283~1547年),俄罗斯的文化十分落后,与当时西欧诸国丰富的文化相比,“莫斯科公国的文化生活相当贫乏,尽管与西方进行比较不应该是解说俄罗斯文化的唯一方式”。[③] 文化贫乏的原因主要有两个:一是宗教对文化的锢钥。宗教内容成为该时期印刷图书的主题,非宗教图书的发行受到严格限制,阻碍了民族文化的发展,并成为16世纪俄罗斯文化落后的主要原因。二是文化的功能单

---

① [美]沃尔特·G.莫斯:《俄国史(1885-1996)》,张冰译,海南出版社2008年版,第94页。

② [德]马克思·韦伯:《论俄国革命》,潘建雷、何雯雯译,生活·读书·新知三联书店2010年版,第181页。

③ [美]尼古拉·梁赞诺夫斯基、马克·斯坦伯格:《俄罗斯史》(第8版),杨烨等译,上海人民出版社2013年版,第198页。

一。16世纪中期之前，俄罗斯文学的主要功能在于建立与维护中央集权，文学的发展也是以国家利益作为前提，因而，文学的格调与体裁较为单一，主要以宫廷适用的华丽与庄重格调为主，其他类型的格调则因不时适宜而被取缔。但文化单调的状况在16世纪中期得以改善，一些新的文学格调与体裁开始出现，如讽刺性的模拟作品、政论性作品、描写风俗人情的小说、民族性的诗歌等。这些新格调文学以世俗内容为主题，作者的个性得到一定程度的体现与释放，作品的内容与形式开始丰富起来。虽然这些新出现的文化格调并未成为主流，但却为后来的文化发展打下良好基础。

彼得一世时期，俄罗斯文化有了长足的发展，发展的动力主要来自文化世俗化。文化世俗化，也即文化的去宗教化，是近代欧洲发展过程中的一个重要事件。西欧大部分国家在文艺复兴时便已经完成了文化世俗化，而俄罗斯的文化世俗化运动却开始较晚，俄罗斯的文化世俗化运动可以追溯至15世纪末，[①]但其进程较为缓慢。17世纪前，俄罗斯的世俗文学低微，文化记录多为宗教的，写作语言和字母仅仅及于这个领域之内的几百个人。[②] 彼得一世时期，随着对外交流的加深，俄罗斯文化加快了摆脱宗教束缚的进程，世俗化的特征日益显现。18世纪可以说是俄罗斯历史发展中的一个独特时期，“忽然之间，俄罗斯跨越了经院主义、文艺复兴和宗教改革的阶段，从狭隘的、神权的和半中世纪的文明走向理性时代”。[③] 彼得一世是文化世俗化进程加快的主要推动者，彼得一世支持文化世俗化的一个重要原因在于当时东正教在俄罗

---

① ［俄］瓦·瓦·津科夫斯基：《俄国哲学史》（上册），张冰译，人民出版社2013年版，第62页。

② ［美］埃娃·汤普逊：《帝国意识：俄国文学与殖民主义》，杨德文译，北京大学出版社2009年版，第62页。

③ ［美］尼古拉·梁赞诺夫斯基、马克·斯坦伯格：《俄罗斯史》（第8版），杨烨等译，上海人民出版社2013年版，第274页。

斯的地位过高,甚至干预了沙皇的工作。卡普捷列夫曾指出,当时“俄国的精神统治者,在许多方面都比相互分裂和仇视的世俗统治者更为强大、更有权势”。[①] 因而彼得一世改革顺利进行的一个前提就是削弱东正教在社会中的影响,限制教会之前享有的广泛权力,把原来居于民族意识领头人地位的东正教转变为沙皇的辅助机构。正如伏尔泰指出的那样:“他(指彼得一世)希望帝国管理部门权力无限,希望教会行政管理部门受人尊重、服从命令、奉公守法。”[②]为限制教会的作用与影响,彼得一世针对教会实施了一系列的举措,除政治与经济措施外,还采取了一系列文化举措,并取得不错效果。彼得一世对文字进行了改革,将之前东正教所惯用的、烦琐的斯拉夫文字变得更为简化,并命令以后印刷的图书必须使用新文字,旧文字只能在印刷宗教类图书时才可以使用。文字改革的意义十分深远:文字改革前,文化主要由教会掌控,图书由修士编写,内容也以东正教的教义为主;文字改革后,非宗教人士成为主要的图书编写者,图书的内容也一改之前宗教内容为主的局面,世俗内容所占的比重越来越大。世俗内容的图书具有更强的实用性,民众对图书的需求量有了明显提高,有力地促进印刷业的发展以及民众文化水平的提高。此外,以世俗化为特征的新文化具有开放性的特征,有利于俄罗斯民族文化与其他民族文化的交流与融合,因而,当时西欧的先进理念与作品,如托马斯·霍布斯与胡果·格劳秀斯等哲学家的作品及思想得以源源不断输入俄罗斯。

文化世俗化不仅改变了作品的内容,还不断催生新的作品类型,作品类型日益丰富。最突出的是绘画艺术的发展,17 世纪之前,俄罗斯的

---

① [俄]戈·瓦·普列汉诺夫:《俄国社会思想史》(第 1 卷),孙静工译,商务印书馆 2009 年版,第 136 页。

② [法]伏尔泰:《彼得大帝在位时期的俄罗斯帝国史》,吴模信译,商务印书馆 2016 年版,第 294 页。

绘画艺术主要是圣像绘画艺术，但 17 世纪后期时，俄国传统的绘画艺术已远不能满足时代的审美要求了，以现实主义为审美原则的西欧绘画广受欢迎。[①] 新类型的绘画作品，如人物肖像画与版画开始出现并广受欢迎，并产生了一批优秀的画家，如被彼得一世誉为“俄国人技艺精湛的绘画大师”的 И. С. 尼基丁（И. С. Никитин）以及被誉为“研究彼得堡建筑的珍贵文献”的版画家 А. Ф. 祖鲍夫（А. Ф. Зубов）等。其次是园林建筑作品的发展。17 世纪后半期，俄罗斯的建筑艺术受西欧影响越来越大，巴洛克风格成为这一时期的主流风格，并建造了大量优秀的建筑作品，如谢尔吉三圣修道院的教堂、新圣母修道院教堂、夏园、冬宫以及皇村行宫等。再次是艺术类作品的发展。17 世纪下半期戏剧开始在俄罗斯出现，虽然较西欧出现时间晚，但俄罗斯戏剧发展迅速，1702 年第一座剧院——国家剧院在莫斯科建立，民众对戏剧的兴趣不断提高，并催生了大量戏剧作品。与此同时，世俗音乐也开始流行起来，出现了许多源自民间文学的音乐作品，如《驿站车夫》《圣彼得堡的集市》以及《父子情敌》等，音乐领域的创作开始活跃起来。

彼得一世之后，文化世俗化进入了一个新的阶段，其推动力量也由政府转为学者。文化世俗化的发展与古典主义学者的努力密不可分，并涌现了一大批杰出人物，如 А. Д. 康捷米尔（А. Д. Кантемир）、В. К. 特列季亚科夫斯基（В. К. Тредиаковский）、М. В. 莱蒙诺索夫、А. П. 苏马罗科夫（А. П. Сумароков）等。这些杰出的古典主义者不仅确定了新的文学创作方向，同时还解决了一系列复杂的具体问题，如俄罗斯语言的改革、新的文学体裁以及创作职业化等问题，为民族文学的发展打下了坚实基础。А. Д. 康捷米尔是俄罗斯第一位寓言作家，也是第一个使用讽刺诗创作的诗人，被誉为俄罗斯文学史上第一个有意识

① 姚海：《俄罗斯文化》，上海社会科学院出版社 2013 年版，第 131 页。

的、艺术上自觉的现实主义者，被视为“现代俄罗斯纯文学的奠基人”。B. K. 特列季亚科夫斯基深受法国文化影响，并将法国文化中的积极因素运用于诗歌理论与作诗法上。A. П. 苏马罗科夫不仅是俄罗斯最早的诗体寓言创作者，还创作了《论俄罗斯语言》与《论诗歌创作》等文学理论著作，此外，他还是第一个将文学作为自己职业的作家，并被誉为“俄罗斯戏剧之父”。M. B. 莱蒙诺索夫则被视为现代俄国文学和文化的真正奠基人，他不仅是一个文学的“立法者”，制定了文学语言的标准；他还是一个文学的“改革者”，引入了新的作诗法体系。正是这些开创性古典主义学者在文学上的改革与创新有力地促进了文化的兴盛，俄罗斯文学的质量与数量均有明显提升，文学的社会功能开始受到重视，更多世俗内容的作品被创作出来。

18 世纪末，俄罗斯文学进入了繁荣时期——“黄金时代”，“黄金时代”群星璀璨，出现了大量优秀的作品并深受民众喜爱。鲁迅先生曾在《摩罗诗力说》中指出：“俄罗斯当十九世纪初叶，文事始新，渐乃独立，日益昭明，今则有齐驱先觉诸邦之概，令西欧人士，无不惊其美伟矣。”①文学繁荣的首要因素在于文化世俗化的完成。18 世纪末时，俄罗斯文学已完全褪去了宗教痕迹而完成了世俗化进程，浪漫主义在世纪之交时出现并为公众所接受，创作者的个人因素在作品中越来越多地得以体现，作品的体裁也由之前单调的歌功颂德的长诗、挽歌与叙事史诗而变得更为多样化。大量天才作家与优秀文学作品的出现使得图书的需求量不断增长，有力地推动了图书交易市场的发展。俄罗斯国内学者认为，19 世纪 30 年代左右俄罗斯图书交易繁盛的主要原因在于

---

① 《鲁迅全集》（第 1 卷），人民文学出版社 2005 年版，第 89 页。

大量文学天才的存在。[1] 文学繁荣的另一个原因在于政治上的开明，虽然自叶卡捷琳娜二世晚期俄罗斯的开明专制经历了起伏，但总体趋向仍然以开明为主要特征，特别是亚历山大一世在位期间（1801～1825年），开明专制达到一个新的高度。亚历山大一世不仅恢复了允许私人从事印刷业命令的效力，还通过了新的以自由为特征的书刊检查指令，取缔了对文化与艺术的检查机制，创作者的创作空间与自由度更为宽广，印刷业与文学创作也再次喜逢发展良机并取得显著成绩。至此，俄罗斯著作权制度产生的文化基础已经形成。19世纪末至20世纪初，俄罗斯文化进入了另外一个繁盛时期——“白银时代”。“俄国白银时代在语言学、社会学、心理学、哲学和艺术领域（音乐、芭蕾舞、戏剧、绘画）都有现代形态。”[2]“白银时代”的繁荣不仅促进了俄罗斯著作权制度的新发展，还使得著作权制度更具现代化的特征。

四、著作权制度发展的国际背景

著作权国际保护的产生具有必然性，因为文化交流快速而无国界，且各国各异其条件规定，因而仅通过国家间的保障实嫌不足，应用上容易造成极大的困扰，并且过程极为复杂，而有集合大多数国家，共同商定规约的必要。[3] 著作权国际保护最早出现在欧洲，这与当时欧洲诸国文学繁荣以及文化产业发达密切相关，保护本国文化产业的发展与优势是促使西欧各国之间缔结著作权国际协定的主要因素。欧洲国家自古以来联系的紧密性使得作品能够迅速走出国门，擅自翻印他国

---

① *Краткий обзор книжной торговли и издательской деятельности Глазуновых за сто лет 1782–1882*, СПБ. ,1883. С. 62–63.

② 周雪舫：《俄罗斯史》（第4版），三民书局2015年版，第162页。

③ 贺德芬：《著作权法论文集》，台北，台元彩色印制股份有限公司、三民书局1987年版，第284页。

作家的作品并出售成为一个突出的问题。然而，著作权具有地域性的特征，这使得著作权人仅能够制止国内的侵权行为，而对国外的侵权行为则无能为力。著作权制度的地域性与作品传播的跨国性之间存在巨大的矛盾，著作权国际保护随之而生。早在18世纪便已经出现了在国际条约中对作者权利进行个人保护的建议，截至19世纪这种个人保护呼声越来越多。[①] 著作权国际保护的最初形式主要为双边的著作权协定，但双边协定具有诸多不足，如成本高、适用范围窄、各国著作权制度差异大等，因而，为克服各国著作权法的矛盾，需要签订著作权国际条约，"使缔约国负有义务不仅要给其他缔约国国民以国民待遇，而且还要制定符合条约所订的最低标准的法律"。[②] 当然，著作权国际条约的产生还与各国国内的著作权法水平密切相关，因为著作权国际公约是"在有关国家国内的版权法发展到得以提供'国际保护'的水平后，顺理成章地达成的一种国际安排"。[③] 以上诸多因素的共同作用，《保护文学和艺术作品伯尔尼公约》（以下简称《伯尔尼公约》）终于1886年缔结。至此，著作权国际保护制度与体系开始形成。著作权国际保护制度的产生不仅意味着著作权制度进入了一个新的发展阶段，还意味着后发国家独立发展本国著作权制度的空间将日益缩小，著作权领域的国际较量拉开了序幕。

俄罗斯的对外交流可溯及久远，辽阔的大平原为对外交流提供了极佳的地理环境。但是在彼得一世改革前，俄罗斯几乎处于一个完全封闭的空间之中，除了与英格兰有一些贸易往来外，"降至17世纪初俄

① ［德］西尔克·冯·莱温斯基：《国际版权法律与政策》，知识产权出版社2017年版，第12~13页。

② 汤宗舜：《著作权法原理》，知识产权出版社2005年版，第187页。

③ 唐广良、董炳和：《知识产权的国际保护》（修订版），知识产权出版社2006年版，第10页。

国与西欧实际上没有什么接触”。[1] 该段时期俄罗斯的对外交流具有程度不深以及取向单一的特点，程度不深指的是对外交流仅是“交往而非影响”，[2]在对外交流中俄罗斯持保守排外的立场，有意识地抵制来自国外的影响。取向单一体现在交流的对象单一，对外交流的内容以宗教为主，文化与法律等仅是可有可无的点缀。但这种单向的交流方式难以持久，俄罗斯的统治者发现仅凭自有文化越来越难应付来自国内外的挑战。因而，统治者的观念逐渐发生变化，在对外交流中，不仅“交往”，而且也开始主动接受外国的“影响”。既然态度发生了转变，而且向西方学习的大门已经打开，西方文明的进入就不可阻止，更何况西方文明对当时俄罗斯具有巨大的吸引力。西方发达技术与先进理念的引入不能仅靠购买机器与聘请外国人进行，引进国外先进文化并培养自己的人才才是长久之计。因而，图书这一传播文明最重要载体的需求持续增加，并有力地推动了俄罗斯著作权制度的产生与发展。

彼得一世执政期间，俄罗斯的对外交流开始了大踏步地前进。虽然彼得一世打开了向西方学习的大门，但其学习的范围较窄，主要为军事方面，欧洲的民事法律制度并非学习的目标，更遑论当时在欧洲尚属新兴事物的著作权制度。但正如窗户打开后清凉的风自然会刮进房屋一样，向西方学习的大门既然已经打开，作为西方文明产物的著作权制度也就有了进入俄罗斯的机会。叶卡捷琳娜二世宣布俄罗斯是“一个欧洲强国”，这表明俄罗斯已视自己为欧洲的一分子。俄罗斯对外开放的程度达到一个新的高度，学习的对象已经不仅限于军事等实用技术，还包括当时西方先进的思想与理念。“到 1800 年的时候，俄罗斯西

---

① ［德］茨威格特、克茨：《比较法总论》（上），潘汉典等译，中国法制出版社 2017 年版，第 538 页。

② ［俄］瓦·奥·克柳切夫斯基：《俄国史教程》（第 3 卷），刘祖熙等译，商务印书馆 2009 年版，第 285 页。

方化的进程已经扩展到从大炮到哲学的一切领域。”①在此背景下，作为一个著作权制度后发国家，俄罗斯借鉴西欧诸国的著作权制度于1828年建立了自己的第一部现代意义著作权法，并在后期的发展中不断从西欧诸国著作权制度中汲取营养。

虽然俄罗斯著作权制度产生于19世纪早期，但俄罗斯与其他国家在著作权领域的交流却始于19世纪末。在此期间，俄罗斯著作权制度是在相对封闭的背景下进行，所谓的对外交流也仅仅是俄罗斯自主选择与借鉴西欧的著作权制度。1917年前的历代沙皇中，只有亚历山大二世与尼古拉二世在著作权领域开展了有限的对外交流。亚历山大二世在位期间（1855~1881年），于1861年、1862年分别与法国与比利时签订了《关于文学艺术产权的规定》，这两个双边协定具有如下特色：一是协定中规定的权利种类很少，而且在俄罗斯的坚持之下，并没有规定对翻译权的保护。二是条约中规定的保护期限也比较短，只有25年，自作品发表之日起计算，短于订约时各国国内著作权法中规定的保护期限。三是对签署国可能存在的书刊审查制度持开放态度，这无疑为行政权力介入图书传播与著作权保护留下通道。上述特点无疑更有利于文化相对落后的俄罗斯，便于其引进法国与比利时的图书。但这两个双边协定的执行效果并不理想，签约各方均感到不满。1881年，实行开明统治的亚历山大二世遇刺身亡，俄罗斯的对外交流中断，同样中断的还有著作权制度的对外交流。在国内图书经销商的鼓动下，沙俄政府于1885年终止了与法国及比利时所签订的双边条约，而且不再与其他国家就版权事宜签署协定。② 其原因在于俄罗斯政府认为这两个

① ［美］尼古拉·梁赞诺夫斯基、马克·斯坦伯格：《俄罗斯史》（第8版），杨烨等译，上海人民出版社2013年版，第274页。

② ［澳］山姆·里基森、［美］简·金斯伯格：《国际版权与邻接权——伯尔尼公约及公约以外的新发展》（第2版）（上册），郭寿康译，中国人民大学出版社2016年版，第29页。

条约是不公平的，是克里米亚战争之后[①]强加给俄罗斯的耻辱性条约。单从文化交易情况来看，这种观点无疑是正确的，因为当时法国文学作品的进口量远超俄罗斯作品的出口量。虽然这两个双边条约具有很多不完善之处且无疾而终，但依然成为俄罗斯著作权制度发展史上的重大事件。通过这两个双边条约，俄罗斯向世界释放了这样的信号：面对欧洲的最新发展潮流，如在著作权领域的对外交流与建立著作权国际保护制度上，俄罗斯并不是一个异己分子。

虽然沙俄时期俄罗斯在著作权制度的对外交流释放了一些积极的信号，但在著作权领域的对外交流中俄罗斯始终保持谨慎小心的态度，这突出体现在对《伯尔尼公约》的态度上。1886 年 9 月，《伯尔尼公约》于瑞士签订，其原始签约国共有十个，此时正值俄罗斯帝国的强盛时期，具有较大的国际影响力，但俄罗斯并没有参与《伯尔尼公约》的制定，也没有成为其原始签约国。《伯尔尼公约》签订之后，许多国家邀请俄罗斯加入该公约，但均未得到俄罗斯的积极回应。19 世纪 80 年代晚期至 90 年代初期，俄罗斯国内曾就是否加入《伯尔尼公约》展开激烈的讨论，并形成支持与反对两种对立的观点。支持加入《伯尔尼公约》的观点认为，俄罗斯不应与西欧的智力生活隔离，成为会员有利于俄罗斯科学、文化与教育的发展。[②] 反对观点的理由主要有：一是关于是否承认翻译权的问题。加入《伯尔尼公约》导致的最大难题在于是否要在国内承认翻译权，俄罗斯国内对该问题的立场并不统一。虽然支持者认为俄罗斯应承认翻译权，并签订双边或者多边协议，这样有利于俄罗斯

---

① 克里米亚战争发生于 1853 年 10 月 20 日，起因为争夺巴尔干半岛的控制权，多个国家，包括奥斯曼帝国、英国、法国、撒丁王国等先后向俄罗斯宣战，战争一直持续到 1856 年以俄罗斯的失败而告终。克里米亚战争的失败促进了俄罗斯现代化的进程，改革的力度有了前所未有加大，不再是为了保留原有社会结构，而是对整个社会进行重构，全面学习西方的政治经济制度。

② M. Newcity, *Copyright law in the Soviet Union*, New York and London: Praeger Publishers, 1978, p. 60.

作家利益在海外的维护，加入《伯尔尼公约》可以省去签订双边条约的麻烦。但反对者认为不应加入《伯尔尼公约》，反对者的着眼点并不在于俄罗斯国内作家这一个小群体利益的维护，而是着眼整个俄罗斯民族利益的维护。反对者认为承认翻译权可能会产生一系列负面的影响，如影响俄罗斯的贸易平衡、俄罗斯出版商与翻译家收入的减少、翻译作品的价格提升、大的出版商可能形成垄断以及阻碍俄罗斯智力成果的产生等。二是关于是否承认保护作品完整权的问题。《伯尔尼公约》赋予作者禁止他人修改其作品的权利，该权利可以对抗来自他人以及国家未经作者许可而对其作品进行修改，但该权利无疑与俄罗斯当时实施的书刊检查制度相冲突，是对国家监管权力的限制，不利于政府的统治。三是政府经济利益的维护以及缺乏能够保护作者利益的完善著作权组织同样也是俄罗斯拒绝加入《伯尔尼公约》的重要原因。① 相比较而言，反对者的声音更响亮，对政府的决策影响也更大，其影响甚至在1917年后仍然延续。因而，俄罗斯虽然关注到了著作权领域的这一重大的国际事件，但却始终袖手旁观。

20世纪初，出于对外贸易的需要，俄罗斯在著作权领域面临着更大的国际压力，西方国家以著作权的相互保护作为与俄罗斯签订贸易协议的条件。因而，此时俄罗斯在世界版权体系中开始活跃起来。例如，在1908年《伯尔尼公约》柏林修订会议上，俄罗斯便派出了庞大的代表团，表达了参与国际版权体系，甚至是加入《伯尔尼公约》的愿望。这种愿望完全体现在此次会议开幕会上的俄罗斯代表的发言中：

“吾奉俄罗斯政府指示，对德意志帝国政府的邀请表示感谢。俄罗

---

① Нагорный Р. С, “История развития норм о свободном использовании объектов авторских и смежных прав до принятия четвертой части ГК РФ”, *Журнал российского права*. – М.: Норма, 2010, № 2. –С. 113–123.

斯正大力增强与外国友邦在文学、音乐和艺术作品方面的交流。吾国政府认为,通过国际协定规范这种交流的时机已经到来。在诸项协定中,经由国际性联盟的努力达成的协定无疑占据首位。俄罗斯帝国政府已任命吾等参加大会,以促进俄罗斯加入保护文学和艺术作品的国际联盟。"①

在融入世界版权体系时,俄罗斯有两种选择:或者加入《伯尔尼公约》,或者分别与各个国家签订双边协议。考虑到《伯尔尼公约》保护水平较高,俄罗斯选择了后者,不厌其烦地与诸多国家签订了关于著作权保护的双边协定。在1904年与德国、1905年与法国、1906年与匈牙利先后签订的关于贸易与航海协议中,俄罗斯保证尽早与这些国家签订著作权保护的协议。但直至1911年后,俄罗斯才先后与法国(1911年)、德国(1913年)、比利时(1915年)以及丹麦(1915年)等国签订相互承认著作权的协议。这些协议能够签订的最重要保证无疑是俄罗斯1911年通过的著作权法,该法规定外国作者同样可以在俄罗斯享有翻译权。1911年通过的著作权法是俄罗斯做出的最重要让步,并成为西方国家与俄罗斯签订著作权双边协定的主要原因。此外,俄罗斯还准备与英国、意大利、挪威以及瑞典等国签署类似协议,但1917年爆发的十月革命终止了这一进程。

虽然沙俄时期俄罗斯在著作权领域已经开展了一些国际交流,但总的说来,帝国政府对著作权领域内国际合作刻意保持距离。文化产业的相对落后以及维护本国利益固然是主要原因,沙俄政府在对外交流中所实施的隔离政策也是不容忽视的原因。相对当时西欧的思想解

① Actes 1908,149. 转引自[澳]山姆·里基森、[美]简·金斯伯格:《国际版权与邻接权——伯尔尼公约及公约以外的新发展》(第2版)(上册),郭寿康译,中国人民大学出版社2016年版,第84页。

放运动,俄罗斯显得较为另类。沙俄时期,俄罗斯一直致力于领土的扩张与侵略,加之地缘、文化以及历史等多方面原因,使俄罗斯在政治上与欧洲经常性地处于自我孤立的地位,这同样也影响了著作权制度的国际交流与合作。但同样应看到的是,俄罗斯自始便对著作权制度的对外交流保持理智而清醒的认识,这也充分表明了十月革命前俄罗斯的著作权制度已经有了较高的水平,对著作权制度的宗旨有正确而深刻的认识,在制定本国著作权法以及在著作权领域的对外交流中,能够根据本国的实际情况合理平衡国内外利益,以最大限度地维护本国利益。

第二节　沙俄时期著作权制度的流变

沙俄时期著作权制度的发展可大致分为三个阶段:萌芽阶段、形成阶段以及发展阶段。在萌芽阶段,已经出现了对创作者权益的保护,但这些保护是零星与个例的,作者收益的性质属于行政奖励,著作权的私权性质尚未形成;在形成阶段,出现了专门的法律保护作者,著作权的私权性质开始形成,但受到较多的行政干涉;在发展阶段,著作权的私权性质以及作者在著作权制度中的核心地位得以确立。

一、著作权制度的萌芽

(一)萌芽阶段前的保护

早在俄罗斯使用印刷术之前,便已产生了对作品手稿享有类似所有权的理念。作品手稿的所有权可以由定购人、抄写人或者创作者享有,具体由谁享有取决于由谁发起作品的编写。对书稿享有类似所有权的观念与现代著作权制度相去甚远,所有权的保护对象是手稿,乃是著作权的有形载体，而非有形载体中所蕴含的智力成果，其性质为物权，而非著作权。另外，受到保护的主体是付出体力劳动的手稿抄写者，而非付出智力劳动的创作者，虽然在一些情形下，创作者也是抄写者。虽然印刷术于16世纪中期便已在俄罗斯出现，但在17世纪末之前，印刷术对著作权制度产生起到的作用甚微。印刷业自始便被政府牢牢掌控，政府对印刷业实行绝对的垄断专营，印刷业的经营主体被严格限制，私人印刷没有生存与发展的空间，印刷业尚未成为一个独立的经济部门。印刷图书的内容也受到严格限制，主要以宗教与政教为主，贴近民众生活的世俗作品几乎没有，民众对图书的需求也是非常之低，完全不存在著作权制度生存与发展的市场基础。此外，这一时期虽然也有一些创作，但创作行为一般仅在国家服务的范围之内，因而也不具备作者自主创作的思想基础，适宜著作权制度生长与发展的土壤尚未培育完成。

（二）萌芽阶段的保护

17世纪末至19世纪上半期，俄罗斯进入了著作权制度萌芽阶段，该时期，俄罗斯的社会背景发生了重大变化，政治上实行开明专制，资本主义经济开始出现并发展，文化世俗化持续发展并最终完成，创作者个性得到很大程度的解放，印刷业开始在国民经济中扮演重要角色，所有这些因素共同作用推动了著作权制度的产生。遗憾的是，俄罗斯国内关于本国19世纪前的著作权制度研究较少，造成这一问题的原因是多方面：一是19世纪之前俄罗斯的民法尚不发达。直至18世纪中叶以前，俄罗斯法律中尚没有“所有权、动产所有权和不动产所有权”等抽象概念，直到叶卡捷琳娜二世时，这些概念才在法律中出现，[①]更遑论更为

① Владимир - Буданов М. Ф, *Обзор истории русского права*. Москва, “Территория будущего”, 2005, С. 595-605.

新颖的著作权了。二是当时俄罗斯国内法学人才较为缺乏。德国学者茨威格特·克茨关于沙俄时期民法典制订的评论颇有启发性,"在19世纪以前不存在受过法律训练的法官和律师,因而必然缺乏成熟的法学传统。当联系这些事实时,没有私法法典便不足为怪了"。[①] 19世纪之前,俄罗斯国内的法学人才相对匮乏,而关注并研究著作权制度的法学家更少。三是缺乏充足的档案资料以资研究。虽然1828年之前俄罗斯的法学家已经对著作权制度进行了一定研究,但囿于研究资料的匮乏,这些研究大都存在研究程度不够深的突出问题,并没有深入分析并揭示著作权制度产生的原因。

17世纪末时出现了因个人创作而获得奖励的先例,有据可查的第一例因个人创作获得奖励的是书记官Ф. А. 格里博耶多夫(Ф. А. Грибоедов),他在1669年创作了一部关于俄罗斯历史的简明教程(Истрия о царях и великах князьях),虽然该部作品并没有发表,但作者却因自己的创作劳动而获得了行政奖励,但在获得奖励的同时,他的作品也为伟大的沙皇所支配。[②]

18世纪时,对创作予以奖励、保护或规范的正式文件开始出现。18世纪初,一些翻译人员提出要求,希望能够完整地翻译外国作品,无须因考虑正确的风格而做出删节,这一主张得到了彼得一世的支持。加夫里尔·费奥多洛维奇·布任斯基(Гавриил Фёдорович Бужинский)在翻译德国史学家塞缪尔·普芬道夫的作品《欧洲史概论》(Введение в европейскую историю)时,曾将其中对17世纪俄罗斯以及俄罗斯宗

① [德]茨威格特、克茨:《比较法总论》,潘汉典等译,法律出版社2003年版,第439页。

② Калмыков П. Д. *О литературной собственности вообще и в особенности об истории прав сочинителей в России.* Рассуждение орд. проф. Имп. Сю-Петерб. ун-та, д-ра прав П. Д. Калмыкова, чит. на публичном акте Унив. 8-гщ февр. 1851. СПб.: тип. Имп. Акад. наук, 1851. С. 93.

教的尖锐评论删除。但是彼得一世制止了该行为,要求将全书无删节发行。1724 年,为了准确地翻译德国农业领域的作品,彼得一世甚至给翻译人员下了一个专门的指令——《经济图书翻译人员指令》(Указ труждающимся в переводе экономических книг),要求在翻译外国作品时不应掺杂个人的叙述,因为这完全是在浪费读者的时间并使其丧失阅读兴趣。[①] 虽然该指令的目的是如实客观地引入国外先进文化,但同样也体现了对作品完整性的尊重,与现代著作权制度中的保护作品完整权的趣旨相一致。1728 年 1 月 12 日,彼得堡科学院院长 Л. Л. 布卢门特罗斯特(Л. Л. Булументрост)发布了命令,规定优秀的翻译人员可以获得奖励,并不计入固定工资之中,这是俄罗斯历史上第一个对作者进行奖励的正式文件。1761 年,发生了第一例因作者利益受到侵犯而获得保护的案例。是年,科学院秘书 С. С. 瓦尔奇科夫(С. С. Волчков)将一些外文图书翻译成俄文,为了缓解自己的贫困状况,他将这些译作在科学院印刷厂印刷并出售。科学院另一名工作人员 Т. Т. 陶别尔特(Т. Т. Тауберт)擅自将 С. С. 瓦尔奇科夫的译作印刷并出售,并导致了他物质上的损失。为此,С. С. 瓦尔奇科夫请求枢密院保护他对译作享有的权益。枢密院部分支持了他的请求,确认 С. С. 瓦尔奇科夫可以对因职责而翻译的外文图书获得奖赏,除此之外,售书所获得的收入应收缴国库,但可以给予他收入的 1/12。据此,俄罗斯国内也有学者认为,18 世纪中期时俄罗斯已经形成了著作权的观念,因而,俄罗斯的著作权制度应追溯至 18 世纪中期,而不是 19 世纪早期。[②] 1782 年,颁布了一个规范作家与出版者协议的指令,禁止将俄罗斯国民创作

---

① Адарюков В. Я, *Книга гражданской печати в XVIII веке*, Книга в России. Ч. Ⅰ. М., 1924. С. 148.

② Чупова Мария Дмитриевна. *История авторского права в России XIX века*, Диссертация кандидата юридических наук, Москва, 2000, С. 158.

的作品经由国外翻译或者重版后进口至俄罗斯，虽然该指令的目的在于控制舆论与思想，但创作者的地位开始显现，因而，也有观点认为，俄罗斯的著作权制度应追溯至18世纪后期，而不是19世纪中期。[①]

进入19世纪后，与著作权相关的纠纷开始增多，与之相应，与著作权相关的规定也逐渐变多，而且更为详细。1808年外科医学科学院的章程规定，院士、教授以及副教授的作品如果发表，可同时得到年度薪饷。[②] 1811人民教育部就И. 亚历山德罗夫斯基（И. Александровский）与П. Б. 维基良斯基（П. Б. Вигилянский）就"致波扎尔斯基大公"（Похвальная речь Князю Пожарскому）这一作品的归属纠纷进行了审理，人民教育部的部长А. К. 拉祖莫夫斯基（А. К. Разумовский）根据И. 亚历山德罗夫斯基提供的底稿对其作者身份予以了确认。阿姆夫罗西都主教（Митрополит Амвросий）命令将带有П. Б. 维基良斯基名称的已出版作品付之一炬，而П. Б. 维基良斯基亦因此不良行为而受到精神惩罚。[③] 1811年，时居巴黎的П. И. 雅科夫列维奇（П. И. Яковлевич）寻求金钱资助以出版其关于艺术理论方面的著作，但其作品大部分抄袭于德国学者门斯（Mengs），因而其请求被驳回。[④] 19世纪初还出现了对著作权人身权保护的事例，如塔尔图大学章程（Устав Дерптского университета）规定，教授如果将他人作品冒充自己的作品发表，其名字

---

① Чупова Мария Дмитриевна. История авторского права в России XIX века, Диссертация кандидата юридических наук, Москва, 2000, С. 6.

② *Полное собрание законов Российской империи, с* 1649 *года. Том XXX.* 1808–1809. СПб.: Типография Ⅱ отделения Собственной Его Императорского Величества канцелярии, 1830, С. 467.

③ А. С. Николаева, С. А. Переселенкова, *Описание дел Архива Министерства народного просвещения*, т. 2, Пг.: 1921. С. 385.

④ А. С. Николаева, С. А. Переселенкова, *Описание дел Архива Министерства народного просвещения*, т. 2, Пг.: 1921. –С. 385с.

将在“无耻剽窃他人作品之人”的黑名单中。[①]

虽然18世纪末时,俄罗斯国内的法学家已经对著作权制度有了一定程度的研究,甚至也出现了一些对创作者权益保护的实例,但未经出版商许可而翻印其享有的出版特许权的现象十分严重,而人民教育部以及书刊检查机关在此方面的立法活动却可以说是空白的。19世纪初,因出版商的欺诈行为致使公众对已出版图书的作者产生错误认识,使得政府必须采取相应措施制止此类欺诈的发生。[②] 1816年,人民教育部发布命令,要求出版商在向书刊检查机关提交书稿时必须同时提交创作者的授权证明。虽然该命令的初衷并不在于保护创作者的权益,而是为了思想控制,但该命令第一次将出版商的利益与创作者的利益联系了起来,国家已经开始承认创作者权利的存在。[③]

19世纪20年代,出现了依据申请对创作者权利进行保护的事例,即由创作者向书刊检查委员会提出防止作品被非法翻印的申请。1820年,喜剧家Д. И. 方维津(Д. И. Фонвизин)的后人与出版商П. П. 别克托夫(П. П. Бекетов)签订出版合同,合同约定,在取得书刊检查机关同意的前提下,П. П. 别克托夫有权出版Д. И. 方维津所有的作品。1828年,П. П. 别克托夫依据该合同向书刊检查委员会提出请求,要求禁止他人出版Д. И. 方维津的作品,并获得了支持。值得注意的是,此时距Д. И. 方维津去世已经超过了35年。这也意味着,因作品而产生的权益不仅在作者生前可以得到保护,在作者死后一定期间内亦可得

① Гордон М. В. *К истории возникновения авторского права в России*, Ученые записки Харьковского Юридического Института. –Харьков: Изд–во Харьк. юрид. ин–та, 1948, Вып. 3. –С. 171–192.

② *Проблемы юридической науки в исследованиях докторантов, адъюнктов и соискателей. Сб. научных трудов: в 2–Х т.* –Вып. 7. –Т. 1 . Н. Новгород, 2001. С. 127.

③ Шевченко А. В. *Институт ответственности за нарушение авторских прав в россии исторический аспект*, Социосфера. 2010. 2. С. 71.

到保护。1822年,A. C. 普希金(A. C. Пушкин)创作了长诗《高加索的俘虏》(Кавказский пленник),1824年E. И. 奥利季科普(E. И. Ольдеков)将该诗译成德文并出版,但在出版时附加了诗歌的俄文原文,这影响了普希金重版该书时获得报酬的机会。为此普希金的父亲(因普希金当时正处于流放中)向书刊检查委员会提出申诉。虽然书刊检查委员会最终以当时法律未作规定为由而未支持其请求,但却规定未来作品的出版应首先取得作者的许可。这一事件有力地促进了俄罗斯著作权制度的发展,苏联时期的法学家B. B. 巴热诺夫(B. B. Баженов)甚至认为,著作权领域研究的源头并非由大学里的学者开启,而是肇始于俄罗斯伟大诗人普希金。①

随着创作者在印刷业以及图书交易中地位的突出,对创作者权益的保护开始重视起来,并陆续出台了一系列保护创作者权益的规定。1827年12月13日,通过了《关于给予将在帝国剧院上演的剧本与歌剧之作家与翻译人奖励的条例》("Положение о вознаграждении сочинителям и переводчикам драматических пьес и опер, когда они будут приняты для представления на Императорских Театрах"),该条例共由20个条款组成。从条例名称即可发现其适用的对象较窄,仅适用于剧本与歌剧,且仅限于将在帝国剧院上演的剧本与歌剧,已经在帝国剧院上演的戏剧剧本与歌剧并不适用该条例。条例对交付国家剧院的剧本与歌剧进行了划分,共划分为五种类型,即将在两个首都的国家剧院上映的剧本与歌剧的作家或翻译家可以在其终生获得票房一部分,第一等级的歌剧可以获得1/10的票房收入,第二等级的为1/15,第三等级的为1/20,第四等级的为1/30,第五等级的报酬并非依据票房收入,而是由

---

① Баженов . В. В. *У истоков авторского права в Россяя. Правовые идеи и государственные учреждения*, Свердловск, 1980. С. 149.

剧院的行政长官预先确定，最高不超过500卢布。但这些收入并不能全部由作家或翻译家享有，考虑到戏剧上演需要一定的费用，因而，从作家或翻译家应收的报酬中扣除2/3。如果上演的戏剧过短且与其他戏剧或者芭蕾舞一同上演，那么作家或翻译家只能取得应获报酬的1/2。该条例突出了对创作者的保护，因而被俄罗斯国内的一些学者视为俄罗斯著作权制度大厦建立的第一块砖石，①但事实上，该条例与现代著作权制度还相去甚远，如保护范围过窄，其保护对象仅限于戏剧类作品；对作品等级进行划分，而现代著作权制度对所有作品提供同等的保护，而无论其艺术价值如何；从条例的名称同样可以看，条例仅赋予作家与翻译人员获得奖励的权利，而非民事权利，且在帝国剧院上演即意味着剧本与歌剧的作家或翻译家已将其对剧本与歌剧所享有的权利交付给国家剧院，这与同时代其他国家已经相对丰富的著作权内容相去甚远。

虽然1828年之前在俄罗斯出现了著作权制度的萌芽，但却是零散与粗疏的，很难此认为现代意义的著作权制度已经形成。俄罗斯学者P. A. 梅尔兹利金娜（P. A. Мерзликина）便认为，俄罗斯知识产权制度形成与发展的时期应始自19世纪初期。② Г. Ф. 舍尔舍涅维奇同样认为，1828年之前俄罗斯对作者或出版商对其享有的禁止他人私自翻印作品的权利一无所知，并进而认为，在缺乏体现作者创作性活动作品的前提下，也就不能再言著作权及其保护。③ 但19世纪初期对作者与出

① А. В. Бакунцев, *Авторское право на произведения литературы в Российской империи: Законы, постановления, международные догоsгры* (1827 - 1917), Москва: Издательство ВК, 2006. С. 6.

② Р. А. Мерзликина, *Право Интеллектуальной Собственности*, Москва "Финансы и статистика" 2008, С. 14.

③ Шершеневич Г. Ф. *Авторское право на литературные произведения*. Казань, 1891. С. 120.

版者权益进行保护不仅具备了社会基础,并取得了社会的认可,现代意义的著作权制度已经呼之欲出了。

二、著作权制度的产生

以 1828 年《作家权利条例》为标志,现代意义的著作权制度在俄罗斯正式建立,加上前后出台的一系列规定,19 世纪上半期,现代意义的著作权制度在俄罗斯已经初步建立起来了。

(一)《书刊检查指令》

亚历山大一世在位期间,于 1804 年 7 月 21 日颁布了第一部《书刊检查指令》(Устав о цензуре),该指令由两个部分组成,共 47 个条款。《书刊检查指令》颁布后经历了几次修改,1828 年 4 月 22 日,颁布了新的《书刊检查指令》。新指令较之前有较大变化,其主要目的在于禁止销售与传播有害于理想、帝位、善良风俗以及公民个人信仰的书籍,并不再要求作家的创作应具有社会意义。新指令最突出的特色在于,第一次对作家与翻译人的权利做了规定。依据新指令,作家与翻译人可终生对其成果享有"专有权"(ислючительное право),作家的合法继承人可以自作家去世后 25 年内享有出版与出售作品的专有权,作家去世 25 后,作品即成为公共财产,任何人可自由使用。作品保护期限内,未经作家及继承人的许可,任何人不得侵害作家的权利。书刊检查委员会与书刊检查总局根据自己的职责范围监督规则的执行,作家、翻译人与出版者之间关于书籍归属而产生的争议均应由仲裁法院解决,如诉争双方在仲裁上不能达成一致意见,则利用其他财产争议所应适用的民事诉讼程序解决。由是可见,《书刊检查指令》已经有了现代著作权制度的雏形。

（二）《作家权利条例》

《书刊检查指令》的内容比较原则与粗疏，仅 5 个条文（自第 135 条至第 139 条），且大多是宣示性的，有必要对其细化，《作家权利条例》便应运而生。1828 年 4 月 22 日（与《书刊检查指令》同日颁布），经沙皇尼古拉一世同意而颁布的《作家权利条例》（Положение о правах сочинителей）在俄罗斯著作权制度发展史中具有划时代意义，被认为是俄罗斯第一部具有现代意义的著作权法。就其法律地位而言，《作家权利条例》是《书刊检查指令》的附件之一，乃是对《书刊检查指令》中关于作家与翻译人规定的延伸与补充。虽然就其附属性而言，《作家权利条例》仍然是一部监管法令，但却对作家及翻译人的权利作了较为详细的规定，因而，将其视为俄罗斯现代著作权制度的起源并不为过。

1.《作家权利条例》的内容。依据《作家权利条例》第 1 条的规定，作家对其作品享有"专有权"，即在其终生使用自己出版的书籍与依据自己的意愿将该书籍作为自己获得的财产进行销售。依据该条例第 1 条，专有权的具体内容为作家与翻译人可依自己意愿使用或者发行作品。第 5 条规定，当作家对作品增加或修改了 2/3 以上内容，或者改变了作品的体裁以及对作品的修改而被视为一个新作品的情形之下，作家享有再次出版作品的权利。除专有权利外，在条例中还可以发现著作人身权的雏形，第 2 条规定，当作家未将作品（无论是手稿还是印刷件）出售给他人时，在作家不同意的情形下，无论作家生前还是死后均不能为满足债权人而出售其作品。从这里可以看到了现行著作权法中的发表权情形，即作品发表与否应当遵从作者的意愿。在第 8 条所列举的侵犯著作权行为中，未经权利主体许可而更换作品标题、擅自增加附言、注释以及其他类型的行为均构成侵权，而这些行为与现代著作权法中的保护作品完整权内容是一致的。专有权的保护期限为作者终生加死后25年,作者去世后,他的继承人可以在其死后25年内享有出版或发行作品的专有权。保护期满后,作品即由私人领域进入公有领域,成为公共财富,任何人可自由出版与销售。

《作家权利条例》还在俄罗斯立法上第一次规定了著作权限制制度,主要包括以下三种情形:一是作品再次出版时对作家权利的限制。第3条规定作品的再次出版首先应由作家与出版商或者书商协商。如果不存在书面协议,那么出版商与书商可以在自书刊检查机关发放许可证之日起五年后再次出版作品,此时不需要再经过作家的许可。由此可以看出,作品的再次出版主要由作家控制,但是为促进作品的传播,规定了在特定情形下可不经作家同意而出版其作品。二是不视为侵权的行为(条例第10条),包括偶尔从出版物中翻印篇幅不超过一个印刷页的短小文章以及将其翻译成其他语言,翻印政治类公报以及与文学、科学以及艺术有关的公报。三是符合下列条件的引用不构成侵权:在引文中摘录的内容不超过书籍内容的1/3,且超过一个印刷页的;作品正文的内容比引用的部分多两倍以上的。也即,《作家权利条例》允许为新闻报道以及在合理范围内为引证目的而使用他人作品。上述对著作权限制情形仅限于善意的行为,正如 K. П. 波别多诺斯采夫(K. П. Победоносцев)所说的那样,"转载多发生在杂志的评论中,但如果新闻记者借评论之名义或其他借口全篇转载,以及经常性地从他人已出版作品中转载短小文章,即使并没有超过一个印刷页,亦违反了法律规定"。①

该条例还从两个方面对侵权行为作了规定:一是从侵权行为方面做了规定,第8条规定,著作权保护期限届满前任何人不得侵犯作家的

---

① Победоносцев К. П. *Курс гражданского права. Первая часть: Вотчинные права*, Науч. Ред. В. С. Ем. М. ,2002. С. 715.

权利。未经作家、作家继承人以及其他以法定方式获得作家权利人的许可,任何不能出版作品,即使该作品已经被翻译成其他语言。此外,还规定了对作品完整权的侵害。二是从侵权主体方面作了规定,第9条规定,以下行为主体为侵犯著作权人,包括未按约定条件再次或多次出版作品的人;将自己的手稿或者出版权分别授予不同的主体,且相互之间缺乏沟通的人;在俄国或经书刊检查机构许可出版作品译本时附加了作品原本的人;在国外翻印了在俄国已经出版的或者经书刊检查机关许可出版的图书,并将在俄国销售这些翻印件的人;新闻记者以评论的借口或其他不合理借口从其他出版物中经常性地全文翻印短小文章,即使被翻印的文章少于一个印刷页。侵权行为的制止应通过民事纠纷途径解决,虽然行政机关享有监督的权力。对于翻印行为的取缔应依权利人的请求而为,且存在2年的诉讼时效。

2.《作家权利条例》的特色。在俄罗斯著作权制度发展史中,《作家权利条例》中的许多内容都是划时代的,主要体现在以下几个方面:一是著作权的私权性质开始确立。根据该条例第1条以及《书刊检查指令》第135条的规定,作家与翻译家所享有的专有权视为"自己获得的财产"(как имущество благоприобретенное),而非通过继承得到的财产。此种观点较大地受到了自然权利观念的影响,即当作者将创造性的劳动赋予作品之后,作者对作品享有天赋的权利是不言而喻的。从权利的内容可以发现,作家与翻译人所享有权利的性质已经发生根本性的转变,即由行政奖励转变为专有权利。二是对著作权的性质有更为科学的理解。《作家权利条例》在一定程度上将著作权与所有权相等同,但并没有将二者混同。正如俄罗斯国内学者指出的那样,"将图书、作品界定为自己获得的财产将与有形财产权利相关的法律联系了起来,但通过对文学财产权条例条款的分析可做出这样的结论,著作权不仅没有与财产权相混合,同时还被赋予了其他的意义”。① 三是著作权制度的体系较为完整。《作家权利条例》中规定了著作权的内容、保护期限、限制以及侵权行为等内容,著作权制度的体系基本搭建而成。四是体现了较高的立法水平。从立法技术上看,《作家权利条例》已经具备了大陆形式主义立法的一些特征,已经尝试抽象出一些普适性的法律术语(如“专有权”),体现出了较高的立法水平。此外,作为著作权制度后发国家,俄罗斯著作权制度在其建立时便具有了制度优势,即可以借鉴他国著作权法中的合理因素,避免他国家早期著作权法中的一些不足。例如,《作家权利条例》的立法目的是保护创作者,而世界上第一部现代意义著作权法——《安妮女王法》虽然对创作者保护作了规定,但却是以印刷商与出版商为中心。② 五是确定公益与私益兼顾的原则。虽然在《作家权利条例》中没有明确规定公益与私益兼顾原则,但其第 7 条规定,著作权保护期限届满之后,便成为公共财产,任何人得自由使用,这实质上也宣告了对公共利益的关注。

但是该法同样也存在许多不足之处,比较明显的有以下几方面:一是适用对象比较窄,仅限于文学作品,对其他类型作品,如音乐作品与艺术作品则没有规定。二是没有规定翻译权。19 世纪欧洲的文化交流早已经跨出国界,翻译权成为作者享有的一种重要的权利,但《作家权利条例》并没有规定翻译权,这也意味着任何人均可对作品自由进行翻译,而无须经其作者许可,翻译者对其译作享有新的著作权。对翻译权的人为忽视确实不利于作者权利的维护,当然,如果考虑到俄罗斯当时

① Титлянова - Чайкина Наталья Викторовна, “Издатели дореволюционной вятки и становление авторского права в россии, Библиография”, *Научный журнал по библиографоведению, книговедению и библиотековедению*, 2016. 2 (407), С. 85-90.

② James Boyle, “The second enclosure movement and the construction of the public domain”, *Law and Contemporary Problems*, Vol. 66 (2003), p. 33.

在文化以及科技领域落后于西欧的现实情况，这一规定对俄罗斯是有利的。三是存在较多的行政干涉。根据《作家权利条例》第 17 条的规定，如果已经出版的书籍如果不符合《书刊检查指令》中的规定，作家享有的所有权利均可被剥夺。四是法律责任的缺失。虽然条例规定了作者享有财产权以及不得侵犯其权利，但却未规定侵权行为的法律责任。与对作者权利保护的漠视相比，条例却规定了严格的措施保护出版者的利益，第三人侵犯出版者权利时，应承担出版者所受损失或者侵权者所获利润两倍的惩罚。五是尚未确立作者的核心地位。首先，就该条例的名称来看，《作家权利条例》的保护主体是“作家”（сочинитель）[①]而非“作者”（автор），“作家”与“作者”在著作权法上的意义不同，“作家”更多表达的是一种事实，即强调某一作品由某一主体完成；而“作者”则是一个法律上的概念，强调的是完成作品的这一主体可以享有法定的权利。[②] 其次，该法对著作权相关的利益主体——出版者、图书商以及作者得到的保护是一样的，这与西欧当时已有的著作权制度并不完全一致，这也充分表明了，“在俄罗斯，天才、创作者并没有成为正在形成的著作权制度的中心”，[③]作者的核心地位仍然没有确立。

（三）《作家权利条例》的补充规定

针对《作家权利条例》中的问题，1829 年 6 月 14 日人民教育委员会部长 К. А. 利文公爵（К. А. Ливен）向国会提交了一份草案——《作者与艺术家权利条例》（Положение о правах авторов и художников）。国会

① “сочинитель”，（文学或音乐作品的）作者或（虚构作品内容、人物的）作家。黑龙江大学俄语语言文学研究中心辞书研究所编，《大俄汉词典》商务印书馆 2003 年版，第 2229 页。

② 李雨峰：《著作权的宪法之维》，法律出版社 2012 年版，第 88 页。

③ Максимов А. Ю, *Трансформация императивов и приоритетов государственной политики охраны авторских прав в России в контексте изменений государственного внутриполитического курса*, История и политические науки. С. 148–157.

听取了 K. A. 利文公爵的建议,认为有必要对 1828 年的《作家权利条例》进行补充或解释,但并没有采纳他所提交的草案,而是于 1830 年 1 月 8 日出台了一个新的补充规定——《国会关于作家、翻译人与出版者权利的意见》(Мнение Государственного Совета "О правах сочинителей, переводчиков и издателей",以下简称《1830 年意见》)。《1830 年意见》包括三个部分,共 40 个条款:《关于作家、翻译人以及出版者所有权的意见》(О правах собственности Сочинителей, Переводчиков и Издателей,共 26 个条款)、《关于科学院、大学、专业学校、学术组织与其他组织对其出版的科学、文学书籍或作品所享有的权利的意见》(О правах академий, университетов, училищ, ученых и других обществ на издаваемые ими книги или произведения наук и словесности,共 5 个条款)、《关于司法与行政机关在处理涉及作家、翻译人与出版者所有权案件中的效力的意见》(О действии судебных и правительственных мест по делам, касающимся прав собственности Сочинителей, Переводчиков и Издателей,共 9 个条款)。《1830 年意见》是对《作家权利条例》的补充,其条款数量是《作家权利条例》的两倍之多。《1830 年意见》不仅对《作家权利条例》中的条款进行了更为细致的规定,同时还补充了一些新的内容,其中比较突出的是:一是将作家、翻译人以及出版者所享有的专有权利定性为所有权。从《1830 年意见》的第一个、也是最主要的组成部分,即《关于作家、翻译人以及出版者所有权的意见》的标题中可以看出,作家、翻译人以及出版者所享有的是所有权(права собственности)。该术语表明了立法者对著作权性质的认知与界定,即将著作权等同于所有权。将著作权等同于所有权的最大意义在于:承认了著作权的可商品化性,即著作权可以作为一种商品进行交易。二是扩大了保护对象的范围,将民族歌曲、民间谚语、民间童话、民间故事、以口头方式保存的故事以及古老的手稿纳入保护范围(第 4

条)。在补充规定中还出现了汇编作品的雏形,第 10 条规定杂志、定期作品集、选集以及由各种短小文章组成的书籍的出版者可以享有专有权;此外,私人信件、私人笔记以及其他提前决定不公开的文件也被纳入了保护范围。这也表明,著作权的取得不以作品的发表为前提。三是在《1830 年意见》中还出现了"盗版"(контрафакция)这一术语,《作家权利条例》中对侵犯著作权行为有较为详细的规定,但对盗版行为却只做了原则性规定,《1830 年意见》第 16 条将擅自出版行为(самовольное издание)视为盗版,并详细列举了属于盗版的 4 种情形。并在第 23 条规定了盗版者应承担的法律责任:返还合法出版者受到的损失以及没收非法复制品等。四是详细地规定了侵犯著作权时的诉讼程序。在《关于司法与行政机关在处理涉及作家、翻译人与出版者所有权案件中的效力的意见》中对侵权行为的处理做了较为详细的规定。与 1828 年《作家权利条例》不同的是,《1830 年意见》将以自己名义出版他人作品视为伪造,除对侵权人处以补偿受害人损失的惩罚外,同时还应以未经书刊检查机关同意为由将其移送法庭。五是延长了著作权的保护期限,由《作家权利条例》中规定的作者终生及死后 25 年延伸至作者终生及死后 35 年。六是对著作权限制制度进行了补充,增加了因教学使用而对著作权限制的情形。

纵观这一时期俄罗斯著作权制度的发展,可以说,1828 年《作家权利条例》初步建构了著作权体系的基本框架,以此为基础,俄罗斯著作权制度开始了稳定的持续发展,著作权的保护范围、权利内容以及保护措施逐渐扩大或完善,著作权制度日趋完善。

三、著作权制度的发展

(一)19 世纪后期的著作权制度

19 世纪中期,随着俄罗斯法律科学的发展,与著作权相关组织的壮

大,以及统治者对法律权威性的偏爱,俄罗斯著作权制度有了新的发展,主要体现在以下几个方面:

1. 立法方面的发展。19 世纪后半期,俄罗斯著作权立法有了新的发展,主要体现在以下几方面:

(1)保护范围不断扩大。1845 年 1 月 9 日,国会颁布了《国会关于保护俄国以及居住在俄国的音乐作家权利的意见》(Мнение Государственного совета "Об ограждении прав русских и пребывающих в России сочинителей музыкалных произведений"),开始对音乐作品予以著作权保护。对音乐作品著作权的保护水平与作者、翻译者以及出版者的保护水平持平,侵害音乐作品著作权的处罚力度与侵权行为相关,擅自出版音乐作品的处罚力度与文学作品相同,未经许可公开表演音乐作品应承担所获利润两倍的处罚。在此基础上,1848 年颁布了《音乐财产权条例》(Положение о музыкальной собственности),对音乐作品的著作权做了更为详细地规定。1846 年 1 月 1 日还颁布了《艺术财产条例》(Положение о собственности художественной),该条例赋予了画家、雕刻家与建筑师等著作权,而在此之前,艺术作品作者的利益只能由单独的特许令保护。

(2)保护期限不断延长。普希金对延长著作权保护期限起到了重要的推动作用,1836 年,应法国大使巴兰特的要求,在回信中普希金以 1828 年《作家权利条例》为对象对俄罗斯的著作权制度做了说明与评价。在简要介绍了条例的内容后,普希金对条例进行了评价。普希金认为,《作家权利条例》并没有解决所有的著作权问题,并指出其一些不足。例如,不保护匿名作品的作者,对于假冒知名作家的作品没有规制等,对文学所有权的规定过于简单等。此外,普希金还对书刊检查机关的长手臂表达了不满,指出,如果作品没有标示作者并将其置于政府的监管之下时,就不能够将自己的手稿提交至书刊检查机关,也因而不能出版发行。普希金更多地从作者立场出发对著作权保护提出了看法，鉴于普希金的知名度，他的这封信引起了政府的注意。有趣的是，虽然普希金生前便对俄罗斯的著作权制度予以高度关注，但他在世时对著作权制度的推动作用却没有其去世后那么明显。1856 年，普希金的遗孀 Н. Н. 兰斯卡娅（Н. Н. Ланская）致信时任教育部长的 А. С. 诺罗夫（А. С. Норов）的一封信成为俄国著作权制度发展的一个重要事件。在这封信中，Н. Н. 兰斯卡娅希望政府能够为她的两个儿子而延长普希金作品的保护期限。А. С. 诺罗夫将信转给 Д. М. 布卢多夫伯爵（Д. М. Блудов），布卢多夫伯爵针对信中的问题完成了一个详尽的报告并呈交给亚历山大二世。诗人遗孀的信引起了沙皇的同情，亚历山大二世授权 Д. М. 布卢多夫伯爵制定了一个专门延长著作权保护期限的法令——《国会关于延长文学、艺术财产权期限的意见》（Мнение государствнного совета "о продолжении срока литературной и художественной собственности"），并于 1857 年 4 月 15 日经由沙皇签署颁布。根据该意见的规定，文学与艺术作品的保护期限延长至作者死后 50 年，这也是世界上首次将著作权的保护期限延长至作者去世后 50 年。保护期限的延长表明了俄罗斯在著作权制度上的开明性，虽然这并不能意味着当时俄罗斯的著作权制度已经足够先进与发达。实际上这一做法在当时俄罗斯引起了较大争议，因为当时许多人认为著作权不应给予较长期限的保护，甚至不应继承。例如，圣彼得堡文学协会在对后来沙皇政府颁布的著作权法案讨论中便提出，著作权可以继承是不道德的。[①] 但这一较长保护期限的做法却自此保留下来，如在 1885 年颁布的《民事法律汇编》中，便延续了这一较长的保护期限，第 1185 条规定：文学、音乐与艺术作品作者的继承人可以在作者死亡后 50 年

① С. А. Судариков, *Авторское право*, Москва：ООО "Проспект", 2009, С. 167.

内继承作者对出版物享有的使用与出售书籍或音乐作品的专有权以及艺术所有权。

(3)地方立法有新的发展。亚历山大二世在位期间著作权地方立法的成绩较为瞩目,其中的典型当属1864年颁布的《波罗的海东部沿海各省①地方法令汇编》(Свод местных узаконений губерний Остзейских,第3981~3994条)以及1880年3月15日颁布的《芬兰②关于文学家与艺术家对其创作作品所享有的权利指令》(Постановление О правах литераторов и художников на произведения их деятельности в Финляндии),虽然这些地方立法同样具有保护范围较窄的缺陷,但还是给俄罗斯著作权制度带来了一些新鲜的成分。其中比较典型的有以下几点:一是关于出版合同的规定,要求出版合同必须以书面形式订立。而在帝国的文学财产权条例中并没有对出版合同的形式进行规定,只是规定了在二次出版文学作品时应签订合同,且允许口头形式;二是芬兰著作权制度中最引人注目之处在于:在俄罗斯历史上第一次拒绝了很久之前自欧洲引进的一个观点——将著作权视为一种财产权。芬兰的著作权制度明显带有德国法的特征,在1870年普鲁士帝国通过的新著作权法中,用"作者权"(авторское право)取代了之前的"精神所有权"(духовная собственность),受德国法的影响,《芬兰关于文学家与艺术家对其创作作品所享有的权利指令》中采用了"作者权"这一术语。

2. 著作权性质发生了改变。以《作家权利条例》为核心的一系列规定有一个共同的特征,即这些规定均附属于《书刊检查指令》,具有较为

① 波罗的海东部沿海各省主要指现在的爱沙尼亚与拉脱维亚,1710年,爱沙尼亚与拉脱维亚被沙俄占领,至1918年时两国才从俄罗斯独立出来。

② 在1808年芬兰战争中,沙俄从瑞典手中夺走了芬兰,芬兰自此成为俄罗斯帝国内的自治大公国,并由沙皇兼任大公直至1917年。

浓厚的行政色彩，著作权受行政权力影响较大，即当作品内容违反书刊检查制度时不产生著作权。因而，虽然立法中规定创作者享有专有权，但却是在行政监管下的专有权利，著作权的私权性质并没有完全确立。著作权制度附属于行政立法的情形持续了较长一段时间，在1832年的刑法汇编中规定了伪造行为应承担的刑事责任，其第六部分的第742条规定，任何人如果以自己的名义出版他人的文章，或者将自己的手稿分别卖给不同的人且未取得买受人之间的相互同意，这样的行为即被认定为"伪造"，除了应承受法院根据受损人所受损失确定的处罚外，还要承担剥夺所有的身份权利、鞭打以及流放等处罚。在1833年颁布的第一部俄罗斯帝国法律汇编中，《作家权利条例》及其补充规定依然是《书刊检查指令》的组成部分（第254条至第292条），同时也是帝国法律汇编第129条——"关于预防与制止犯罪指令"（Устав о предупреждении и пресечении преступлений）的附属条款。1842年出版了新的帝国法律汇编，上述规定著作权制度的方式保留了下来，只是在条款编号上略有变化，改为第257条至第295条。1845年8月15日，俄罗斯颁布了《刑事与劳改处罚法典》（Уложение о наказаниях уголовных и исправительных），对著作权的刑事保护作了规定。在1845年颁布的新《关于预防与制止犯罪指令》中，虽然处罚措施有所缓和，但规定的盗版行为种类却大大增加了。与著作权相关的刑事责任在法律汇编中一直保留，只是在每一次版本中的序号有所不同，在1845年版本中为第2195-2197号，1857年版本为2275-2277号，1885年版本为1683-1685号，这些刑事条款的效力一直持续至1911年新的著作权法。从上述立法来看，立法者不仅将文学所有权与书刊检查指令紧密结合在一起，还将著作权视为刑事立法的一部分，这种立场直到19世纪末的时候才得以改变。[①]

自19世纪中期,有关著作权的规定开始慢慢从行政与刑事立法中独立出来,并逐渐纳入民事立法之中。依立法者的解释,之所以将与著作权相关规定从行政或刑事立法中脱离出来,是因为在行政或刑事立法中规定著作权,其意义过窄或者过于特定。[②] 当然,这也与俄罗斯私权发展密切相关,依当代俄罗斯学者 E. A. 苏哈诺夫(Евгений Алексеевич Суханов)的观点,私法在俄罗斯历史上的存在时间特别短,"仅是在18世纪末以对贵族的特权形式第一次出现,而对一切其他百姓而言,仅在19世纪末才承认他们的私有财产权"。[③] 随着私法的发展,私法领域的相关制度开始集中起来,并逐渐体系化。1857年新的俄帝国法律汇编颁布,书刊检查指令获得了独立的地位。新帝国法律汇编一改之前对著作权分散规定的做法,统一将著作权制定规定在第七章《书刊检查指令》中的"关于科学、文学、艺术与手艺所有权"栏目下,并成为指令的第282~230条。同时国会还在民事法律部分的第420条增加了一个附注2,该附注强化了文学、艺术与音乐作品的私权性质,将其定性为文学、艺术与音乐财产权。1864年俄国进行了大规模的司法改革,将与盗版者相关的民事责任条款挪至刚刚通过的《民事诉讼程序指令》(Устав Гражданского судопроизводства,第1040~1042条)。在1876年颁布的《民事诉讼与处罚法》(Законы о судопроизводстве и взысканиях,第1412~1414条),规定了为满足债权人而销售财产并处

---

① А. В. Бакунцев, *Авторское право на произведения литературы в Российской империи: Законы, постановления, международные договоры* (1827 - 1917), Москва: Издательство ВК, 2006. С. 7.

② А. В. Бакунцев, *Авторское право на произведения литературы в Российской империи: Законы, постановления, международные договгры* (1827 - 1917), Москва: Издательство ВК, 2006. С. 8.

③ 鄢一美:《俄罗斯当代民法研究》,中国政法大学出版社2006年版,引论,第4页。

置著作权与作品的有关程序。同年,有关著作权的条款从《书刊检查指令》(此时其名称已经发生变化,改为《书刊检查与出版指令》)的正文中删除而成为其附件。1877 年,与著作权制度相关的规定被全部纳入了民事法律之中,这一举措的意义在于:一是明确了著作权的民事权利性质以及在民事立法中的地位,文学、艺术与音乐财产权被视为私人财产权利的一种类型;二是开始了著作权制度纳入民法典的立法模式,此种立法模式一直持续至 1911 年。1887 年,《关于科学、文学、艺术与技艺作品所有权》(О праве собственности на произведения наук, словесности, художеств и искусств)的法令正式使著作权制度与书刊检查法律分离,并成为民事法律第 420 条的附件二。第 420 条是关于所有权的规定,不仅适用有形物,也适用于著作权。1891 年,枢密院规定科学以及文学作品享有的财产权仅应在法律明确规定的范围与界限内行使,著作权的内容具有了明显的法定性。自此,不仅著作权的私法地位得以确定,而且作者对自己作品享有的权利从根本上与所有权人享有的权利区别开来。①

3. 著作权组织开始建立。在著作权制度的发展历程中,个别伟大人物起到了重要的推动作用,如法国的雨果、美国的马克·吐温以及俄罗斯的普希金。但个体的作用与著作权组织的作用不可同日而语。以现代著作权制度发源地英国为例,是出版商而不是作者推动了现代著作权制度的建立。作者在现代著作权制度中的核心地位也并不是自己努力的结果,而不过是出版商努力的次级结果而已。19 世纪中叶,一系列专门的著作权组织在俄罗斯相继成立:1845 年成立了音乐所有者协会、1846 年成立了艺术所有者协会、70 年代成立了作者协会。特别需

---

① *Решения гражданского кассационного департамента правительствующего Сената за* 1891*г. Дело*, *№*. 13, С. 48-52

要指出的是于 1870 年 11 月 29 日成立的戏剧作家协会，该协会明确将保护作者权利作为其职责，因而成为俄罗斯第一个与现代著作权集体管理组织相类似的组织。[①] 1874 年还成立了俄罗斯作者与戏剧作家协会，该组织的职责在于保护作者的权益与向作者支持酬金。上述的这些组织在维护自己所代表主体利益的同时，也有力地推动了著作权制度的发展。

4. 理论研究取得显著进展。进入 19 世纪后，随着著作权领域立法的频繁，越来越多的学者开始对著作权制度予以关注与研究，如 П. Д. 卡尔梅科夫（П. Д. Калмыков）、Г. Ф. 舍尔舍涅维奇（Г. Ф. Шершеневич）、И. Г. 塔巴奇尼科夫（И. Г. Табашников）、В. Д. 斯帕索维奇（В. Д. Спасович）、К. П. 波别多诺斯采夫（К. П. Победоносцев）、Д. А. 科普捷夫（Д. А. Коптев）、А. Б. 杜马舍夫斯基（А. Б. Думашевский）、Ю. И. 甘博洛（Ю. И. Гамборов）、А. А. 皮连科（А. А. Пиленко）、А. В. 潘克维奇（А. В. Панкевич）、Я. А. 坎托罗维奇（Я. А. Канторович）、А. 博尔津科（А. Борзенко）、В. В. 贝塞尔（В. В. Бессель）与 С. А. 别利亚茨京（С. А. Беляцкин）等。囿于国内立法、司法实践以及研究资料的匮乏，这一时期的法学家主要采用比较研究方法，即以主要国外著作权制度与司法实践作为研究对象，并以此来对国内的著作权制度进行评判。对于著作权制度后发国家而言，这种研究方法有其必然性，而且这些研究成果有效地填补了当时俄罗斯国内在立法、司法以及理论研究中的空白，消除了著作权立法中的许多障碍，有力地推动了俄罗斯著作权制度的发展。当然，受比较对象的影响，也使得俄罗斯著作权制度自一开始便具有明显的欧洲色彩，特别是作者权体系的风格。

---

① Панкеев И. А, *Авторское право для журналистов*, Икар, 2014 г. С. 11.

П. Д. 卡尔梅科夫是俄罗斯国内较早对文学财产权（права литературной собственности）进行研究的法学家，П. Д. 卡尔梅科夫的著述并不多，但他在 1851 年发表了《文学财产概述与俄罗斯作家权利的历史演变》（О литературной собственности вообще и в особенности об истории прав сочинителей в России）却是早期研究中相当有影响力的成果，在当时便引起了极大关注。该论文是他在 1851 年一次大学活动中所做的公开演讲，曾先后在两个期刊上发表过，并单独出版，并成为 19 世纪关于俄罗斯著作权制度研究的代表性成果，也是当前研究俄罗斯著作权制度史不可绕过的丰碑。从内容来看，论文受德国著作权制度影响较大，这与 П. Д. 卡尔梅科夫的学习经历相关。1830 年，根据 М. М. 斯佩兰斯基（М. М. Спера'нский）的建议，П. Д. 卡尔梅科夫前往德国留学，留学期间他认真听了许多知名教授的课，如萨维尼、黑格尔与冈斯，因而他的研究方法以比较研究为主，德国法遂成为其主要的比较研究对象。论文以富有哲理的论述开始："物质追求激励了大部人的行动，但是根据历史不变的法则，公民社会的精神生活来源从来不会干涸。与之相反，物质利益优势的每次加强，精神生活总是以新的、生机勃勃的源泉作为回击。"[①]根据立法以及法学的历史（从远古至 19 世纪上半叶），П. Д. 卡尔梅科夫对"文学财产权"这一术语的来源与发展进行了说明，指出在所有文明民族，"文学财产权"的概念均受到出版商的影响。在论文中，他还对作家、手抄者以及印刷业主的关系做了说明，详细地叙述了俄罗斯印刷出版者先驱伊万·费奥多尔与彼得·姆斯季斯拉夫的命运，指出印刷业与印刷业主的社会地位如何慢慢提升

① Калмыков П. Д, *О литературной собственности вообще и в особенности об истории прав сочинителей в России*. Рассуждение орд. проф. Имп. Сю-Петерб. ун-та, д-ра прав П. Д. Калмыкова, чит. на публичном акте Унив. 8-гщ февр. 1851. СПб. : тип. Имп. Акад. наук, 1851.

等。П. Д. 卡尔梅科夫对著作权制度的研究并没有仅仅局限在实体法这一个点之上,而是采用长焦距的方式对其来龙去脉进行了分析,对著作权制度的发展动力有深入且正确的认识,他的观点即使在现在依然经得起论证。论文的主要内容是对文学财产权的法律性质进行了深入分析,П. Д. 卡尔梅科夫指出:文学财产权有广义与狭义之分,广义的文学财产权包括三种:一是作家对原本以及手稿享有的财产权以及因其劳动而获得报酬的权利;二是根据作家与出版者订立的首次出版、出售原本以及在确定的数量制作复制件的合同而产生的私人债权;三是以后复制与出售作品复制件的权利。因而,为了确定文学财产权的含义以及利用现行法保护其免受可能存在的侵害(如盗版与非法翻印),法律应赋予作家或者出版者在一定的较长期限内享有复制其作品的权利。当然囿于时代背景,在论文中 П. Д. 卡尔梅科夫并没有对文学财产权进行更为深入的分析,如文学财产权的法律地位以及其具体内容为何,而仅仅是对"文学财产权"这一新型权利做了一个较为笼统而全面的分析。事实上,П. Д. 卡尔梅科夫也曾做好了详细论述文学财产权的准备,但却未来得及完成这一任务。①

在早期的研究中,俄罗斯法学家大都将文学、艺术以及音乐财产权视为一种财产权利,当代法学家 Э. П. 加夫里科夫对 19 世纪至 20 世纪初俄罗斯国内典型的著作权立法进行了分析,认为这些立法均将著作权视为一种可以交易的财产权。② 例如,П. Д. 卡尔梅科夫在前述论文中便认为,文学财产权的客体——作品应视为法定财产权中类似动产

① Подкопаева И. В. " Рассуждение ординарного профессора императорского санкт – петербургского университета п. д. калмыкова о литературной собственности и правах сочинителей в россии", *Краткое сообщение*, 2010. 1. С. 571–574.

② Гаврилов В. И, *Авторское право*, *Издательский договор*, Москва: Юрид. лит. , 1988, С. 8.

的客体。В. И. 辛纳斯基便是这种观点的拥趸,认为著作权是在非物质物上产生的权利,从这个意义上讲,可以将其等同于物权。[①] 但也有学者认为不应将著作权归入实体物的权利体系之中,其典型代表为著名的法学家 Ю. С. 甘博洛夫。通过与德国法的比较,Ю. С. 甘博洛夫指出,德国法学家认为,所有从外部世界获得的、具有可保护利益的财产均可以成为权利的客体,即法学意义上的"物"。德国法学中物具有广义与狭义之分。广义中的物泛指权利的对象或权利的客体,包括物质与非物质财产。在此意义上,著作权属于物的范畴。狭义中的物仅指物质财富的客体,在此意义上,著作权不属于物的范畴。将物区分为实体物与非实体物乃罗马法与欧洲法学的区别所在,在分析因该分类所导致问题的同时,Ю. С. 甘博洛夫也清楚地表明了自己的立场,应当严格区分仅在实体物中具有地位的物与在法律关系中被称为无形财产的物。因此,Ю. С. 甘博洛夫认为虽然"文学财产权"、"艺术财产权"以及"公司与标志的财产权"是当时流行的术语,但属于非物质财产,也即与物权并不是一回事。[②]

第一个对著作权制度进行系统研究的是 Г. Ф. 舍尔舍涅维奇,在其 1891 年的著作《文学作品的著作权》(Авторское право на литературные произвидения)中,Г. Ф. 舍尔舍涅维奇从多个角度对著作权制度进行了分析。[③] 俄罗斯国内也有学者认为,Г. Ф. 舍尔舍涅维

---

① Синайский В. И, *Русское гражданское право*. В 2 – х выпусках в Киеве 1914 – 1915 гг. Москва:Статут,2002. С. 276

② Р. А. Мерзликина, Право Интеллектуальной Собственности, Москва "Финансы и статистика" 2008. С. 15–16.

③ 该著作共分八章,分别是著作权的经济基础、著作权的法律性质、著作权的历史、著作权的主体、著作权的客体、著作权的取得与终止、出版协议、对著作权的侵犯。其结构即使是在当代依然非常科学与严谨。Шершеневич Г. Ф. *Авторское право на литературные произведения*,Казань:Тип. Имп. ун–та,1891.

奇是第一个将著作权视为民事权利中一个完整制度的学者。[①] 在20世纪初出版的不朽名著《俄罗斯民法教材》(Учебник русского гражданского права)中,Г. Ф. 舍尔舍涅维奇对包括著作权在内的专有权利进行了归纳总结。Г. Ф. 舍尔舍涅维奇对专有权理论进行了深入分析,认为专有权所涉及的法律关系是罗马法中没有规定而由现实生活提出的新的法律关系。Г. Ф. 舍尔舍涅维奇指出,权利乃是证明使用非物质财产在法律上的可能性,法律保护的目的在于通过授予作者特殊的机会使其在任何情况下得以完成一定的行为,并阻止任何人的模仿行为,因而这些权利可以称为专有的。正因如此,Г. Ф. 舍尔舍涅维奇指出,法律遵循了之前的主流观点,承认所有类似的法律关系都是非独立的,而是财产权利的特殊类型,因而,我们的法律称为文学、艺术与音乐财产权。已经证明,"权利上的物权"(вещные права на права)——即并不具有自己客体的物,这一概念在理论上予以推行是不妥当的。俄罗斯法律只承认客观物的财产权,但因为对西方法律的不成功移植而在俄罗斯出现了因文学财产而生的著作权。然而,从法律的角度看,不得不考虑将专有权归入财产权的范畴,这一做法可以成为解决某些问题的准则。Г. Ф. 舍尔舍涅维奇将所有的专有权分为两类:著作权与工业产权,著作权包括文学、艺术与音乐作品权,工业产权包括发明权、图画以及模型权、标记权以及商号权。应当说这一分类即使是在现在也是合理的。[②] Г. Ф. 舍尔舍涅维奇同样还对专有权与物权的关系进行了分析,Г. Ф. 舍尔舍涅维奇将"专有权"与"物权"、"债权"、"家庭权"以及"继承权"相并列,作为权利的次级单位。但应指出的是,在 Г. Ф. 舍

① Ч. М. Дмитриевна, *История авторского правав россии XIX века*, Москва-2000. С. 4-5.

② Шершеневич Г. Ф. *Учебник русского гражданского права* (*по изданию 1907г.*), Москва: Спарк, 1995. С. 54-55; 167; 254-255.

尔舍涅维奇编著的教材中有两个独立的章节——“著作权”与“工业产权”,二者形成了一个权利体系——“专有权”。但“专有权”在教材中紧挨着排在“物权”编之后,这似乎也证明了二者之间的紧密联系。这一状态似乎也证实了专有权是作为物权的例外而产生,专有权乃法律为那些自始即为非物质的、精神的但可以客体化的客体而授予的,与物权一样,最终可以成为民事领域的客体。

Г. Ф. 舍尔舍涅维奇无视当时法律将著作权与工业产权客体等同于财产权的客体且将其纳入物权法律关系之中的通说,而是将非物质客体从物权关系中脱离出来,并形成了独立的“专有权”体系,并预见到了这一体系的未来发展。应当说,这一见解是较为先进的,欧洲其他国家的学者差不多也是在 20 世纪初期开始提出建立统一的“专有权”体系,如 Колер Й. Шекспир 于 1900 年、Ф. Аллфред 于 1904 年、А. Эльстер 于 1928 年同样建议将著作权与工业产权纳入同一体系之中。[①] 因而,在作为权利客体的非物质财产法律地位的确定这一问题上,俄罗斯学者找到了自己的解决方法:智力成果所有权与对创造劳动成果享有专有权。可以说,自 20 世纪初期开始了这两种观点的对立,并形成了理解知识产权的两条基本路径。所有权路径认为,授予非物质客体(智力活动成果)的创造者以财产权,并利用物权对其调整;专有权观点认为,立法者授予智力以及精神活动成果的创造者专有权,并禁止其他所有人在特定期间内使用该成果。

纵观 20 世纪前的俄罗斯著作权法,可以发现,立法者大多将作品视为一种后天获得的财产,作家因此而获得的是文学财产权,这也使当时一些法学家将著作权等同为物权。例如,И. Г. 塔布什尼科夫在其作品《民法学视角下以及北德、奥地利、法国、英国与俄罗斯法中的文学、

① Р. А. Мерзликина, *Право Интеллектуальной Собственности*, Москва: Финансы и статистика, 2008, С. 17-18.

音乐与艺术财产》中(Литературная, музыкальная и художественная собственность с точки зрения науки гражданского права и по постановлениям законодательств: Северной Германии, Австрии, Франции, Англии и России)便持此种观点。但著作权与物权有一个非常明显区别:著作权具有法定的保护期限,这给上述观点提出了巨大的挑战。为保证其结论的合理性,И. Г. 塔布什尼科夫在上述作品中将著作权的期限性归因于复杂的不良环境,而非源自著作权的本质或特征。同时期其他法学家也从其他角度对著作权的期限性进行了解释,如 Н. И. 瓦拉季诺夫(Н. И. Варадинов)、В. Д. 斯帕索维奇、К. П. 波别多诺斯采夫、А. Б. 杜马舍夫斯基、Г. Ф. 舍尔舍涅维奇等学者便是从促进作品传播角度对著作权的期限性进行了论证。例如,与 И. Г. 塔布什尼科夫相左,В. Д. 斯帕索维奇便一直主张对文学财产权予以限制,缩短著作权的保护期限,将某些客体排除在著作权的保护范围之外。他认为,从早期俄罗斯相关著作权法律来看,立法者赋予了著作权其他的意义,即尽可能快地利用以及推广作品,出版以及销售作品的权利是著作权的主要内容。

虽然 20 世纪前俄罗斯学者对著作权的研究力度与研究兴趣持续提高,并对俄罗斯著作权制度的发展提供了理论支撑。但他们的研究存在一个明显的不足,即缺乏国内司法实践作为支撑,因而,20 世纪前的研究主要是纯粹的理论研究与比较研究。

(二)20 世纪初期的著作权制度

经过持续发展,20 世纪初期俄罗斯著作权制度已经达到了较高的发展水平,“著作权已经在民法中占据了特殊的地位”,[①]著作权领域的

---

① [俄]О. И. 奇斯佳科夫:《俄罗斯国家与法的历史 · 上卷》(第 5 版),徐晓晴译,法律出版社 2014 年版,第 318 页。

立法较为活跃与频繁。1905 年，国会公布了《俄罗斯帝国民法典草案》，著作权制度是一个重要的部分。草案共有五个部分，在第三部分“物权”的第七编中规定了著作权制度，共四章。第一章：文学所有权；第二章：音乐所有权；第三章：戏剧、音乐和音乐戏剧作品公开表演权；第四章：艺术所有权。全编共 67 个条文，其中文学所有权 36 个条文、音乐所有权 10 个条文、戏剧、音乐和音乐戏剧作品公开表演权 5 个条文、艺术所有权 16 个条文。这种立法体例也反映了当时俄罗斯国内对著作权性质的认知，即将著作权视为物权的一种特殊形式。依据第 1264 条，根据其对应的作品类型（文学作品、音乐作品或者艺术作品），作品者享有文学所有权、音乐所有权或者艺术所有权。虽然该民法典草案最终没有通过实施，但其影响却不容忽视。与著作权制度相关的规定，虽然被长期遗忘，但在以后的苏联与独联体国家立法中得到了体现。①

20 世纪初期，最能体现或代表沙俄时期著作权立法水平的莫过于 1911 年通过的《作者权条例》（Положение об авторском праве）。《作者权条例》的出台背景有以下几点：一是之前的立法水平比较低。自 1828 年《作家权利条例》之后，虽然俄罗斯著作权制度持续发展，但著作权领域仍存在许多亟待解决的问题。俄罗斯著作权立法水平较低，如立法语言的抽象性较差（针对不同的主体分别立法、尚未从不同类型创作者中抽象出作者概念），专有权的内容尚不够体系与丰富以及著作权的保护制度不够完善等。虽然与著作权相关的法律不断修改，对这些修改都是局部而非实质性的修改，且具有一定的被动性。19 世纪末时的情形表明，对著作权进行局部的修改与分散立法并不能对作者及使用者提供有效的保护。二是立法较为分散。立法分散主要体

① С. А. Судариков, *Основы Авторского Права*, Минск: “Амалфея” 2000, С. 46.

现在法出多门,除专门的著作权法外,与著作权相关的规定还散见于书刊检查指令、刑事立法以及一系列的行政命令中,不仅存在重复立法的问题,还造成了法律适用上的困难。三是国际压力越来越大。随着俄罗斯国际上影响力的增加以及融入世界程度的加深,著作权制度受到了越来越多的国外压力,制定一部与《伯尔尼公约》相适应的国内著作权法成为俄罗斯开展对外经济与文化交流的必要条件。而俄罗斯尚缺乏一部专门调整所有著作权问题的法律,制定一部新的著作权法以建立适应时代要求的著作权保护体系势在必行。[①] 与此同时,制定一部具有时代意义著作权法的条件在俄罗斯已经具备,俄罗斯国内法学的研究成果为新著作权法的出台奠定了理论基础,特别是Ю. С. 甘博洛夫以及Г. Ф. 舍尔舍涅维奇关于著作权性质的分析,为新著作权法的立法模式与内容提供了理论上的指引。在《作者权条例》制定过程中,正是在俄罗斯进步的法学家以及部分开明官员,如时任司法部部长的И. Г. 谢格洛维托夫(И. Г. Щегловитов)的坚持下,立法者摒弃了之前将著作权视为"所有权"一种特殊类型的立法模式,而是直接采用了"著作权"这一术语,这种选择明显受到了德国1901年与1907年著作权法以及《伯尔尼公约》(1908年柏林版本)的影响。[②]

因而,1897年时国会便决定尽快出台一部新的法律,以解决上述问题。《作者权条例》的制定历时十四年之久,1898年至1911年。在该法的制定过程中,曾提出了多个草案,这些草案大都刊登在报刊上以供市民以及社会组织进行讨论。自1905年始,这些草案开始在国会上进行

---

① Шевченко А. В, "Институт ответственности за нарушение авторских прав в россии (исторический аспект)", *Социосфера*. 2010. 2. С. 73.

② Нагорный Р. С, "История развития норм о свободном использовании объектов авторских и смежных прав до принятия четвертой части ГК РФ", *Журнал российского права*. – М.:Норма,2010,№ 2. –СС. 113–123.

讨论并广泛听取社会意见,这种开明民主的立法方式在专制社会中实属罕见。1911 年 3 月 20 日,经国会与国家杜马批准并由尼古拉二世签署,《作者权条例》正式实施,并由此揭开了俄罗斯著作权制度发展的新篇章。

《作者权条例》共七章,75 个条文。第一章为一般规定,主要对作品类型、著作权的内容归属、著作权的限制与例外、侵权责任等作了规定。《作者权条例》涵盖了之前分别立法中的各种作品类型,同时还加入了一些新型的作品,极大地扩大了著作权法的保护范围。作者对其作品享有"专有权",即以任何方式复制、出版以及传播作品的权利。著作权的内容采用概括式方法,涵盖了当时以及未来可能有的使用作品的方式,与现在大部分国家著作权立法中采用的模式基本一致。《作者权条例》第一次较为系统地在立法中规定了限制与例外制度,除第一章规定的适用于各种作品类型的限制制度外,还在各分章中还针对不同类型作品著作权的限制作了专门规定。著作权一般情形下属于作者,但特殊类型作品的归属例外。著作权可以许可他人使用或者转让,但应订立书面合同。法律责任部分是《作者权条例》的亮点所在,其中的许多规定相当先进。《作者权条例》对侵犯著作权行为的认定采无过错责任原则,即使是无过错的侵权行为依然应承担赔偿损失的责任。侵犯著作权的法律责任主要为赔偿损失,对于恶意的侵权人(故意或过失),其应承担的赔偿责任为所有因其侵权行为而导致的损失;对于善意的侵权人,其承担的赔偿责任不得超过其获得的利润,法院在确定赔偿数额时应公正地考虑所有因素。第二章至第六章主要采分别立法方式不同类型作品作了不同规定,分别为文字作品、音乐作品、艺术作品与摄影作品,其中第四章为公开表演戏剧作品、音乐作品与戏剧音乐作品的权利。第七章为出版合同,该部分以德国著作权法为蓝本规定了出版合同。作者可以向出版者转让出版作品的权利,出版者应以合适的方式、约定的期限并采用所有通常应使用的方法促进作品的传播。出版者享有作者或第三人的著作权,但法律或约定有例外的除外。《作者权条例》中明确规定应对出版者的权利予以限制,这也表明立法者关注到创作者与出版者之间存在的事实上不平等,体现了以作者为核心的立法理念。

与之前的著作权法相比较,《作者权条例》有诸多的亮点,主要体现在以下几个方面:一是实现了著作权法与书刊检查制度的完全分离。如果说1887年著作权条例开始了著作权制度与书刊检查制度的分离,那么《作者权条例》则彻底地实现了这一分离,审查指令对著作权的存在与终止无任何关系。尽管对著作权法采用单行法的立法模式在当前是理所当然之事,但在尚无本国前例,且国际交流并不深入的情况下,此举意义较大。二是扩大了著作权的保护范围。著作权的保护延及文字、音乐、戏剧以及摄影作品等,基本上涵盖了当时所有作品类型。三是丰富与扩充了著作权内容。1911年之前的立法均将著作权视为一种特殊类型的所有权,《作者权条例》借鉴了国外著作权立法中的先进制度,以“专有权”替代“文学艺术所有权”。作者享有广泛的权利,如复制、出版、发行、表演、录制以及演绎等权利,并在俄罗斯著作权制度中第一次规定了翻译权。《作者权条例》建立了以专有权与人身非财产权为核心的两种权利体系,至此著作权的性质发生了变化,而且取得了独立的法律地位。四是建立了较为完整的著作权体系。《作者权条例》已初具现代著作权法的基本体系,如保护对象、权利内容、权利归属、保护期限、著作权的利用(出版合同)以及保护等,特别是在权利内容与限制上,较好地对私益与公益进行了平衡,体现出较高的立法技术。五是充分表达了融入世界的愿望。《作者权条例》还确立了国际条约优先于国内规定的原则,这也充分反映了俄罗斯著作权制度意欲融入世界的愿望。

《作者权条例》同样也存在一些不足，主要体现在以下几个方面：一是依然保留了俄国著作权法的传统——较低的保护水平。[①] 例如，出于国家利益的考量，该条例并没有完全与借鉴对象同步，虽然规定了翻译权，但却从国家利益角度出发，对翻译权进行了诸多的限制。如规定，作者如果想获得翻译权，须在作品扉页或者序言中明确表明保留翻译权；作者本人应自作品原件发表之日起五年内发表译作等。西方学者也有学者认为，该法依然保留了沙俄时期著作权法普遍存在的保护水平不够高的特征。[②] 二是立法技术不够高。《作者权条例》针对不同客体分别做出规定，这也反映了俄罗斯当时的立法技术尚不发达，因为按具体对象制定法律是一种消极反应型的立法技术，是对特定问题的单纯回应。而发达立法技术的抽象度更高，立法的前瞻性也更强，也更为积极。因而，《作者权条例》的立法方式虽然便于行事，但抽象性较差，因而，其中难免存在重复。三是保护措施不够完善。虽然《作者权条例》规定了人身权，但却没有缺乏具体的保护措施与之相对应，这使得该法中规定的一些权利仅是宣示性的，而缺乏必要的保护措施。

《作者权条例》以当时西欧各国中最好的著作权法为蓝本，其质量不亚于同时期西方国家的著作权法，代表了沙俄时期著作权立法的最高水平。俄罗斯本国学者对该法的评价也颇高，沙俄与苏联时期的法学家 C. A. 别利亚茨京（C. A. Беляцкин，1875－1944）便认为，《作者权条例》从整体上吸收了那个时代的权利原则，也包括当时的著作权原则，显现了西方最新法律观点的色彩。[③] 当代俄罗斯国内学者，如 E.

---

① C. A. Беляцкин, *Новое авторское право в его основных принципах*, СПБ.: Издание юридического книжного склада “Право”. 1912. C. 5.

② Michiel Elst, *Copyright, Freedom of Speech, and Cultural Policy in the Russian Federation*, Leiden: Martinus Nijhoff, 2004, p. 69.

③ C. A. Беляцкин, *Новое авторское право в его основных принципах*, СПБ.: Издание юридического книжного склада “Право”. 1912. C. 12.

A. 莫尔古诺娃(E. A. Моргунова),甚至认为,《作者权条例》无论是从内容上还是立法技术上均超过了当时西欧国家的著作权法。① 国内也有观点认为,《作者权条例》使俄罗斯著作权制度"一步跨入当时世界上最先进的著作权制度之列"。②《作者权条例》影响力深远,即使是对当前俄罗斯著作权制度也有较大的影响。俄罗斯国内学者通过比较《作者权条例》与俄罗斯联邦于2006年通过的民法典第四部分中的著作权制度后得到两点结论:一是最新立法中的许多内容是对十月革命前已制定的规则的复制;二是十月革命后对知识财产权问题的虚无主义态度阻碍了该领域近80年的发展。③《作者权条例》中的许多规定对以后俄罗斯著作权制度的发展影响甚巨,令人遗憾的是,该法实施不久便因革命事件而终止。④

第三节　沙俄时期著作权制度流变的特征

以1828年4月22日的《作家权利条例》为标志,现代意义的著作权制度在俄罗斯正式建立,在相对封闭的环境里,俄罗斯著作权制度经历了艰难但又相对自由的发展历程,并形成了以下特征:

一、坚持自主的发展道路

俄罗斯著作权制度虽然是在学习与借鉴欧洲著作权制度基础上建立,但在学习与借鉴的过程中,俄罗斯却具有较大的自主性。其主要原

---

① Е. А. Моргунова, *Авторское право*, Москва: "Норма", 2009. С. 24.

② 吴汉东等:《西方诸国著作权制度研究》,中国政法大学出版社1998年版,第442页。

③ Панкеев И. А, *Авторское право для журналистов*, Икар, 2014. С. 12.

④ А. В. Бакунцев, *Авторское право на произведения литературы в Российской империи: Законы, постановления, международные договгры* (1827 - 1917), Москва: ИздательствоВК, 2006. С. 12.

因如下：一是当时世界局势尚不稳定，各国之间争斗纷起，无暇顾及他国著作权制度的发展。二是文化产业在一国社会经济中的地位尚不突出，境外侵犯著作权行为对各国经济的消极影响尚不明显。三是俄罗斯具有强大的武力作为后盾，阻止了先发国家通过武力影响其著作权制度发展的可能性。四是与俄罗斯在对外交流中所秉持的一贯孤立政策相一致。

沙俄时期在著作权领域虽然存在一些对外交流，但帝国政府对著作权制度的国际合作持冷漠态度。① 正是这种冷漠使得俄罗斯有效地抵制了来自国外的压力，使沙俄时期的著作权制度能够在一个相对独立与封闭的环境下发展，著作权制度受到国外影响较少，可以自主地选择著作权制度的发展模式与进度。著作权制度紧密与其国内的实际情况相同步，并形成了自己较低保护水平的风格。保护水平低与立法水平高并不相矛盾，在特定的背景下，低保护水平反而是高立法水平的一种非常规体现。这是文化水平较低国家利用文化发达国家丰富文化资源并发展自己初生文化必要而理性的选择，著作权制度的建立不能以损害本国利益作为前提。这也表明，俄罗斯自始便对著作权制度的对外交流保持理智而清醒的认识，对著作权制度的功能有正确而深刻的理解。

二、政府主导的立法模式

纵观沙俄时期著作权制度的发展，可以发现政府在其中扮演了重要的角色，著作权制度受行政干涉较多。著作权制度产生之前，书刊印

---

① А. В. Бакунцев, *Авторское право на произведения литературы в Российской империи: Законы, постановления, международные договгры* (1827 – 1917), Москва: Издательство ВК, 2006, С. 5.

刷被政府掌控。书刊印刷最初由官方垄断经营,印刷机构全部由国家专营,私人不得从事书刊印刷。直至18世纪末私人经营的印刷机构才得到了官方的认可,自1783年始,政府允许设立私人印刷厂,但同时具有防范作用的书刊审查制度出台。1828年俄罗斯产生了第一部现代意义的著作权法,但该法隶属于书刊检查指令。1828年至1887年,著作权制度与书刊检查制度糅合在一起,著作权制度是书刊检查制度的一个组成部分。书刊检查制度对著作权制度的影响具有意识形态上的意义,所有的著作权法律均规定,违背书刊检查制度的作品不能产生任何权利,包括获得报酬的权利。在此情形下,作品同时与著作权(利)与书刊检查权(力)相关联,政府为其干涉私领域留下了方便之门,使其在任何情形下都可以对作者予以管理,并进而控制作品的传播。著作权制度与书刊检查制度之间密切关系的结果是,文学作品,包括之后的艺术与音乐作品不仅成为著作权的调整对象,也成为行政权力的管理对象。① 1887年,著作权制度与书刊检查制度分离,与著作权相关的有关规定被纳入民法之中,但这种分离只是形式上的,书刊检查指令依然可以突破界限对著作权制度产生影响,违背书刊检查制度同样会导致著作权的丧失。俄罗斯国内学者也认为,沙俄早期的著作权制度虽然是对作品及作品传播关系的调整,但其目的并不是为了保护出版者与书商,更谈不上是对作者的保护。② 以书刊检查制度为通道,行政力量强势介入了著作权制度的发展,压抑了著作权观念的发展,阻碍了著作权制度应有效应的发挥。因而,沙俄时期的著作权制度既是一种私权保

---

① А. В. Бакунцев, *Авторское право на произведения литературы в Российской империи: Законы, постановления, международные договгры* (1827 – 1917), Москва: Издательство ВК, 2006. С. 5.

② Плиева. С. В, "Исторические этапы развития авторского права в России", *Бизнес в законе*, 2009. 5, С. 48.

护制度,又是一种思想控制工具,这种特征贯穿了 20 世纪前俄罗斯著作权制度的整个发展过程。

即使是广受赞誉的《作者权条例》,依然可以发现诸多行政干涉的迹象。《作者权条例》明确地表达了作者权益的保护,还表达了对出版者与图书经销商利益的关注,但同时也强调了对国家利益的保护。与欧洲国家相比,沙俄时期著作权制度的一个非常重要特点是缺乏作者利益与公共利益之间的冲突,而这一冲突正是欧洲著作权制度发展的原始动力与路标。俄罗斯著作权制度中的对立与冲突体现在国家经济利益与创作个体利益之间,这也意味着,在这种地位不对称的矛盾中,国家利益将成为胜利者。因而,俄罗斯法中的著作权并没有欧洲著作权法中所蕴含的公民权利与自由等深层次内容,著作权法的首要目的是保护国家利益免受侵害,其次才是保证包括作者在内的其他主体相互之间不存在冲突。

三、著作权立法水平较高

虽然俄罗斯著作权制度的产生比西方晚了近百年,但经过不足百年的发展,俄罗斯著作权制度在 20 世纪初得以与西方先进的著作权制度齐头并进。沙俄时期的著作权制度不仅体现出较快的发展速度,还体现出了较高的立法水平。

虽然 1828 年《作家权利条例》被视为俄罗斯现代著作权制度的开端,但《作家权利条例》只是书刊检查指令的一个附件,并不具有独立的地位,受行政干涉较多。著作权的私权性质虽然有一定体现,但并不稳定。在之后的发展过程中,著作权法逐渐摆脱了书刊检查指令的控制,取得了独立的地位。著作权的私权性质也不断得以巩固,并最终在立法中得以确定。著作权制度的宗旨也由维护专制统治转变为创作者私人权益的保护,著作权制度形成了良好的发展轨迹,并逐渐达到了世界先进水平。

沙俄时期著作权制度的法律调整机制已经达到较高水平，无论是立法宗旨、立法语言以及法律体系均达到比较高的水平，即使是与当时欧洲先进的著作权制度相比，亦不逊色。俄罗斯学者 Н. В. 季特梁诺夫-柴金娜认为，"十月革命前的著作权立法以法律调整的全面性以及高水平的立法技术为特征"。[①] И. Д. 丘波娜也认为，十月革命前俄罗斯在著作权领域的立法以详尽的法律调节与高水平的法律技术为特征，当前俄罗斯国内法律实践中的一些问题，例如私人信件的拍卖与导演保护等问题，早在一百年前已经很好地得以解决。[②] 我国也有学者认为，沙俄时期的著作权法经历了从无到有、从简到繁、保护范围不断扩大以及立法技术逐渐完善的过程，1911 年的《作者权条例》达到了世界先进水平。[③]

① Титлянова－Чайкина Н. В, "Издатели дореволюционной вятки и становление авторского права в России, Библиография", *Научный журнал по библиографоведению, книговедению и библиотековедению*, 2016. 2（407）. С. 85-90.

② Чупова М. Д, *История авторского права в России XIX века：диссертация кандидата юридических наук*, Москва：2000, С. 9.

③ 宋慧献：《苏联舆论审查与版权法的畸变》，载《法律科学》（西北政法大学学报）2008 年第 3 期。

第二章　苏联时期的著作权制度

十月革命开创了一个新的时代，俄罗斯社会关系发生了根本性变革，旧的社会制度与国家机器被推倒重建，新成立的国家进行了伟大的尝试与实践，力图在辽阔的疆域上建立一个前所未有的新社会与新制度。俄罗斯著作权制度迅速偏离了沙俄时期已经预设好的发展轨迹，由学习借鉴西欧著作权制度转向一条独具特色的社会主义发展道路。新成立的政权必定要经受一定的考验才能长久生存，国内革命战争与第二次世界大战给苏维埃政权带来了前所未有的挑战，为此必须调动国内一切资源应对国内外的挑战，著作权制度的发展失去了原来的土壤与环境，进入一个特殊的时期。第二次世界大战结束后，苏联进入了一段相对和平的发展时期，随着经济与文化的复苏，著作权制度也有了新的发展，著作权制度的社会主义性质开始形成并巩固。苏联后期，戈尔巴乔夫改革动摇了苏联的政治与经济基础，著作权制度也随之进入了转型时期，逐渐回归沙俄时期设定的发展路线，著作权制度的社会主义性质也悄然改变。

第一节　著作权制度发展的时代背景

“一切制度的建立均由其所处的时代规定”，[①]苏联时期，著作权制

① ［日］中山信弘：《多媒体与著作权》，张玉瑞译，专利文献出版社 1997 年版，前言，第 3 页。

度的发展面临着一个全新的环境:新的社会制度、新的文化政策以及新的国际形势,新的时代背景塑造了新的著作权制度。

一、著作权制度发展的社会背景

(一)初期的社会背景

初期自 1917 年至 1945 年,该时期为苏维埃政权成立与巩固时期。十月革命虽然以很小的代价取得成功,但成功后的苏维埃政权马上面临着世所罕见的困难:一场战争,经济的持续崩溃,社会基础薄弱,世界范围内的敌视,革命未在其他国家得到响应,内战一触即发。[①] 新成立政权并不是和平演变的结果,而是暴力革命的成果,应在旧制度的废墟上重新建立。而社会主义理论的创始人并未对其所构想的社会主义社会提供一个详细的图景,他们的理论也只是通过对资本主义及其发展趋势的分析而来,并坚信建立新社会的"秘方"就蕴藏其中。[②] 因而,新成立政权所进行的人类前所未有的伟大事业并无现成的经验可供参考,对新成立的苏维埃政权而言,革命成果的巩固实非易事,一切只能依赖自己的努力摸索前进。

苏维埃政府成立后马上开始了全新社会制度的建设,国家的所有制关系发生了根本性变化,大量的资源由私人所有变为国家所有,私人经济的空间日渐萎缩。国有化使得许多资源的流转不再依靠市场,而直接经由行政命令调转。私有财产的地位发生了变化,任何财产均可成为国有化的对象。此外,新政权受到了国内外的敌视,经历了一系列

---

① [美]尼古拉·梁赞诺夫斯基、马克·斯坦伯格:《俄罗斯史》(第 8 版),杨烨等译,上海人民出版社 2013 年版,第 458 页。

② [美]大卫·M.科兹、弗雷德·威尔:《从戈尔巴乔夫到普京的俄罗斯道路——苏联体制的终结和新俄罗斯》,曹荣湘等译,中国人民大学出版社 2016 年版,第 15 页。

武装干涉的考验。为调动一切资源应对国内外挑战，国家实施了“战时共产主义”政策。“战时共产主义”政策是苏维埃国家在经济崩溃和国内战争的条件下实行的经济政策，是为了动员一切人力和物力进行保卫战而采取的。[①] “战时共产主义”是将所有的资源集中于国家，以保卫国家与新生政权。国有化的最初对象为银行业与工业，但迅速蔓延至其他领域，著作权亦成为国有化的对象。

虽然形势紧张，但社会主义法制建设还是在困难中摸索前进。但该时期俄罗斯国内可以说是一片混乱，社会局势的错综复杂使“这个时期的法律领域也处在各种观念、宣传与行动相互冲突的极度混乱之中。”[②]新政权甫立，新法尚未来得及全面制定，旧法仍不得不适用，但旧法理念大都与新生社会制度相悖，故而只能在一定限度内使用，因而出现了大片法律真空地带。为弥补法律空白，一种新的法律渊源——劳动群众的革命法律意识得以出现。当缺乏规范性文件时，行政文件便可发挥法律的功能，行政权力于是有如“特洛伊木马”中的雄兵可以畅通无阻地进入各个领域。

国内战争结束之后，国家进入了相对和平与稳定的时期（1921～1941 年），此时国家的主要任务转为快速恢复被战争破坏的国内经济。国内战争的胜利使得领导者一度对以高度集中为特征的战时体制充满信心，并在“理论上给予这种体制以‘社会主义’的阐述”，[③]但事与愿违，在“战时共产主义”的指挥下，社会陷入了危机之中，因而经济政策不得已由“战时共产主义”转变为“新经济政策”（1921～1928 年）。“新经济政策”不仅是恢复与发展国内经济的重要举措，也是从资本主义经

---

① 《苏联百科词典》，中国大百科全书出版社 1986 年版，第 1580 页。

② ［德］茨威格特、克茨：《比较法总论》（上），潘汉典等译，中国法制出版社 2017 年版，第 544 页。

③ 刘克明、金挥：《苏联政治经济体制七十年》，中国社会科学出版社 1990 年版，第 89 页。

济到社会主义经济的重要过渡。“新经济政策”在坚持公有制导向的前提下,允许私营经济在一定范围内存在,这种糅合的政策使得国民经济在短期内得以迅速恢复,直至 1925 年,苏联的工业生产水平已与第一次世界大战前持平。“新经济政策”改变了之前将著作权国有化的武断政策,著作权制度得以恢复发展,20 世纪 20 年代两个著作权条例的出台标志着著作权制度的重建,虽然该时期的著作权受到了严格的限制。列宁去世之后,斯大林成为党和政府的领导人,苏联逐渐形成了高度集中的政治经济体制。斯大林执政初期,苏联仍然执行新经济政策。然而,新经济政策只是一种临时性的措施,“是一种妥协,是俄国通往社会主义道路上的一次暂时的退却,为的是给国家一个喘息和恢复的机会”。[①] 新经济政策取得了巨大的成功,苏联经济在短期内得到复苏,私人经济重获发展空间并迅速壮大。然而,私人经济的壮大引起了部分当政者的不满,围绕着是否应当终止新经济政策,党内展开了激烈的辩论。反对新经济政策的观点逐渐占据上风,1929 年农业实现集体化后,新经济政策基本宣告终止,长期占据苏联历史的高度集中经济模式登上历史舞台。高度集中的经济体制在初始阶段是成功的,自 20 世纪 30 年代,苏联进入快速发展时期(1930~1941 年),并在经济文化领域取得了重大进步。全民所有制经济得到了巩固,私有经济只能在一定范围内存在,个人财产不能用于产生与收益,仅具有纯粹的消费性质。在市场经济消失殆尽,计划经济占主导地位的背景下,私法的空间受到挤占,民事法律关系与经济法律关系相融合,民法与经济法也合为一体。在此背景之下,著作权制度发展进入了相对停滞的时期。

---

① [美]尼古拉·梁赞诺夫斯基、马克·斯坦伯格:《俄罗斯史》(第 8 版),杨烨等译,上海人民出版社 2013 年版,第 482 页。

虽然“新的制度胜利了,但它注定要接受伟大的考验。”[①]第二次世界大战又将苏联卷入其中,虽然战争以胜利而告终,但伟大的卫国战争使得苏联的经济文化受到全面的破坏。受制于国内严峻的情况,法律处于相对停滞的状态,大部分立法是为了应对战争而出台,著作权制度也因此而裹足不前。

(二)中期的社会背景

中期自 1945 年至 20 世纪 80 年代中期,为苏联的和平发展时期。第二次世界大战使得苏联的国际声望与国际影响力达到世界顶峰。第二次世界大战结束后至 20 世纪 50 年代中期,苏联遇到自新政权成立以来难得的和平发展时期,但冷战的大幕随之拉开,和平表面下的军备竞争开始了。在这样的背景之下,苏联将主要精力放在经济生产上,苏联迅速从废墟中崛起。但该时期在法制建设上却无太大成就,民事立法主要集中于涉及民生、民众迫切需要解决的问题,如住房等,对著作权等领域则关注较少。

1953 年斯大林去世之后,苏联法学发展迎来了一个新的时期,至 20 世纪 60 年代初,经济已得到全面恢复,苏联的民主与法制建设也取得不错成绩,立法频繁,并出台了许多有影响力的法律。民事立法同样有长足进步,虽然私人所有制依然没有得到立法上的确认,但却在苏联历史上第一次出现了公民权利义务的分类,以及对民事权利保护的规定。与之相关,著作权制度也取得了相应进步,1961 年通过的民事纲要使著作权的社会主义性质开始形成并发展。

20 世纪 60 年代之后,苏联进入了长时间的稳定期。与社会稳定相

---

① [俄]О. И. 奇斯佳科夫:《俄罗斯国家与法的历史 · 下卷》(第 5 版),徐晓晴译,法律出版社 2014 年版,第 222 页。

伴的却是经济的停滞，苏联的社会主义制度开始显露出诸多问题，但政治体制的僵化使得苏联盲目自大与故步自封，未能及时做出有效的调整与对策。因而，所谓的稳定期是掩耳盗铃式的，许多问题只是被人为地搁置起来。与此相应，苏联的法治建设也陷入了停滞状态。这一时期的法制建设并无重大突破，内容上鲜有变化，只是在立法形式上有所突破，法典编纂进入了鼎盛期。1964 年苏维埃俄罗斯共和国通过的民法典使著作权的社会主义性质得到了进一步的巩固。

（三）晚期的社会背景

20 世纪 80 年代苏联经济已陷入困境，安德罗波夫（1982～1984 年在任）与契尔年科（1984～1985 年在任）执政期间的经济改革均未取得有效成果，苏联经济越发陷入泥沼。1985 年戈尔巴乔夫上台时，苏联国民经济已是负增长。第二次世界大战之后新出生的一代人并没有经历艰苦岁月，特别是没有经受战争的洗礼，加之来自西方文化与生活的影响，新一代民众对苏联政府的不满日益增长，改革势在必行。以戈尔巴乔夫为代表的年青一代，“别无选择地必须去解决腐败、停滞以及从头到脚渗透到苏联体系中的效率低下的问题”。[①] 戈尔巴乔夫认为仅对经济改革是不够的，必须对包括政治在内进行全方位的改革。改革受西方思想影响较大，西方学者对苏联的研究成果成为改革的重要参考，而这些研究成果大多是批评性的，都具有以从西方立场为出发点的特点，均是以西方文化的优点来比较俄罗斯文化的缺点，因而在这些成果中均隐含了一个政策推荐，即“解决苏联经济政治制度深层次问题的唯

---

① ［美］托尼·朱特：《战后欧洲史》（卷三），林骧华等译，中信出版社 2014 年版，第 208 页。

一可行方法是直接转换成西方的政治和经济模式。"[①]于是,一场以西方为模板的改革大幕就此拉开。但是改革成果不理想并带来一系列的问题,加之个人权威的削弱,社会主义制度最终在苏联走到了尽头。改革不仅改变了苏联国内的社会基础,同时也打开了苏联长期半虚半掩的大门、拓宽了西方文化进入苏联的通道。苏联的法律品格开始悄然变化,著作权制度也开始呈现出不同的面貌。

二、著作权制度发展的文化背景

苏联时期的大众文化建设取得不错的成绩,这首先归功于政府在提高民众识字率与扫除文盲上的成就,扩大了创作人员的范围。十月革命前的俄国,文盲占全国居民的比例为75%,至1926年时,在19~49岁的居民中,文盲的比例仍达50%左右。[②] 而至1928年时,俄罗斯地区居民的识字率已达58.4%,1932年时更是高达81.9%。[③] 1959年时,苏联已经拥有世界上最为广泛的文化设施。民众文化水平的提高有力地推动了文化事业的发展,特别是大众文化的发展,苏联俨然进入了一个全民均可创作的时期。1971年,勃列日涅夫在第24届党代会上宣称,"社会主义不仅让劳动群众能够广泛地获取精神价值,而且让他们成为文化的创造者"。[④] 与之相应,文化领域的成果也逐渐丰富起来。苏联时期的文化可以大致分为四个阶段:

一是封闭时期,自苏维埃政权建立至斯大林去世,国内外严峻的形

① [英]彼得·罗澜:《中国的崛起与俄罗斯的衰落:市场化转型中的政治、经济与计划》,隋福民译,浙江大学出版社2012年版,第247页。

② 刘克明、金挥:《苏联政治经济体制七十年》,中国社会科学出版社1990年版,第228页。

③ 李明滨:《俄罗斯文化史》,北京大学出版社2013年版,第185页。

④ [美]克里斯汀·罗思-艾:《莫斯科的黄金时代:苏联建立的传媒帝国如何在文化冷战中落败》,蓝胤淇、陈霞译,商务印书馆2016年版,第3页。

势,使得苏维埃政权实行自给自足的文化政策,与国外文化交流较少。文学艺术急剧衰落,死板僵化的创作风格代替了沙俄时期多姿多彩的艺术风格,导致了“苏联‘文化产出’的迅速下滑——不仅在数量上,最终也在质量上”。[①] 英国学者以赛亚·伯林也认为,自 1932 ~ 1955 年,“除了自然科学,在俄罗斯几乎没有发表过任何有很高内在价值的思想或评论文章,也几乎没有创作出这样的艺术作品”。[②]

二是解冻时期,主要指的是赫鲁晓夫执政时期,斯大林的去世意味着苏联文化自给自足时代的结束,文学的创作空间有所扩大,1954 年,以爱伦堡(И. Г. Эренбург)小说《解冻》为标志,“解冻”(Оттепель)文学开始出现,文学创作逐渐摆脱了脸谱化,开始多元化起来,批判个人崇拜、崇尚个人自由的呼声越来越高,并出现了一批优秀的作品,如 Е. И. 扎米亚京(Е. И. Замятин)的《我们》与帕斯捷尔纳克(Б. Л. Пастернак)的《日瓦戈医生》。该时期,苏联与西方的文化交流开始频繁。

三是停滞时期,主要指勃列日涅夫执政期间,该时期苏联政府采取了保守的文化政策,既反对抹黑,也反对粉饰,以塑造正面人物为主流,解冻文学受了一定的压制,以索尔仁尼琴为代表的解冻作家受到了不同程度的压制。

四是开放时期,主要指戈尔巴乔夫执政之后的文化政策,20 世纪 80 年代,随着戈尔巴乔夫改革的进行,俄罗斯文学有了更为广阔的发挥空间,文坛中派别林立,此时苏联对外交流的大门越敞越开,西方文化开始涌入苏联,苏联文化受到前所未有的挑战,并成为苏联解体的一个

---

① [美]弗拉季斯拉夫·M. 祖博克:《失败的帝国:从斯大林到戈尔巴乔夫》,李晓江译,社会科学文献出版社 2014 年版,第 218 页。

② [英]以塞亚·伯林:《苏联的心灵:共产主义时代的俄国文化》,潘永强、刘北成译,凤凰出版传媒集团、译林出版社 2010 年版,第 136 页。

重要推动力。

三、著作权制度发展的国际背景

俄罗斯与西方之间具有久远而深厚的文化联系，欧洲一直扮演着俄罗斯的“重要他者”角色。虽然沙俄时期在著作权领域的对外交流中俄罗斯保持相对冷漠的立场，但与其他国家的交流已开始缓慢发展。十月革命胜利后，虽然二者的意识形态、政治与经济形态已全然不同，但“苏维埃国家也以一种严重变形的形式保留了被西方承认的渴望”。[①] 因而，虽然苏维埃政权早期在著作权领域采取了孤立的立场，将沙俄时期在著作权领域与欧洲交流发展的进程中断，但当新政权经受各种考验得以稳定后，著作权领域的外交流便得以恢复，至苏联解体时，俄罗斯在国际版权体系已俨然是一个积极的参与者。

（一）对外交流的停滞时期

十月革命后，苏维埃政府在著作权领域一开始奉行的是孤立主义，取消了沙俄时期签订的一系列与著作权相关的双边或多边协定。不仅如此，苏联在国际版权体系中也变得越来越消极，沙俄末期在国际版权体系所表现出的活跃性被孤立性所代替。至 1928 年时，除苏联以外的几乎整个欧洲大陆都加入了伯尔尼联盟，[②]这一定程度地表明了，苏联已经成为国际版权体系的陌生人。这种孤立的状态持续了接近半个世纪，一直到 20 世纪 60 年代，俄罗斯在著作权领域的对外交流基本上处于停滞。造成这一现象的主要原因有如下几点：一是外国政

---

① ［俄］安德烈·P. 齐甘科夫：《俄罗斯与西方：从亚历山大一世到普京——国际关系中的荣誉》，关贵海、戴惟静译，上海人民出版社 2017 年版，第 4 页。

② ［澳］山姆·里基森、［美］简·金斯伯格：《国际版权与邻接权——伯尔尼公约及公约以外的新发展》（第 2 版）（上册），郭寿康译，中国人民大学出版社 2016 年版，第 93 页。

府敌视新成立的苏维埃政权。很多西方国家并不承认新政权的合法性,并试图直接或间接地推翻新成立的政权,这种敌对状态使得著作权领域的交流陷于停滞。例如,1913 年德国与沙俄政府签订了一个文学双边协定,在其附件中约定,允许双方否认之前的协议或者在某些情况下重新签订协议,但这一协议却因为双方之间战争的爆发而于 1918 年被人民委员会终止。二是第二次世界大战的影响,第二次世界大战使得世界范围内的著作权制度对外交流暂时中止。三是冷战思维的影响。第二次世界大战结束后,苏联已不再西方眼中的合作伙伴,而是洪水猛兽,二者长期处于对峙状态中,并影响了著作权领域的对外交流。四是意识形态的差别。苏维埃政府对著作权国际条约持不信任态度,认为这些条约是用来保护资产阶级出版商的工具。五是减少利用外国文化资源的成本。虽然苏联早期文化事业取得不错成绩,但与西方文化发达国家相比,还存在较大差距。在著作权领域实行孤立政策,可以最小成本利用国外丰富的文化资源。据统计,1917 ~ 1950 年,苏联印刷了一百万本在国外受著作权保护的作品,苏联成为世界上最活跃的盗版国家。①

但与周边国家在著作权领域的交流活动并没有完全终止,1925 年 12 月 25 日,在苏联与挪威签署的贸易及航海协议中,就有专门的条款规定知识产权的保护。苏联也曾就著作权制度对外交流进行了一些努力,并在 20 世纪 20 年代尝试与一些西欧国家在著作权领域签订双边协议,只是这些尝试并没有成功而已。因而,著作权领域的孤立状态并不能仅归咎于苏联政府,西方国家的敌视与不合作也是一个重要的原因。

---

① Allan P. Gramer, "International copyright and the Soviet Union", *Duke law Journal*, Vol. 1965, p. 532.

（二）对外交流的解冻时期

20世纪60年代末，在著作权领域对外交流的封闭状态有所改变，这一改变首先发生在社会主义国家之间。1967年11月17日，苏联与匈牙利人民共和国签订了相互承认著作权的协议，这是十月革命后苏联与外国签订的第一个与著作权相关的双边协议，该协议于1977年重新签订。1971年10月8日与保加利亚签订了类似的协议，该协议于1975年重新签订。在这两个协议中均规定了国民待遇原则，因为各个国家关于著作权的保护水平并不相同，相较而言，匈牙利与保加利亚的著作权保护水平更高，而这两个国家对苏联公民的保护水平与其公民在苏联获得保护的水平应当一致。这两个协议中均规定著作权的保护期限为作者终生及死后15年，并规定了自由使用方面的实质性互惠原则。因而，苏联可以自由地翻译这两个国家公民的作品，反之亦然。两个协议体现出了较大的自由度，均未要求对双方国内著作权法进行修改。当然，这无疑对苏联更为有利，因为其著作权保护水平相对较低。1968年9月19日，经苏联最高苏维埃常务委员会同意，苏联加入了《关于建立世界知识产权组织公约》，以此为契机，苏联加快了著作权领域的对外交流步伐，相继与多个国家签订了双边协定，如1973年11月21日与民主德国（1992年6月2日因德国统一而废止）、1974年10月4日与波兰共和国、1975年3月18日与捷克斯洛伐克社会主义共和国、1985年与古巴共和国、1989年4月19日与马达加斯加共和国。与资本主义国家的著作权交流始于20世纪80年代，第一个与西方国家的著作权双边协议于1981年12月16日与匈牙利所签订。1986年与瑞典签订了第二个与西方国家的著作权双边协议。相较而言，在著作权领域的对外交流中，与社会主义国家的交流较资本主义国家更为顺畅，因为，与社会主义国家间协议可以通过各国的著作权组织（如作家协会)之间的劳动协议予以补充,而与资本主义国家间的著作权协定则只能采地域原则。因而著作权制度的实施,特别是著作财产权保护因为"铁幕"的存在以及苏联未加入欧洲与世界的著作权条约而变得十分复杂。

(三)对外交流的活跃时期

20世纪70年代之前,无论是沙俄帝国还是苏联均未加入任何专门的著作权国际条约。虽然自20世纪60年代始,苏联在知识产权领域的对外交流力度不断加大,相继续加入了一些知识产权国际条约,如1965年加入《保护工业产权的巴黎公约》、1968年加入《关于成立世界知识产权组织的斯德哥尔摩公约》、1970年加入《专利合作条约》,但在著作权领域,苏联却始终与世界保持一定的距离,对外交流也仅仅是以双边协定方式进行。这一状况在1973年得以改变,苏联加入了《世界版权公约》(1952年日内瓦版本,该公约于1973年5月27日在苏联生效),这成为苏联时期著作权领域对外交流的最重大事件。这一转变与大的时代背景相关,此时世界已经进入了后工业时代,后工业时代是建立在信息自由流通基础之上,而且依赖于信息、数据以及服务业。考虑信息自由流通的重要性,加入一部国际版权公约至关重要。[①] 以此为契机,自20世纪80年代起,苏联加入世界版权体系的进程明显加快,于1988年加入了《发送卫星传输节目信号布鲁塞尔公约》,1989年1月20日该公约在苏联生效。但苏联一直未加入《伯尔尼公约》,因为其国内立法达不到《伯尔尼公约》所要求的最低保护水平。著作权领域的对外交流不仅丰富了俄罗斯国内的著作权立法,还极大地推进了著作权法

① W. S. Goldman, "Berne-ing the Soviet copyright codes: Will the U. S. S. R. alter its copyright laws to comply with the Berne Convention?", *Dickinson Journal of International Law*, Vol. 8:3, p. 395.

学理论的发展。例如,苏联民法上本来没有规定对创作成果本身的工业产权、科学产权、文学产权、知识产权或精神产权等制度,但这些概念却在苏联的法学著作和法律实践中广泛使用,其原因即在于这些概念在苏联参加的国际条约中使用。①

加入《世界版权公约》是在世界政治缓和以及文化交流不断扩大的大背景下进行,但这显然与苏联的初衷相违背。之所以违背心愿加入《世界版权公约》,原因主要有以下几个:一是可以促进国际文化交流,便于苏联国民使用其他国家的文化财富。20 世纪 80 年代初期,苏联与一百多个国家在戏剧与电影方面开展合作,出版的外国书籍数以百万计,每年有三百多部美国作品、一百五十多部英法两国作品被翻译成苏联国内各民族文字。② 二是应对要求加大版权保护的外来压力。当时国际影响力最大的著作权国际条约并不是《世界版权公约》,而是《伯尔尼公约》,但《伯尔尼公约》的保护水平比较高,不利于苏联利用国外的文化财富,因而加入保护水平相对较低的《世界版权公约》就成为应对国外压力一个不错的选择。这一选择与当时美国倡导《世界版权公约》如出一辙,均是后发国家为自己利益而做出的合理决策。三是可以扩大苏联国际影响力。从当时苏联谋求世界霸主地位的时代背景看,这才是加入《世界版权公约》最主要目的所在,因为随着和平与发展慢慢成为世界的主题,以武力谋求世界霸主地位的方式已难行通,经济与文化已经成为维护霸主地位的重要手段。可以说,苏联加入《世界版权公约》可谓以最小的经济成本获得了最大的政治利益。四是时机上的原因。选择在这个时机加入的一个重要原因在于,可以避开《世界版

① [苏]В. П. 格里巴诺夫、С. М. 科尔涅耶夫:《苏联民法》(下册),中国社会科学院法学研究所民法经济法研究室译,法律出版社 1984 年版,第 448 页。

② [苏]Л. Н. 加连斯卡娅:《从国际私法观点看著作权的保护问题》,马柳春译,载《现代外国哲学社会科学文摘》1986 年第 5 期。

权公约》1971 年版本,因为与 1952 年版本相比较,1971 年版本的保护力度更大。[①] 加入《世界版权公约》后,虽然苏联不得不根据《世界版权公约》修订其国内著作权法,如承认翻译权、将著作权的保护期限延伸至作者终生及死后 25 年、明确承认外国作者在苏联享有著作权,但却通过履行最低限度的义务加入了世界著作权体系。因为,与《伯尔尼公约》相比,《世界版权公约》的保护力度还是比较弱的。五是加强对境外国民作品的控制。加入《世界版权公约》有利于苏联与各成员之间开展交流,进而有利于苏联对境外国民发表作品进行控制,因为境外文学的内容往往都是政府所禁止的。因而,有西方学者对苏联加入《世界版权公约》提出了质疑,认为其真正的目的在于控制在西方发表的持不同政见作者的作品。[②] 由是可见,苏联加入《世界版权公约》的政治目的更多,这也导致了苏联公民在著作权领域受到了一些不对等的待遇,但这种不平等仅是立法表面上的不平等,事实上,著作权制度并非苏联保护创作者利益的主要制度,国家政策才是影响作者利益的主要因素。"苏维埃国家估计到精神创作在我国文化发展中的重大意义,采用了提高苏维埃作家物质与文化生活水平的各种措施(作家报酬的定额报酬率的规定,创作旅行,设立疗养院、休养所等。"[③]因而,对国内作者可以从国家所给予的政策与奖励中增补与国外作者的不对等待遇。[④]

---

① 但这并不意味着《世界版权公约》1971 年版本对苏联没有影响,1978 年苏联宣布,根据《世界版权公约》1971 年版本的规定,发展中国家可以使用依据苏联著作权法享有著作权的作品。

② Richard E. Bennett, "The Solzhenitsyn Cases: The Russian Author and Western Copyright Law", *OHIO Northern University Law Review*, Vol. 3. 1975.

③ [苏]C. H. 布拉都西:《苏维埃民法》(下),中国人民大学民法教研室译,中国人民大学出版社 1954 年版,第 260 页。

④ 例如,在《大师和玛格丽特》中,布尔加科夫就用较为夸张的文学语言对苏联时期作家们可以享受的各种行政奖励与待遇进行了描写,参见[俄]布尔加科夫:《大师和玛格丽特》,高惠群译,上海译文出版社 2012 年版,第 56~57 页。

加入《世界版权公约》是俄罗斯著作权史上一个重大转折点，苏联正式成为世界版权大家庭的一个成员，而不再是一个旁观者。西方学者也认为，加入《世界版权公约》后消除了苏联走上国际版权道路中的一个主要障碍。[①] 自加入《世界版权公约》后，苏联与其他国家在著作权领域的交流加速，与包括美国在内的70多个国家在著作权领域建立了联系。[②] 虽然加入《世界版权公约》是为了通过国内最低程度的经济与立法努力在国际上寻求最大化的政治影响，但同样也对苏联著作权制度产生了非常大的影响。著作权法的一系列修改成为社会主义著作权法没落的开始，"自此，苏联著作权制度与世隔绝的发展状态便终止了"。[③] 西方学者认为，"加入《世界版权公约》对苏联著作权制度的影响并不像乍一看起来那么简单，事实上破坏了其著作权制度的社会主义性质"。[④] 虽然加入《世界版权公约》势必会给社会主义著作权制度形成冲击，但结果似乎比预期更为严重，再次破坏了数十年才形成的新的著作权制度发展轨迹，使得十月革命以来提出的许多基本原则受到冲击，并导致了法律解释的意外困难。因而，国外有学者认为，《世界版权公约》对苏联而言不异于"特洛伊木马"与"潘多拉宝盒"。[⑤]

---

① Allan P. Gramer, "International copyright and the Soviet Union", *Duke law journal*, Vol. 1965, p. 542.

② W. S. Goldman, "Berne-ing the Soviet copyright codes: Will the U. S. S. R. alter its copyright laws to comply with the Berne Convention?", Dickinson Journal of International Law, Vol. 8: 3, pp. 399-400.

③ Куликов М. В., *Право на неприкосновенность произведения в советском авторском праве, сборник научных статей студентов, курсантов и слушателей*. отв. ред. А. Г. Антонов. Новокузнецк, 2016. издательство: Кузбасский институт Федеральной службы исполнения наказаний (Новокузнецк).

④ Michiel Elst, *Copyright, Freedom of Speech, and Cultural Policy in the Russian Federation*, Leiden: Martinus Nijhoff, 2004, p. 93.

⑤ Michiel Elst, *Copyright, Freedom of Speech, and Cultural Policy in the Russian Federation*, Leiden: Martinus Nijhoff, 2004, p. 103.

第二节　苏联时期著作权制度的流变

十月革命后，俄罗斯进入了社会主义时期，新的社会制度要求新的法律制度相对应。依苏联早期的法学理论，社会主义法是作为资产阶级法的对立面建立的，与反映资产阶级意志、维护剥削制度的资本主义法律不同的是，社会主义法是以维护工农阶级的利益、反对并消灭剥削制度为其目的。性质的不同定位使社会主义法制难以在旧的资本主义法制基础之上进行，而是应另起炉灶创建。列宁便确信“革命不应当是新的阶级利用旧的国家机器来指挥、管理，而应当是新的阶级打碎这个机器，利用新的机器来指挥、管理”。[①] 这也使得俄罗斯著作权制度抛弃沙俄时期已经铺设好的轨道，走上了一条新的发展道路。苏联时期著作权制度可大致分为三个阶段：第一阶段为著作权制度异化阶段，复杂的国内外局势以及全新的社会制度使该时期的著作权制度不仅与沙俄时期的著作权制度分道扬镳，而且还采取一系列极端的手段以应对国内外严峻的挑战。第二阶段为社会主义著作权制度形成与发展时期。第二次世界大战结束后，苏联在世界取得了前所未有的国际地位，随着国内外局势的稳定，苏联进入了全面建设社会主义法制时期，著作权制度的社会主义风格得以形成。第三阶段为著作权制度转型阶段，自20世纪80年代至苏联解体。戈尔巴乔夫改革改变了苏联的面貌，并改变了著作权制度的性质，苏联的著作权制度逐渐褪去其原有的社会主义风格，开始慢慢融入世界版权大家庭。

---

① 《列宁全集》(第31卷)，人民出版社1990年版，第110页。

一、著作权制度的国有化时期

从产生的经济基础来看,社会主义法是以公有制经济为基础而发展起来的。依照马克思主义理论,经济基础决定上层建筑,社会主义法的内容与特征与公有制经济密不可分。“苏维埃社会主义法权的基础不是私有制,而是公有制、社会主义所有制;这是苏维埃制度的不可动摇的基础。”①苏联时期的著作权制度同样也打上了“公有”的烙印,因而,苏联时期所进行的著作权国有化运动以及对著作权的诸多限制就顺理成章了。十月革命后至第二次世界大战结束,俄罗斯的著作权制度进入了“异化”阶段,著作权制度偏离沙俄时期设定的发展轨迹,著作权的私权性质被否认或者予以诸多限制。著作权制度异化阶段可大致发为两个时期:第一个时期为著作权国有化时期,以一系列著作权国有化法令为标志;第二个时期为著作权严格限制时期,以 20 世纪 20 年代颁布的两个著作权条例为标志。

(一)初期的著作权制度

苏联早期的法律状况令人迷惑,主要体现在以下几个方面:一是新法与旧法并存。在社会主义初期,并未马上与沙俄时期的法律完全割裂,沙俄时期的部分法律在十月革命后的一段时间内依然有效,但适用时受到严格限制。但是,随着社会主义进程的进行,一系列具有社会主义特征的法律相继出台,与沙俄时期的法律并存适用。二是法出多门。苏维埃国家创立之初,新法数量较少,而旧法的适用范围有限,因而,当缺少规范性文件调整时,劳动群众的革命法律意识便直接成为法律渊源。政权稳定之后,又出现了一种新的法律渊源——最高苏维埃主席

---

① 王勇飞编:《法学基础理论参考资料》,北京大学出版社 1980 年版,第 443 页。

团令，虽然依宪法的规定，最高苏维埃主席团令并不能等同于法律，也不能替代或补充法律，但在实践中，最高苏维埃主席团令的地位却日益重要，数量越来越多，涉及的问题也越来越重要，其作用已经等同于、甚至高于法律。三是法律缺乏相对独立的地位。苏联早期，法律对政治的依赖性较大，法律与政治相混合的特征长期存在。

以上特征影响了早期阶段著作权制度的发展，苏联早期的法学家对西方著作权制度以批判为主，认为资本主义国家的作者仅在形式上享有处分其作品的特权，但在实际上，使用与处分作品的特权是为资本家所独占的。① 沙俄时期的著作权制度同样受到了批判，认为沙俄时期的著作权制度只不过是对西欧著作权制度的简单模仿，作者对创作作品享有所有权并可以进行交易。② 沙俄时期的"文学财产权"理论受到严厉的攻讦，因为这一理论使得作者被奴役、出版者不劳而获。正如苏联时期学者 В. И. 科列茨基（В. И. Корецкий）所说的那样："乍一看来，作者可以接受文学（艺术、音乐）财产权的著作权制度，因为从表面上看这一制度允许作者自由地处置自己创作的成果，作者被赋予了使用自己作品的权利以及通过所有合法手段获得报酬。然而，作者通常并不拥有自己的印刷厂、书店、剧院以及其他类似传播作品的媒介，因而不得不在不公平的条件下将自己的著作权廉价出售或者转让给出版者、剧院老板与其他的企业家。"③社会主义的著作权制度与上述两种著作权制度有着本质上的区别，"如果说，在资本主义社会中，一切发现——科学、技术与文化成果，乃是剥削者少数人的财产，并转化为暴力、压迫与剥削劳动大众的手段，那么，在社会主义社会中，正如列宁所

① ［苏］С. Н. 布拉都西主编：《苏维埃民法》（下册），中国人民大学出版社 1955 年版，第 261 页。

② Антимонов Б. С. Флейшиц Е. А. ,*Авторское право*, Москва: Госюриздат, 1957. С. 21.

③ Корецкий В. И. *Авторские правоотношения в СССР*, Сталинабад, 1959, С. 16.

预见的,一切科学的奇迹,一切文化的成果,便都成为……全民的财产,并且从今以后,人类的智慧与天才,便永不会转化为暴力的手段与剥削的手段了”。[①] A. A. 日丹诺夫(A. A. Ждкнов)认为:“苏联文学是为了人民的利益和祖国的利益而存在,并且应该是为了它们而存在的。文学,这对于我们人民是一件切身的事业。”[②]Б. С. 安季莫诺夫(Б. С. Антимонов)与 Е. А. 弗莱施茨(Е. А. Флейшиц)认为,苏维埃法律不仅保护创作作品主体的利益,同时还保护因对社会主义社会有益的文学、科学与艺术作品的出现或存在而相关的社会利益、民族利益。[③] 因而,苏维埃著作权法的目的不仅在于保护作者的利益,同时也要保证作品在劳动群众中广泛流行。将私人利益与公共利益紧密联关系的立场为苏联早期著作权制度打上了深刻的烙印,著作权制度不再单纯是一个私法上的问题,并由此而影响了著作权制度的风格与面貌。

(二)著作权国有化时期

十月革命成功后,苏维埃政权马上开始了废除旧所有制的运动,并迅速建立了国家所有制、合作社和其他群众组织的所有制。依据社会主义所有制的理论,所有重要的生产资料都归苏维埃国家所有,因而开始了大规模的国有化运动。国有化是社会主义对资本主义固有矛盾克服的途径,因为按照马克思与列宁的观点,资本主义的主要矛盾在于私有制与生产力的社会性质之间的不可调和性。受国有化政策的影响,催生出了一个新的部门法——经济法,但当时的经济法与现代意义

---

① [苏]A. C. 佛道谢耶夫:《在建成社会主义与共产主义社会中苏维埃国家与法律的创造作用》,慎微译,作家书屋 1952 年版,第 350 页。

② [苏]C. H. 布拉都西主编:《苏维埃民法》(下册),中国人民大学出版社 1955 年版,第 259 页。

③ Антимонов Б. С. Флейшиц Е. А, *Авторское право*, Москва: Госюриздат, С. 8–9.

的经济法并不完全相同，其之所以称为经济法的原因在于国家对于国有化的客体来说具有双重身份：所有者与行政管理者。这样一来，经济客体实质上就脱离了纯粹的民事法律关系领域而进入了行政调整领域。因而，民事法律关系范围的缩小是该时期的一个典型特征。国有化使相当多的客体离开了民事流转，它们现在不再涉及销售、购买和交换，只能按行政命令程序从一个主体转移给另一个主体。[①] 这使得民法的生存空间越来越小，因为国家"极力想从商品化货币关系向无商品的产品交换关系过渡，从市场向分配过渡的愿望导致了民法基本制度的改变。由民法规范调整的财产关系范围继续缩小，民法规范的地位现已被行政法规范占据"。[②]

著作权国有化始于1917年，是年12月29日，中央执行委员会颁布了《国家出版法令》（Декрет ВЦИК[③] о Государственном издательстве），由此拉开了著作权国有化的序幕。根据该法令，依据1911年《作者权条例》保护期限届满的作品归国家所有。人民委员会可以将任何俄国作者的作品转为国家公有，国家对收归国有的作品享有五年的出版垄断权。对著作权实行国有化是为了满足国民对书籍的饥渴，新成立政府认为将昂贵且经典的本国作品在社会公众中予以广泛传播具有重要的教育意义。[④] 该指令的直接后果是使许多作品由私人领域转到公共领域，社会公众以较少的成本便可使用本国作家的作品，特别是那些经典

① ［俄］О. И. 奇斯佳科夫：《俄罗斯国家与法的历史 · 下卷》（第5版），徐晓晴译，法律出版社2014年版，第49页。

② ［俄］О. И. 奇斯佳科夫：《俄罗斯国家与法的历史 · 下卷》（第5版），徐晓晴译，法律出版社2014年版，第96页。

③ ВЦИК，全称：Всероссийский центральный исполнительный комитет，全俄中央执行委员会。

④ Максимов А. Ю. *Трансформация императивов и приоритетов государственной политики охраны авторских прав в России в контексте изменений государственного внутриполитического курса*, История и политические науки, № 1, 2011, С. 150.

的作品。依据该法令，为了国家利益，作者及其继承人对其挑选出来出版的作品实际上已不再享有权利，因为自该法令实施之日起，私人出版已被国有化的作品必须取得文化出版部门的同意，还应遵守一系列由行政部门规定的条件。

如果说 1917 年的《国家出版法令》只是对一定范围内的作品予以国有化，那么在 1918 年至 1919 年颁布的一系列法令则大大地拓宽了可国有化作品的范围。1918 年 2 月 14 日由人民教育委员会颁布的《关于出版俄罗斯作家作品的法令》（Об издании сочинеий русских писателей）、4 月 27 日由全俄中央执行委员会颁布的《关于废除继承的法令》（Об отмене наследования）、11 月 26 日由人民委员会颁布的《关于确认科学、文学、音乐与艺术作品为国有财产的法令》（О признании научных，литературных，музыкальных и художественных произведений государственным достоянием）大大加快了著作权国有化进程。根据以上三个法令，著作权可以分为两种形式的财产权：国有与私有。已经被国有化的作品，作者的权利不再保护。而未被国有化的作品，出版与传播作品应取得作者或者其继承人的许可。根据《关于出版俄罗斯作家作品的法令》，人民教育委员会对 58 位俄国作家的作品获得了 5 年的出版垄断权，后来该出版期限又延长了 5 年，这一名单将当时俄罗斯知名作家几乎全部囊括在内。[①] 根据《关于废除继承的法令》，作者去世后，著作权不得被继承，而是成为国家财产。尤其值得注意的是《关于确认科学、文学、音乐与艺术作品为国有财产的法令》，该法令扩大了人民教育委员部的权力，可国有化的作品范围更为广泛。依据该法令第 1

① 例如，А. П. 契诃夫、Н. Г. 车尔尼雪夫斯基、Ф. М. 陀思妥耶夫斯基、А. И. 赫尔岑、Н. В. 果戈里、М. В. 罗蒙诺索夫、А. С. 普希金、. Л. Н. 托尔斯泰、И. С. 屠格涅夫等，他们的作品均是此次国有化的对象。

条,所有的科学、文学、音乐以及艺术作品,无论是否已经发表,无论作品归谁所有,也无论作者是否在世,人民教育委员会均可根据需要将其予以国有化。任何人如果要使用被国有化的作品,如出版、发行或者公开表演等,均应得到人民教育委员会的明确许可,而不再需要取得作品作者的同意。其理由在于,被宣布国有的作品已经成为国有财产,任何人均可自由使用,无必要对其进行保护。① 被国有化的作品如果被他人使用,作者可以根据政府制定的奖励一览表中确定的标准获得行政奖励。作者死后,这些行政奖励收归国有。对于那些没有被宣布为国有的作品,仍然适用 1911 年《作者权条例》,此时作品的著作权仍然由作者享有,对作品的使用需要经过作者的许可。根据该法令以及全面废止对著作权的法定继承权与继承奖励权利的规定,著作权的保护期限被限缩为作者终生及其死后 6 个月。作者的继承人只有在贫困或者无劳动能力时,且在作品已经出版的前提下,才可以从社会保障部门获取维持生活所需的物质帮助。为了保证国家对已被国有化作品的垄断权,法令还规定,违反本法令规定私自出版、复制、传播以及公开表演作品者,将因违反国家垄断承担责任。上述三个法令实际上割断了出版者与作者之间的直接财产联系,依据这三个法令中的规定,出版者应按国家规定的标准将应付给作者的报酬划拨至特定的国家机关,再由国家机关自己决定将这些报酬中的部分转给作者的继承人,政府实际上将财政分配的权力掌控在自己的手里。

1919 年著作权国有化运动迎来一波新的高潮,是年相继颁布了一些关于著作权国有化的法令。比较典型的有:一是 1919 年 7 月 29 日人民委员会颁布的《关于废除已逝俄罗斯作家、作曲家、艺术家与学者在

① Шевченко А. В. ,"Институт ответственности за нарушения авторских прав в России (исторический аспект)", *Научно-методический и теоретический журнал*, СОЦИОСФЕРА, № 2, 2010, С. 74.

图书馆与博物馆中被保管档案材料的私人财产权的决定》(Об отмене права частной собственности на архивы умерших русских писателей, композиторов, художников и ученых, хранящиеся в библиотеках и музеях),依据该决定,国家可自由使用公共图书馆以及博物馆所保管的档案资料,所有附加于这些档案资料之上的限制均对国家无效。也即,国家可以无视权利继承人以及已逝创作者的意愿而自由使用这些档案资料,已逝创作者的继承人无法控制保存在这些档案资料中的手稿以及私人信件的传播,因为这些文件的权利已经归属作为国家出版机关人民教育委员会。二是1919年8月16日人民教育委员会颁布的《关于部分作者音乐作品国有化之规定》(О национализации музыкальных произведений некоторых авторов),该规定将17位已经去世作曲者的作品收归国有,这其中包括:П. И. 柴可夫斯基(П. И. Чайковский)、М. И. 穆索尔斯基(М. И. Мусоргский)、Н. А. 里姆斯基-科萨科夫(Н. А. Ри'мский-Ко'рсаков)、А. Н. 斯克里亚宾(А. Н. Скрябин)等享誉世界的作曲家。三是1919年10月10日人民委员会颁布的《关于终止获取文学、艺术作品全部财产权合同效力的决定》(О прекращении силы договоров на приобретение в полную собственность произведений литературы и искусства),该规定旨在将作者从十月革命前已签订的协议以及出版商的剥削中解放出来。作为社会主义权利意识的表现,作者与出版者签订的、将文学、音乐以及艺术作品的全部权利予以转移的协议在沙俄时期有效,而依据该规定则属无效,这样"源于旧社会、允许出卖作者权利的文学财产权理论在苏维埃社会主义国家被断然、永久地否决了"。[①] 从表面上看,该规定是民主的,其出发点是为了作者的利益,取消了作者对出版者的依附,但实质上却是对作者

① Антимонов Б. С. Флейшиц Е. А., *Авторское право*, Москва: Юридическая литература, 1957, С. 52.

权利的粗暴践踏,即作者最主要的权利——根据自己的意愿处置其享有的作品权利被剥夺了。[①] 虽然该规定的主要目的是对革命前的旧法予以否认,但是通过该指令的目的与内容却可以发现,事实上,该时期政府依然承认作者对其作品享有沙俄时期著作权法中规定的一系列专有权利,这实质上以一种含蓄的方式肯定了沙俄时期著作权法在一定范围内依然有效。而在实际中,直至该指令颁布时,十月革命前签订的出版合同依然有效。

20 世纪 20 年代,著作权国有化进程继续进行,1920 年 4 月 20 日,人民委员会颁布了《关于将储藏的图书与其他印刷作品国有化的规定》(О национализации запасов книг и иных печатных произведений),依据该规定,除图书馆内的作品外,其他所有储藏的作品,无论是私人所有,还是合作社、其他所有组织与机构以及市政委员会所有,均为国家所有,图书的所有者与合作组织如果隐藏图书或其他印刷作品将被移送法庭。1922 年 5 月 22 日全俄中央执行委员会颁布了《关于在俄罗斯苏维埃联邦社会主义共和国境内被确认、由法律保护并由俄罗斯苏维埃联邦社会主义共和国法院保护的私人基本财产权的规定》(Декрет об основных частных имущественных правах, признаваемых в РСФСР[②], охраняемых ее законами и защищаемых судами РСФСР),依据该规定的 A 部分(物权)第 5 条,应制定特别法保护著作权。1923 年 1 月 18 日,俄罗斯苏维埃教育人民委员会发布《关于对某些作家作品实行国家专营的公告》(Об объявлении государственной монополии на издание произведений некоторых писателей),依据该决定,国家对 47

① Панкеев И. А. *Авторское право для Журналистов*, Икар, 2014, С. 16.

② РСФСР: Российская Советская Федеративная Социалистическая Республика, 俄罗斯苏维埃联邦社会主义共和国。

名作家的作品实行专营。这47名作家所享有的出版权永久属于教育人民委员会,其他组织、国家机构与出版商可以出版上述作家的作品,但应与作为国家出版局代表的教育人民委员会签订协议或经其许可。作品被国有化后,作者的继承人可以根据现行法律获取奖励。根据1925年5月14日颁布的法令,将Г. В. 普列汉诺夫的作品以及Э. Б. 辛克莱(Э. Б. Синклер)的俄文译本收归国有。1927年6月28日授权马克思—恩格斯研究院享有出版卡尔·马克思以及弗里德里希·冯·恩格斯作品的垄断权。

著作权国有化运动的目的主要有四:一是将俄罗斯经典作品国有化;二是垄断出版权与出版业;三是建立政府核准的作品发表后作者获得的报酬;四是作者去世之后取消著作权。① 著作权国有化运动意味着与沙俄时期著作权制度彻底分道扬镳,著作权领域中只能贯彻与布尔什维克观点相一致的准则。② 虽然依官方解释,著作权国有化的目的在于保证全体人民的利益、关心作者及其继承人的利益、禁止资本家不劳而获。这种隶属于意识形态的解释与当时的社会主义观念是相通的,即社会利益高于个人利益。然而作者的境况在革命后也并没有什么实质性的变化,因为上述媒介已经成为国家所有,虽然作者是名义上的主人。因而,一系列著作权国有化文件的本质在于对作者及其继承人权利予以限制,实现国家在该领域的垄断,降低私人印刷的作用与机会。③ 国家对作品的专营也抑制了私人印刷发展的可能性,这同样也便

---

① Serge L. Levistky, "The beginning of soviet copyright legislaiton 1917 - 1925", *The Legal History Review*, Vol . 50 (1982), p. 50.

② Нагорный Р. С. , "История развития норм о свободном использовании объектов авторских и смежных прав до принятия четвертой части ГК РФ", *Журнал российского права*, № 2, 2010, С. 113-123.

③ Панкеев И. А. , "Российское авторское право XX века в нормативных актах, Вестник Московского университета". Серия 10: Журналистика, Номер: 3, С. 29.

于政府对印刷业予以监管。国有化运动的直接结果是用行政奖励取代了市场运作，市场的作用因而被忽略了，作品优劣的认定也不再是市场选择的结果，而是主要取决于行政机构的认定。著作权制度的目的在于保护作者享有的各项权利，而非作品的优劣进行鉴定。因而，国有化运动要么否认了作品是一种商品，要么是人为地将这种商品从市场流通领域排除。更为严重的后果是，著作权国有化运动使得行政权力可以延伸至创作的初始阶段，并进而影响到创作行为，特别是影响到作品可能具有的价值。不仅著作权中的财产权可以成为国有化的对象，著作人身权同样也可以成为国有化的对象。虽然从其性质与意义来看，著作人身权是不可转让与消灭的非财产权，但特殊的政治体制下，作者享有的精神权利可能因为对作者的惩罚或者对其创作成果的查封而消灭。作者可能被判决驱逐出境、从协会中除名甚至将作者视为创作思想的载体而予以消灭（判处死刑）。

（三）著作权严格限制时期

20 世纪 20 年代，苏联进入了一个新的时期——新经济政策时期，新经济政策时期的主要任务在于重建遭到破坏的家园。为调动民众建设的积极性与吸引外资，该时期的政策较战时共产主义作了一定程度的让步。战时共产主义许多过火的办法被废止了，制度建设中理智一定程度上代替了热情，私人所有制在一定程度得到承认。但所做出的让步是有限的，国家依然控制了一切。法律的重要性得到了当权者的认可，法制得以恢复，俄罗斯著作权制度开始重建。在此背景之下，先后出台了两个专门的著作权条例，但却受到了较多的行政干涉，著作权的私权性质仍然受到了猛烈冲击。

1.《1922 年苏俄民法典》。20 世纪 20 年代民事立法领域最重大的事件莫过于 1922 年 10 月 31 日全俄中央执行委员会通过的《俄罗斯苏维埃联邦社会主义共和国民法典》(Гражданский кодекс РСФСР,简写:ГК РСФСР,以下简称《1922 年苏俄民法典》),该法于 1923 年 1 月 1 日起生效。《1922 年苏俄民法典》"是在极复杂的社会经济环境当中通过的……是共产党和苏维埃政权由战时共产主义转向到新经济政策的时候,它表示转向到展开的私营商业。"[①]1922 年民法典中的结构与许多内容与沙俄时期所公布的民法典草案相似,也是以《德国民法典》为模板而生成,受德国法影响较大。在《1922 年苏俄民法典》的制定过程中,列宁进行了强势干预,"列宁放弃了马克思、恩格斯的'民法=私有制关系的法律形式'的见解,和'过渡时期的法=资产阶级法'的认识,而构想了作为新型公法的民法。这种民法不是保障私权自治而是无产阶级专政国家以限制私有制关系为目的而使用的手段"。[②] 因而,虽然《1922 年苏俄民法典》仍冠以民法典之名,但其性质已经发生了巨大的变化。虽然《1922 年苏俄民法典》调整的仍然是民事领域中的关系,但其中却掺杂了诸多的行政因素。该法典第 1 条规定:"本法保护私有权利,但对它们之行使不得违反它们的社会和经济目的。"第 30 条规定明显损害国家的法律行为无效,这也表明私有权利的保护并不是最终之目的,这也为行政权力介入私有领域打开了方便之间。因而,欧洲学者认为该法典是"建立在权利滥用原则之上的过渡性法典"。[③] 虽然在之前的民事立法或民法典草案中(如《1905 年民法典草案》)均对著作权制度做了规定,但在《1922 年苏俄民法典》中,并没有规定著作权制度以及其他的知识产权制度,其主要原因在于,如果在民

---

① [苏]苏达显可夫、贝可夫:《苏维埃国家与法律问题讲座》(第 1 辑),中央人民政府法制委员会编译,中央民族印刷厂 1951 年版,第 254~255 页。

② [日]大木雅夫:《比较法》,范愉译,法律出版社 2006 年版,第 215 页。

③ [意]简玛利亚·阿雅尼:《苏联法中的形式主义与反形式主义——以民法典中的一般条款为例》,魏磊杰译,载魏磊杰、张建文主编:《俄罗斯联邦民法典的过去、现在及其未来》,中国政法大学出版社 2012 年版,第 58 页。

法典中增加知识产权制度的内容,就不能如期完成民法典的起草工作。[①] 因而,在《1922年苏俄民法典》中没有任何与著作权相关的条款。但此时,著作权是一种民事权利的观念已经确立,因而,虽然因时间原因没有来得及在民法典中规定著作权制度,但民法典中的一些基本性规定却适用于著作权,故而民法典的风格也必然会影响到之后著作权制度的风格。

2.《1925年苏联著作权纲要》与《1926年苏俄著作权令》。20世纪初,俄罗斯国内局势尚不稳定,动用全国力量度过危机乃不得已而为之,但其中的一些措施难免过于武断,随着局势的稳定,有必要对一些武断的措施予以缓和,以化解所造成的内部紧张关系。在此情形之下,1924年人民委员会提出了制定新著作权法的建议,这一建议很快便得以实现。1925年1月30日,苏联中央执行委员会与人民委员会通过了著作权纲要的命令《1925年苏联著作权纲要》(Постановление ЦИК и СНК СССР[②] об основах авторского права)。《1925年苏联著作权纲要》意义重大,不仅成为苏联加盟共和国著作权立法的示范法,也是第一部社会主义著作权法。《1925年苏联著作权纲要》是一部基本法,其实施需经由各加盟共和国制定各自独立的著作权法。阿塞拜疆便将该纲要完全纳入《阿塞拜疆苏维埃社会主义共和国民法典》中,乌克兰没有制定专门的著作权法而是直接适用《1925年苏联著作权纲要》。除此之外,其他加盟共和国均是以特别法形式出台了自己的著作权法。以《1925年苏联著作权纲要》为基础,俄罗斯苏维埃社会主义共和国于1926年10月11日通过了自己的著作权法《1926年苏俄著作权令》

---

① Новицкая т. е, *Гражданский кодекс РСФСР 1922 года*, Москва: Зерцало, 2002, С. 108.

② ЦИК: Центральный Исполнительный Комитет, 中央执行委员会; СНК: Совет Народных Комиссаров, 人民委员会(1917 ~ 1946年); СССР: Союз Советских Социалистических Республик,苏维埃社会主义共和国联盟,简称“苏联”。

(Декрет ВЦИК[①] и СНК РСФСР[②] об авторском праве)。

在这两部法律中,著作权的保护范围有所扩大,任何文学、科学与艺术作品均可产生著作权,著作权的产生与作品的复制方式以及作品的价值与目的无关。著作权保护基本上涵盖了当时所有的作品类型,并第一次规定对电影作品予以保护。著作权自作品创作之时而非完成或发表之时起保护。在苏联境内发表或者以任何客观形式在俄罗斯境内存在的作品的著作权由作者或其继承人享有,与他们的国籍无关。境外发表或以任何客观形式存在的作品的著作权归属根据苏联与相关国家签订的协议确定。作品虽未发表,且无论作者国籍为何,但在苏联境内以某种客观形式表现的作品也可得到著作权保护。

著作权的内容包括两部分:人身权利与财产权。作者对其创作的作品享有著作权,即以真名、假名或匿名方式发表自己作品,在法律规定的保护期限内以法律许可的方式复制与传播作品以及从自己的专有权利中获得法律许可方式的物质奖励。虽然两部法律中没有明确规定人身非财产权,但规定出版者未经作者及其继承人同意无权擅自对作品、作品标题以及作者姓名进行增补、删节与修改,以及对作品添加插图。该规定实质上保护的是作品的完整性,因而实质上已经有了著作人格权的雏形。这是苏联时期著作权法中第一次对作者非财产权利的保护做了规定,虽然从立法技术来看,在立法语言中却并没有使用"人身非财产权"这样的术语。从立法技术来看,立法者并没有将人身非财产权置于比财产权更高的地位,其原因在于二者并不能用同一尺度予以衡量。对于作者而言,人身非财产权与财产权同样重要,因为在作品

---

① ВЦИК:Всероссийский Центральный Исполнительный Комитет,全俄中央执行委员会(1917~1936年)。

② РСФСР:Российская Советская Федеративная Социалистическая Республика,俄罗斯苏维埃联邦社会主义共和国,简称"苏俄"。

的创作起因上物质上的激励并不比口头上的奖励的作用小。[①]《1925年苏联著作权纲要》规定了作者可以享有一定的财产权利，即“在法定期限内，以一切合法手段复制和传播作品，并用一切合法手段取得财产上的收益”。（第7条）然而，该纲要中所规定的“复制和传播其作品”并不是指作者本人对自己作品的出版和传播，而是由特别的组织——出版局来办理的。[②] 这也就意味着，作者享有的财产权有名无实，作者仅在名义上享有这些权利，事实上作者被剥夺了自己行使这些专有权利的可能性，而只能在得到官方许可的前提下，在发表作品时获得报酬。[③] 另外，这两部著作权法律并未对当时新出现的传播作品方式——广播予以规定，虽然在20世纪中期时广播已经成为一种重要的作品传播方式。苏联的无线广播始于1924年，并确定了国家实现完全“无线电化”的基本方针与政策。但这一技术的发展并没有使作者受益，不仅这两部著作权法律没有规定作者有权对广播行为予以控制，1927年5月16日还专门出台了一项法令，规定无线广播电台有权广播剧院或其他组织的作品表演，而且无须支付报酬。其原因主要在于广播组织全部由国家经营，不规定广播权便于这些组织使用作品。

著作权的保护期限为25年，自作品首次发表之日起计算。与之前的著作权法相比，著作权保护期限第一次与作者死亡这一因素发生分离。相较沙俄时期的著作权法而言，《1925年苏联著作权纲要》规定的

---

① Камышев В. Г. *Права автора литературных произведений*, Москва, Юридическая литература, 1972. С. 3-9.

② ［苏］С. Н. 布拉都西：《苏维埃民法》（下），中国人民大学民法教研室译，中国人民大学出版社1954年版，第272页。

③ Куликов М. В. “Право на неприкосновенность произведения в советском авторском праве”, *Сборник научных статей студентов, курсантов и слушателей*. отв. ред. А. Г. Антонов. Новокузнецк, 2016 здательство: Кузбасский институт Федеральной службы исполнения наказаний (Новокузнецк).

著作权保护期限明显过短,并因此而招致了不少批评。A. B. 卢纳察尔斯基(A. B. Луначарский)曾抱怨说,这一规定将那些在近些年没有任何新作品问世、只能靠再版其老作品作为物质生活来源的中老年作者置于了困难境地。但这一境况却并非《1925 年苏联著作权纲要》希望达到的,其真实目的乃是对那些从作者手中拿到了著作权的私人出版商予以限制。[①]

在两部法律中对私益规定了较多限制,主要体现在以下几方面:一是规定了十分广泛的著作权限制,其中值得指出的是,仍然保留了翻译自由,这无疑降低了使用外国作品的成本。二是出版合同中对不同主体的不同规定。著作权可以部分或全部转让,但转让给不同主体时,转让的形式与期限有不同规定。作者可以将出版以及传播其作品的专有权转让给国有机构以及工会组织、党组织以及合作社组织,且无期限与转让形式的限制。但在将著作权转让给非上述主体时必须通过转让合同进行,且转让期限不得超过五年,出版者负有出版作品的义务。三是国家调节制度,转让公开表演作品权利的条件由各共和国的法律予以规定。四是延续了著作权国有化时期的做法,规定政府可以强制购买任何作品。

由此可见,虽然两部法律传承了 1911 年《作者权条例》中的许多内容,但又有很多不同之处,作者权益的保护已经不再是著作权制度的宗旨所在。

3.《1928 年苏联著作权纲要》。1928 年 5 月 16 日,苏联颁布了《1928 年苏联著作权纲要》(Постановление ЦИК и СНК СССР. Основы авторского права)取代了《1925 年苏联著作权纲要》,各加盟

① [俄]O. И. 奇斯佳科夫:《俄罗斯国家与法的历史 · 下卷》(第 5 版),徐晓晴译,法律出版社 2014 年版,第 159 页。

共和国也据此对各自的著作权法进行了相应修改,俄罗斯联邦共和国于1928年10月8日通过新的著作权条例《1928年苏俄著作权条例》(Постановление ЦИК и СНК СССР. Основы авторского права)。《1928年苏联著作权纲要》共计20条,而《1928年苏俄著作权条例》却多达44条之多,其原因在于前者乃原则性之规定,而后者乃前者之细化与补充。如果说战时共产主义时期因国家政治原因而通过国有化使著作权消灭的话,那么自1928年开始了著作权的复苏与发展时期。[1]著作权得到一定程度松绑,由之前武断的"国有化"而转为有限度承认。从立法技术角度来看,《1928年苏联著作权纲要》较《1925年苏联著作权纲要》有了相当程度的提高,因而,也就不奇怪为何苏联后期的著作权立法会不加任何修改地将这两部法律中的一些法律规范直接复制过去。在之后的30多年里(直至1961年民事立法纲要出台),《1928年苏联著作权纲要》与《1928年苏俄著作权条例》持续生效且未做任何修改。《1928年苏联著作权纲要》是《1925年苏联著作权纲要》的完善,二者相似处较多,许多条款完全一致,其内容与结构也大致相同,如权利内容、自由使用制度、通过官方以及国家垄断的出版企业发表作品等,翻译自由与特定情形对作品国有化也均有规定。但二者同样也有一些不同之处,主要体现在以下几个方面:

一是作品保护期限的不同规定。与《1925年苏联著作权纲要》相比,《1928年苏联著作权纲要》最大的不同之处在于作品的保护期限,《1925年苏联著作权纲要》中规定的保护期限为自作品发表之日起25年,《1928年苏联著作权纲要》将其修改为作者终生及死后15年,大部分情况下,该规定延长了作品的保护期限。因而,新条例规定了溯及

---

① Антимонов Б. С., Флейшиц Е. А. *Авторское право*. – Москва: Госуд. Издательство юридической Литературы, 1957. С. 56.

力，即按照《1925年苏联著作权纲要》已经进入了公共领域的作品，如果依照新条例仍然可以享有著作权，那么可以依照新法继续取得著作权保护。特殊作品，如期刊、百科全书、舞蹈作品、电影、电影剧本以及照片汇编，保护期限为10年，自发表日起算。私人照片的著作权期限为5年，自发表之日起算。照片只有在载有工作室名称或者摄影者姓名、地址以及拍摄年份时才可享有著作权。延长保护期限的原因在于时代背景不同，新经济政策实施初期允许私人印刷业的存在，因而对著作权保护期限的限制的主要目的在于抑制出版者私有财产权的扩大。而至1928年时，私人印刷已不复存在，因而这一限制便失去了其政治意义。①

二是各加盟共和国在著作权法某些领域被赋予了更为广泛的立法权限。各加盟共和国可以自由设定规则规定出版合同的标准以及奖励一览表，奖励的征收与发放集中通过1932年设立的专门的国有机构进行，1938年该机构命名为全联盟保护著作权局，在苏联作家联盟的主持下管理文字作品。此外，还基于不同作品类型，如作曲、电影以及视听艺术，成立了其他一些类似的集体组织。

三是法律责任的不同。根据《1928年苏联著作权纲要》，私人因他人侵犯著作权提出损害赔偿金请求时，法院并不会支持，因为将罚金付给公民而不是国家被视为违背了社会主义原则。因而，当损害被认定时，只能向国家支付罚金。此外，在著作权诉讼中，法院根据政府制定的报酬明细表限制了损害赔偿金数额。如果不存在明细表，那么即使作品享有著作权，也不会给予任何损害赔偿金。

---

① Максимов А. Ю. *Трансформация императивов и приоритетов государственной политики охраны авторских прав в России в контексте изменений государственного внутриполитического курса*, История и политические науки, № 1, 2011, С. 148-157.

四是增加了合作作品、演绎作品及其著作权归属。“合作”与“合著”是不同的，合著的情形是，无论是数人劳动创造的作品构成统一、不可分的整体时，或是集体作品中各部分保留独立的意义时，整个作品的著作权都是分属于全体作者的。合作的情形是，整个作品的著作权不属于作者（合作人），而属于出版局，各个合作人所保留的仅仅是集体作品中他们所定作的相当部分的著作权。[①]

五是对著作权使用合同的规定也更为全面与完整，专门制定了一整套关于出版合同、表演合同以及电影剧本合同的规定。

六是注册条款。在《1928 年苏俄著作权条例》中规定了著作权取得的注册条款，但在实践中这一条款长期被忽视，因而于 1959 年该规定被取消了。

4. 20 世纪 50 年代至 60 年代的著作权制度。《1928 年苏联著作权纲要》颁布实施之后，在以后的 30 年时间内该纲要一直保持效力，且未做实质性修改。在此期间又发布了一系列与著作权相关的指令，这些指令中的一部分用于《1928 年苏联著作权纲要》第 26 条关于示范协议的执行，例如作者发表作品合同的标准，还有大量的指令与许可使用费的价目表标准以及作品的出版或表演方式相关。在去斯大林化的潮流下，苏联的部长委员会于 1957 年 5 月 27 日批准了一项法令，宣布作者的作品在其死后出版，且作者得以昭雪，著作权的 15 年保护期限自昭雪之日起计算，而非作者死亡日。该法令其实是专门为死后才得以昭雪作者的继承人而定，规定根据《1928 年苏联著作权纲要》第 15 条，著作权保护期限的计算并非始自作者去世之日，而是从继承人被通知作者昭雪之日起算。但是此种指令并非公开的，在苏联的立法文件中也

① ［苏］C. H. 布拉都西：《苏维埃民法》（下），中国人民大学民法教研室译，中国人民大学出版社 1954 年版，第 267 页。

难以查到,而只能从个人档案中发现。①

从1959年开始了对著作权法进行修改的尝试。1959年3月31日最高苏维埃常务委员会颁布了一项法令,该法令主要对电影拍摄合同以及作品的强制购买合同做了规定,但实质性的变动并没有。1960年10月27日俄罗斯苏维埃颁布了新的刑法典,加大了对著作权的刑事保护力度。第141条对某些侵犯著作权的行为做了规定,并扩大的可追究刑事责任的行为范围。对于剽窃他人作品、强制成为合作作者以及非法复制与传播他人享有著作权的作品,应承担失去自由或者罚金的责任。

20世纪20年代至50年代著作权保护的发展趋势表明了著作权保护对现行政权组织的依赖程度,政府为著作权的本质与内容提供了全面的测量。著作权,无论其财产内容还是人身内容,均可以由私人转为公有,著作权的财产部分可以为了国家以及国家专营而被充公。这些特征充分地表明,在这一时期,著作权受到广泛地限制甚至是否认,著作权制度处于一个异化的阶段。

二、社会主义著作权制度时期

(一)社会主义著作权制度的背景

自苏维埃政权成立以来,便命运多舛,经历了多次的考验。加之社会主义制度乃是新生制度,并无现成经验可供参考,因而一切均是在摸索中进行。第二次世界大战之后,苏联遇到了难得的和平建设时期,其国际威望达到顶峰,加之社会稳定以及国内经济的快速复苏,社会主义

① Michiel Elst, Copyright, *Freedom of Speech, and Cultural Policy in the Russian Federation*, Leiden: Martinus Nijhoff, 2004, p. 78.

法制建设的步伐也重新启动。20 世纪 50 年代,苏联进入了后斯大林时代,开始朝着民主化、自由化与法治化的方向前进。20 世纪 60 年代后,苏联进入了后极权主义发展时代,这一时期革命的“总发条已经松了”,意识形态之争已不像之前那样突出,社会进入了长期稳定的时期,法制建设得以在难得的平稳环境中进行。但社会基础已经发生了根本性改变,而 20 世纪 60 年代之前的法律中许多内容已经过时,是以有必要制定新的法律。因而,大量新的法律得以颁布,但同时也导致了法律体系的混乱,“而联盟国家的本质属性又决定了必须研制和固定那些能够确定全国民事法律关系统一调整原则的规范”,[①]因而,自 20 世纪 60 年代起,苏联进入了大规模的法典化时期。

著作权制度面临着同样的问题,除《1925 年苏联著作权纲要》之外,还有大量的特别法规,仅 1946 年至 1959 年就出台了 25 项特别法规。著作权法律体系的庞杂导致了法律适用的困难,有必要对其体系化。该时期俄罗斯著作权制度发展的最大亮点体现在相互联系的两个方面:一是有关著作权性质定位;二是著作权立法模式。就第一个方面而言,虽然在苏联早期法学理论中存在过经济法与民法之争,但二者之争似乎仅限于理论层面,对立法从未影响过。[②] 大部分苏联学者的观点是一致的,认为著作权是一种民事权利,著作权法属于民法的组成部分,如 Ф. А. 谢尔盖耶维奇(Ф. А. Сергеевич)便认为著作权法为民法的一个部分,用来调整在创作与使用非物质成果以及在文学、科学与艺术领域的人类思想成果的个人非财产权与财产权关系。[③] 受此种观点的

---

① [俄]О. И. 奇斯佳科夫:《俄罗斯国家与法的历史 · 下卷》(第 5 版),徐晓晴译,法律出版社 2014 年版,第 271 页。

② 王春梅:《苏联法对中国民事主体制度之影响》,法律出版社 2017 年版,第 4 页。

③ Фалалеев Алексей Сергеевич, “Авторское право советского периода”, *Бизнес в законе. Экономико-юридический журнал*, № 3,2009, С. 160.

影响,俄罗斯开始了将著作权制度纳入民法典的立法模式。就第二个方面而言,理论界却存在争议,并由此而展开激烈的讨论。E. A. 苏哈洛夫认为,“在任何情况下,社会主义民法都要在一定的范围内调整与创作活动有关的关系,换句话说,就是对与财产关系密切相关的某些人身非财产关系加以调整。由是可见,调整对象的特点在这里客观要求在一定程度上把相应的规范同调整财产关系的规则分开。是在民法典范围内分开,还是根本就放在民法典之外,这基本上是一个立法技术问题。不仅理论观点,而且法律调整传统、立法和立法适用实践的过去发展情况,都会对这个问题的解决发生影响。”①关于著作权性质的定位以及立法模式的探讨,影响了20世纪60年代著作权立法。并由此开始了将著作权制度纳入民法典之中的做法,这也成为苏联著作权立法的一个亮点所在,国外的学者也认为,将著作权制度纳入民法典是独具特征的。②

虽然著作权国有化是苏联时期著作权制度的一个重要特征,但国有化并非完全由社会主义制度所决定,国有化之所以被俄罗斯民众完全接受也由其自身国情决定。俄罗斯恶劣的自然环境以及由此而产生的生存模式似乎也是这一现象的重要内在原因。恶劣的自然环境使得俄罗斯人的生存面临诸多困难,而相互帮助、共渡难关似乎是一个最好的模式。因而,“集体担保”得以在俄罗斯广袤的土地上盛行。但“集体担保”同时也影响着农民对各种社会制度的态度,如法律、传统和产权等。③ 这一源于自然的传统理念使得公有制在俄罗斯具有天生的土

① [苏]E. A. 苏哈洛夫:《社会主义民法典的体系》,司法部法学教材编辑部编审:《外国民法资料选编》,法律出版社1983年版,第150~151页。

② [日]大木雅夫:《比较法》,范愉译,法律出版社2006年版,第230页。

③ [英]杰弗里·霍斯金:《俄罗斯史》(第1卷),李国庆等译,南方日报出版社2013年版,第17页。

壤,也使得作品共有理念被认为是理所当然。另外,对著作权国有化还应用转换性视角分析,著作权国有化虽然与当代著作权制度相背离,但并不能因此而完全否认其积极意义。从某些方面,可以将国有化视为当前著作权制度的一种替代性选择。或许正如有的学者所认为的那样,在他们看来,著作权制度并非唯一的选择,经由其他途径,同样可以达到促进作者创作、丰富文学艺术领域、惠泽公共领域的目的。[①]

(二)社会主义著作权制度的形成

1957 年在莫斯科召开的 12 个执政共产党会议上发布了一个声明,列举了所有进行社会主义建设的国家适用的基本法律,其中至少有四项与建立社会主义著作权制度相关:一是党对劳动阶级的领导;二是确立生产方式的公有制;三是国民经济的计划性;四是意识与文化领域的社会主义革命。[②] 以此为基础,著作权制度的社会主义特征初步形成。1961 年 12 月 8 日,最高苏维埃宣布社会主义取得全面的胜利,现在进入了全面建设共产主义的时期,这也成为新一轮民事立法的基本出发点。1961 年 12 月 8 日,苏联最高苏维埃通过了《苏联和各加盟共和国民事立法纲要》(Основа гражданского законодательства Союза ССР и союзных республик,以下简称《1961 年民事立法纲要》),标志着著作权制度的社会主义性质正式形成。

《1961 年民事立法纲要》只是一个框架性与示范性的立法文件,其第 3 条第 1 款规定:依照本纲要,各加盟共和国的民法典和其他民事立法文件调整本纲要规定的和未规定的财产关系和人身非财产关系。但

---

① 李雨峰:《著作权的宪法之维》,法律出版社 2012 年版,第 13 页。

② Dietrich A. Loeber, "Socialist Features of Soviet Copyright law", *Columbia Journal of Transnational Law*, Vol. 23:297, p. 312.

各共和国的法律基本相同，只有微小的差别。因而，20 世纪 60 年代至 80 年代，《1961 年民事立法纲要》成为调整著作权关系的主要法律规范。就以前的著作权立法而言，《1961 年民事立法纲要》无论是在内容、体系还是在立法技术上都取得了较大进步，但《1961 年民事立法纲要》最为突出之处在于形成了社会主义著作权制度，主要体现在以下几个方面：

一是立法宗旨。《1961 年民事立法纲要》总则部分规定，科学、文学和艺术作品的创作是产生民事权利和民事义务的根据，依照法律，公民可以享有科学、文学和艺术作品的著作权，享有发现权、发明权和合理化建议权，以及其他的财产权利和人身的非财产权利。但私人利益的实现应当与社会利益相结合，序言部分对这个时期的任务做了规定，其中包括“建立共产主义的物质技术基础，以保证物质财富和文化财富十分充裕，并日益充分地满足社会和全体公民的需要”；对著作权制度做了原则性规定：“保护公民的物质和文化利益；促使这些利益与全社会的利益正确结合；促进科学、技术、文学和艺术领域的创作主动性的发挥。”由此可以看出，虽然著作权的私权性质得以重新承认，但却受到较多的限制，也即私人利益应与全社会的利益正确结合，这样就将私益与公益捆绑在一起。

二是保护对象。《1961 年民事立法纲要》规定了较为广泛的保护范围，只要是在科学、文学以及艺术领域内产生的作品，不论它的表现形式、用途和价值为何，也无论其复制与刊载的方法如何，均享有著作权。作品的价值并非其受保护的要件，因为“从保护作者权利的角度来看，作品的质量如果是没有意义的。作品的质量，只在作者同实际利用作品的组织签订合同的时候才具有意义”。[①] 但这里的价值应做限缩性

① ［苏］В. П. 格里巴诺夫、С. М. 科尔涅耶夫主编：《苏联民法》（下册），中国社会科学院法学研究所民法经济法研究室译，法律出版社 1986 年版，第 459 页。

理解,仅指经济意义上的价值,而不包含意识形态上的价值,因为党性依然是科学、文学和艺术所应坚持的基本原则。

三是著作权内容。著作权的内容由人身非财产权和财产权两类构成,作者可以享有表明作者身份权、保护作品完整权、复制权、发行权以及获得报酬的权利。人身非财产权还可以分为与财产有关的人身非财产权利和与财产权利无关的人身非财产权利,著作权属于后者。与财产权利无关的人身非财产权利具有一系列的特征:一是没有经济内容,与主体的财产利益没有联系,也不是由主体的财产利益决定的。二是这些权利是对与主体的人身不可分的利益的权利,它们与主体紧密地联系在一起,并且不能够以任何形式转让。三是与财产权利无关的人身非财产权利的享有人可以是公民与法人。"与财产权利无关的人身非财产权利可分为与人身有关的权利(如姓名权和法人的商号权);由社会制度、它的原则和思想决定的权利(如荣誉权和尊严权);由公民或法人取得的权利(如享有笔名的权利和对发明用它的创造人的姓名命名的权利)。"①国内也有学者认为,正是苏联民法的创造性改造,使得人格权理论"换了人间",人格本来为主体之资格,但在苏联却成为主体性要素之法律保护意义上的人格权、人身非财产权以及法人人格权。②著作权属于与财产权有关的人身非财产权利。著作人身权不能继承,当作者去世后,由全苏版权保护局(Всесоюзное управление по охране авторских прав, ВУОАП)行使这些权利。作者去世后,未经作者继承人的许可,出版者在作品保护期限届满前不得对作品进行修改,这实质上赋予了作者一定限度的保护作品完整权。当然如果出版

① [苏]В. П. 格里巴诺夫、С. М. 科尔涅耶夫:《苏联民法》(上册),中国社会科学院法学研究所民法经济法研究室译,法律出版社 1984 年版,第 181~183 页。

② 徐国栋:《苏联与俄罗斯民法中的人格》,载《俄罗斯法论丛》(第 1 卷),中国社会科学出版社 2006 年版,第 112 页。

者不能就作品修改获得作者继承人的许可,他可以通过各共和国的教育人民委员会获得该许可。“也就是说,作者去世后,著作权并非以私人权利方式转移至继承人,而不过是法律规定的保护文化财富的方式而已。”①

《1961年民事立法纲要》最大的一个特点在于并没有规定著作权人享有专有权利,将专有权与获得报酬的权利相分离。将专有权理论抛弃的原因主要来自意识形态领域。苏联民法中,专有权是专门针对创作行为的,指的是那些保证权利享有人能够实施各种行为(利用创作成果,处分这种成果等)同时禁止所有其他人实施上述行为的绝对权利。专有权理论是创作活动的非物质产品产权所有论在科学上站不住脚的某种结果。依当时苏联学者的观点,虽然当时资本主义国家中同样也有专有权这一术语,但与苏联的专有权理论相比较,二者的本性和法律本质有原则性的不同。在资本主义社会里,专有权的本质是私益与社会公益之间的对抗性矛盾的表现;而在社会主义社会的苏联,专有权并不会在个人、集体和社会之间造成矛盾,因为这些权利人同时也对社会履行着一系列的义务,专有权的客体是用来为全社会谋福利的。因而,在《1961年民事立法纲要》中已经不再强调著作权的专有性质,也并没有将这些权利称为“专有权”,这并不是毫无缘故的。② 获得报酬的权利指的是因他人利用作品而取得报酬的权利,因利用作品而付给作者的酬金是一种劳动报酬,是对作者劳动成果的报酬,而作者的劳动与一般工人的劳动是不同的,因而,因利用作品而产生的酬金计算

① Матвеев А. Г., “Право авторства и право на неприкосновенность произведения в российском и международном авторском праве,//Исторические, философские, политеческие и юридические науки, культурология и искусствоведение”. *Вопросы теории и практики.* Тамбов: Грамота, 2012. № 4. Ч. 2. С. 125-126.

② [苏]В. П. 格里巴诺夫、С. М. 科尔涅耶夫主编:《苏联民法》(下册),中国社会科学院法学研究所民法经济法研究室译,法律出版社1986年版,第450~451页。

方法也有其独特性。著作权可以因继承而转移,但继承人仅能在著作权人死亡时尚未届满的那段期限内享有著作权。继承人实质上只是继承了因使用作品而获得报酬的权利。根据 1957 年与 1958 年的两个指令,苏俄共和国国内的俄罗斯苏维埃社会主义共和国继承人获得报酬的最大限度为这两个指令中规定的报酬明细表的 50%。1961 年该限制被规定在纲要的第 105 条中,并适用于全联盟。在 1962 年苏俄通过的另一个指令中,限制进一步扩大,非虚构作品作者的继承人最多只能取得标准价目表中的 20%。

四是著作权限制。依当时苏联学者的观点,苏联的著作权法具有资产阶级著作权法不可比拟的优点,这是因为"苏联的法律保证把创作作品用来为全体劳动者谋福利,保证对创作人权利的全力保护;而资产阶级法律则相反,它使大多数创作成果的社会性和一般使命同它们的私人占有之间的矛盾合法化"。[①] 因而,著作权受到的限制较多,而在社会主义制度背景下,对著作权的限制视为原始作者的贡献。与 20 世纪 20 年代相同,著作权的限制主要有两种类型:一是不经著作权人同意且无须支付报酬而使用作品,二是无须经著作权人许可,但应支付报酬。但每一种类型下设的情形却较 20 年代著作权法有了极大的扩充,且在之后还不断地增加新的限制情形。

五是著作权合同。著作权可以许可他人使用或者转让,第三人使用作品时,除法律另有规定外,必须与著作权人订立合同。"著作合同的内容在很大程度上取决于标准著作合同,这些标准合同是经一些主管部门(国家出版委员会、国家电影委员会等与各创作协会商定)批准

① [苏]B. П. 格里巴诺夫、C. M. 科尔涅耶夫主编:《苏联民法》(下册),中国社会科学院法学研究所民法经济法研究室译,法律出版社 1986 年版,第 452 页。

的法律文件。”[①]使用作品的标准合同由各加盟共和国自行规定，第三人与著作权人订立的使用作品的合同不得低于标准合同的规定，否则无效。著作权同样可以转让，但在向外国人转让时，受到较为严格的控制。1973年2月苏联最高苏维埃主席团颁布了一项法令，并将该法令作为《1961年民事立法纲要》第98条第4款，对苏联公民向外国人转让作品做了规定：具有苏联公民身份的著作权人向国外转让其作品使用权的，由苏联立法加以规定。[②] 直至1961年，这些权利只是作者名义上享有的专有权利，苏维埃的法学家以及实践中均认为作者实际上对其作品并不享有专有的出版权，而且也不能自己出版作品，只有在官方许可出版作品时才可以获得一定的报酬。

六是强制购买。《1961年民事立法纲要》保留了政府强制购买著作权的权力，第106条规定：依照各加盟共和国立法规定的程序，国家可以向著作权人或其继承人征购出版、公开演出或以其他方式利用作品的著作权。国家强制征购的主要目的在于防止成功作品的继承人“不公正致富”现象，但实践中，该种权力极少使用。

（三）社会主义著作权制度的巩固

“《1961年民事立法纲要》只规定了最重要的规范和制度，虽然能够对该部门法的立法和法律解释活动产生本质性的影响，但并没有规定所有细则。”[③]立法的粗疏也导致了《1961年民事立法纲要》在实际适用中遇到很多困难，因而，以《1961年民事立法纲要》为基础，苏联各加

① ［苏］B. A. 多佐尔采夫：《论苏联的著作权立法》，刘波林译，载《环球法律评论》1985年第5期。

② 《苏联最高苏维埃公报》1973年第9期第138号。

③ Иоффе О. С., Толстой Ю. *К. Новый гражданский кодекс РСФСР*, Ленинград: Издательство Ленингр. ун-та, 1965, С. 4.

盟共和国开始了各自的法典编纂。俄罗斯苏维埃共和国于1964年6月11日实施了新的民法典——《俄罗斯苏维埃联邦社会主义共和国民法典》(Гражданский кодекс РСФСР 1964 года,以下简称《1964年苏俄民法典》),《1964年苏俄民法典》以《1961年民事立法纲要》为基础,许多内容甚至完全相同。虽然《1964年苏俄民法典》以《1961年民事立法纲要》为基础,但却有较大程度的发展,较《1961年民事立法纲要》规定的粗疏性,《1964年苏俄民法典》在其制定过程中,"立法者对学说长久以来存在的争议予以强制性地解决,更强调法的实用性,以及形成一系列更具有精确形式的规则"。[①]《1964年苏俄民法典》得到国内外一致好评,被认为是"苏联法学家经年累月、精心琢磨的结果",[②]《1964年苏俄民法典》专门设立一编(第四编)规定著作权制度,共42个条款(第475~516条)。民法典的其他部分的相关规定也可适用于著作权领域,如第一部分的第4条、第10条、第13条,第七部分以及第八部分等。与《1961年民事立法纲要》相比,《1964年苏俄民法典》中的著作权制度有了新的发展,主要体现在以下几个方面:

一是立法宗旨方面。《1964年苏俄民法典》关于著作权制度的立法宗旨与《1961年民事立法纲要》基本相同,同样规定要"促进科学、技术、文学和艺术领域创作主动性的发挥",公民可以依法享有科学、文学和艺术作品的著作权、发现、发明权和提出合理化建议权以及其他财产权利和人身非财产权利。但应使这些利益与整个社会利益合理地结合起来。民事权利可以得到法律的保护,但权利的行使不得违背社会主义社会的目的,如果违背即不能再得到法律保护。公民和组织权利的

---

① Serge L. Levitsky, "Introduction to Soviet Copyright Law", *International and Comparative law Quarterly*, Volume 13, Issue 3 July 1964, p. 1130.

② [德]茨威格特、克茨:《比较法总论》(上),潘汉典等译,中国法制出版社2017年版,第550页。

行使权利和义务的履行义务都应遵守法律，尊重社会主义公共生活规则以及共产主义的社会道德准则。此外，还强调经济关系的社会主义性质，经济活动要以国家计划为指导。可以说，《1964 年苏俄民法典》中包含了很多意识形态上的因素，这无疑对著作权的品格产生极大的影响，也为公权力介入著作权领域打开了通道。事实上，从整个法典来看，《1964 年苏俄民法典》"进一步失去了其固有的'私法'特征，成为具有'公法'性质的法典，完全反映了当时社会制度的计划经济性质和国家所有权占主导地位的特点"。[①]

二是客体方面。《1964 年苏俄民法典》除对作品做了概括规定外，还对作品的表现形式做了列举式规定，虽然著作权客体的目录只是象征性的(在目录中包含一个类似兜底的规定"其他作品")，但还是增加了一些新类型的作品，如录音(用机械或其他技术录音形式表现出来的作品)、口述作品(演说、演讲、报告等)以及建筑作品(方案、蓝图以及模型，但不包括建筑物本身)。

三是著作权内容方面。作者可以享有保护作品完整权与作者身份权等人身非财产权，未经作者同意禁止对作品、作品名称和作者的署名进行任何改动，作者在世时可以通过指定遗嘱执行人保护其死后作品不受侵犯，如无指定，则由其继承人或相关组织保护。人身非财产权包括作者身份权与保护作品完整权，这两种权利具有永久性，专属于作者本人，不能被继承。人身非财产权不再被称为作者的专有权，尽管《1928 年苏联著作权纲要》中规定了专有权，但作者事实上对其作品不享有专有的著作权利，而且亦不能发表自己的作品，只是在官方认可作品出版时才有权获得奖励。与《1925 年苏联著作权纲要》相比，《1961 年民事立法纲要》以及《1964 年苏俄民法典》在著作权内容上有一个重

① 鄢一美：《俄罗斯当代民法研究》，中国政法大学出版社 2006 年版，第 37 页。

大的变化，即删除了将著作权或者特定作者的权利予以转让的权利，但《1964年苏俄民法典》较《1961年民事立法纲要》规定得更为详细。作者可以根据合同将作品让与特定组织，该合同的内容主要依据行政模板。

四是著作权限制制度。著作权限制制度类型与《1961年民事立法纲要》相同，包括两种类型：不经作者同意且不需支付报酬的使用、不经作者同意但应支付报酬的使用，其具体情形也大致相同。但增加了限制的具体情形，如可以为个人目的利用他人作品。强制购买制度同样做了规定，国家可以强制购买、出版、公开演出和以其他方式利用科学、文学和艺术作品，在此情形下而获得的稿酬的权利归国家所有。

五是著作权保护期限。最初规定著作权的保护期限与《1961年民事立法纲要》相同，均为作者终生加死后15年，自作者死亡次年的1月1日起算，但后来又将这一期限延长至死后25年，其原因在于苏联于1973年加入了《世界版权公约》(1952年版本)。因而，《1964年苏俄民法典》与《1961年民事立法纲要》在保护期限的规定上基本相同，但仍有以下一些不同：其一是明确规定了作者对作者姓名权和作品不可侵犯的权利不能按继承移转，这两种权利永远属于作者本人，作者死后由全苏版权保护局实施。其二是对合作作品的著作权期限做了规定。合作作品的著作权在每个合作作者在世时有效，并可继承。每个合作作者的继承人在作者死亡后次年1月1日起的25年内享有著作权。其三是单位的著作权可以享有无限期的保护。如果该单位改组，著作权可以转移给其继受单位；但如果被撤销，那么著作权就转移给国家。其四是著作权保护期限届满后，可由俄罗斯苏维埃联邦社会主义共和国部长会议决定宣布为国家财产，被宣布为国家财产的作品的利用规则和条件，由俄罗斯苏维埃联邦社会主义共和国部长会议规定。

六是著作权的保护。对著作权的保护较之前有了明显进步，对作者的人身非财产权与财产权保护做了较为具体的规定，可操作性大大提高。未经作者或其权利继承人同意或未按约定方式使用作品而侵犯保护作品完整权时，作者、继承人或者特定组织有权要求恢复被侵犯的权利（进行相应的修正、在报刊上或采用其他方式发表关于违法事件的报道），或者禁止发表作品，或者停止作品的传播。如果著作权人受到损失时，可以要求赔偿损失。

七是著作权合同。著作权合同部分是《1964年苏俄民法典》的最大亮点所在。这其中，收费表制度与标准的著作权合同是社会主义著作权制度的最突出特征。[①] 标准著作权合同并非著作权人与他人因使用其作品而签订的合同，而是由行政部门制定的具有示范功能的合同。著作权人与他人签订的著作权合同中可以含有标准合同中未规定的条件，但如果前者合同中作者的地位低于法律或标准合同中规定的地位，那么法律或标准合同所规定的条件将代替双方的约定。因而，标准著作权合同并不仅仅是一个示范性的合同，还具有一定的强制性。在示范合同中，国家对著作权人利益与出版商利益提前做了平衡，对弱势一方的著作权人而言是较为有利的。

纵观这一阶段著作权制度的发展，20世纪60年代至80年代著作权制度较之前取得了长足的进步，虽然公共利益极大地挤占了私人利益的空间，但是著作权人的利益还是较之前得到了更好的保护。而随着社会主义事业的不断前进，著作权制度的社会主义特征也得以确立并不断巩固。此外，苏联还凭借其强大的国力保持了著作权制度的独立发展路径，即对著作权实行属地保护原则，对苏联公民与外国人作品

---

① Silke von Lewinski, "Copyright in Central and Eastern Europe: An Intellectual Property Metamorphosis, Fordham Intellectual Property", *Media and Entertainment Law Journal*, Volume 8, Issue 1, 1997.

采取不同的保护标准。著作权政策成为苏联文化政策的一个重要组成部分，而文化政策植根于具有政治化色彩的文化政令之上，所以行政机关出台的各种命令在著作权领域中具有重要的地位。此外，在著作权领域还有一个突出的特征，即特权无处不在，而特权仅适用于小范围的知识分子（那些更为忠实地执行党的路线的创作者），而大多数创作者则被排除在外。苏联民法将权利分为主观权利与客观权利，当客观著作权作为一种法律制度存在时，便应无条件地执行这一制度，这也正是苏联政体的一个典型特征。主观著作权，也即个人希望有可能实现创作自由以及社会与国家实施相应的行为，却没有得到足够的保护。除此之外，基于创作特权与政治偏爱等原则基础上的著作权保护政策抹平了著作权本质基础（体现创作自由与创作机会均等）与其他主观创作活动之间的区别。①

三、著作权制度的转型时期

（一）转型时期的社会情况

20 世纪 80 年代末，苏联开始在政治、经济与社会领域全面进行改革，以实现从计划经济到市场经济过渡的目标。在很短的时间之内，苏联政府所依赖的两大支柱，对经济与政治的垄断，就迅速崩溃。经济上，私人财产的宪法地位等同于国有财产；思想上，"非意识形态化"与"现代化"成为俄罗斯文化政策的主流，苏联的社会主义制度受到了前所未有的挑战。苏联晚期，国内的经济基础已经发生变化，1990 年 12

---

① Максимов А. Ю. *Трансформация императивов и приоритетов государственной политики охраны авторских прав в России в контексте изменений государственного внутриполитического курса*, История и политические науки, № 1, 2011, С. 156.

月底通过的《俄罗斯联邦国内所有制法》不仅恢复了私人所有制,并将其等同于公有制与集体所有制,私有财产取得了与公有财产平等的地位。其实,自20世纪80年代起,苏联的法学家便将社会利益与个人权利等同对待,甚至有的法学主张个人权利优先于社会利益。[①] 改革对著作权法所赖以生存的政治、经济与文化环境产生了巨大影响,呼吁还原著作权私权本质的呼声越来越高。此外,苏联也面临着巨大的外来压力。20世纪80年代,著作权制度国际一体化的趋势越来越明显,国际条约对国内著作权法的影响越来越大,对一个欲融入世界的国家而言,著作权制度封闭孤立发展的可能性已不复存在。而来自文化产业发达国家的压力成为苏联著作权制度改变的直接动力,东欧国家的剧变使得美国文化产业看到了获利的新方向,美国的文化产品大量涌入这些新开辟的市场。但苏联的著作权制度已落后于世界,对著作权的保护力度较弱,因而,早在苏联开始转向市场经济时,美国文化产业联同美国政府便频频对苏联施加压力。在国内外压力推动下,苏联也开始融入世界版权体系之中。

著作权制度的理论研究也有了新的进展,著名哲学家И. Т. 弗洛罗夫(И. Т. Фролов)的哲学观点成为分析著作权性质的重要哲学依据。在其经典著作《哲学导论》[②]中,И. Т. 弗洛罗夫回答了下列问题:物质世界与非物质世界中什么样的物可以成为社会关系的客体,以及什么样的物形式上不可以而实际上可以成为社会关系的客体。И. Т. 弗洛罗夫首先将存在的主要形式分为物质与精神两种,其中精神存在还可分为两种:具有个性化的精神存在与非个性化的精神存在。前者与个人

---

① 王人博、程燎原:《法治论》,广西师范大学出版社2014年版,第487页。

② 该书最早出版于1989年,之后又多次印刷出版,直到现在依然是俄罗斯国内较有影响力的著作。

具体的生活实践不能分离并成为意识形式，而意识形式并不能外在于人，对权利而言并无意义。后者存在于人之外并可以客体化。非个性化的精神因与具体人分离且通过人有意识的精神活动结果而存在，此类精神存在因其可以通过物质形式体现并独立于人之个体，因而可以成为社会关系的客体并具有法律意义。[①] 在此基础上，И. Т. 弗洛罗夫将所有的存在分为四种形式：物质存在、人的存在、精神存在与社会存在，这其中，精神存在并不能脱离物质载体。智力活动成果是意识客体存在的独立形式，可以通过任何物质载体而客体化并因此而成为物。因而，通过任何物质、生物及其他载体表现的智力活动成果可以独立于人而存在，虽然是意识之物，但同样是可客体化之物。意识客体的可客体化对主体的权利与责任具有实质性影响，即影响了正在形成的权利关系的内容，但仅仅将其归入财产关系是不可以的。因而，这些关系毫无争议地具有自己不可复制的特征，形成了新的法律关系，具有“意识—智力”的特征，或者说“智力—法律”的特征。[②] И. Т. 弗洛罗夫的分析为知识产权在法律中的定位扫清了哲学上的障碍。

（二）转型时期的立法情况

20 世纪 80 年代末至苏联解体，著作权领域立法活动频繁。1987 年 2 月，苏共中央与苏联部长会议上通过了《关于改善各创作协会工作条件》的决议，向各创作协会与相关政府机构提出两项建议：完善著作权制度与调整作者酬金标准。1987 年颁布了新的酬劳标准，作者获得的酬劳较之前有了大幅提高。1987 年成立了一个专门工作组，其任务在于修改苏联著作权法以适应市场经济的需要。1988 年，工作组提交了

---

① И. Т. Фролов, *Введение в философию*, Москва: Республика, 1990, С. 29.

② И. Т. Фролов, *Введение в философию*, Москва: Республика, 1990, С. 46.

一个草案，该草案大大提高了著作权的保护水平，如扩大著作权的内容、缩减著作权限制情形、延长著作权的保护期限、增设邻接权制度、废除强制征购以及扩大著作权保护范围等。[①]

1990 年 3 月 6 日，苏联最高苏维埃通过了《苏联财产所有权法》(Союз Советских Социалистических Республик Закон О собственности в СССР, N 1305-1)这是苏联立法中第一次以专门法的形式规定所有权。虽然在《1961 年民事立法纲要》与《1964 年苏俄民法典》中均对所有权做了规定，但《苏联财产所有权法》并不是对上述两法的补充与完善，而是一个相对独立的专门单行法。毋庸置疑，“简明扼要且目标明确的单行法更有利于主导对市场的法律规范和人的观念意识的转变”。[②] 以《苏联财产所有权法》为依据，1990 年 12 月 24 日通过了《俄罗斯苏维埃联邦社会主义共和国财产所有权法》(Российская Советская Федеративная Социалистическая Республика Закон о Собственности в РСФСР, N 443-1，该法于 1992 年 6 月 24 日以及 1994 年 7 月 1 日进行了两次修改)，该法与《苏联财产所有权法》内容基本一致，但亦有一些亮点，如取消了“所有制形式”的内容，采用了“私有化”的观念。可以说，这两部法律的通过，宣告了“私权理念”在俄罗斯的回归。《苏联财产所有权法》第 3 条第 4 款规定，创作与使用科学、文学、艺术作品和其他知识产权客体的关系由苏联及各加盟共和国的专门立法调整”，该条款之目的将著作权制度排除在所有权之外，但也同时表明了著作权制度的独立性与私法性。

1991 年 5 月 31 日，苏联最高苏维埃通过了《苏联和各加盟共和国

---

① 焦广田：《完善立法体制　提高保护水平——苏联对著作权法进行根本性修订》，载《出版工作》1989 年第 3 期。

② 张寿民：《俄罗斯法律发达史》，台北，韦伯文化国际出版有限公司 2004 年版，第 262 页。

民事立法纲要》(Основы Гражданского Законодательства Союза ССР и республик,以下简称《1991 年民事立法纲要》),自 1992 年 8 月 3 日起在俄罗斯联邦境内生效。《1991 年民事立法纲要》抛弃了之前民事立法中的许多社会主义的因素,并积极地吸收了当时较为先进的一些新的理念,"代表着与过去的谨慎决裂,并作为通向未来的桥梁"。[①]

该纲要第四部分对著作权做了规定,著作权有两种类型:人身非财产权与财产权。人身非财产权包括作者身份权、姓名权以及作品完整权;财产权包括出版或使用作品的权利,因使用作品或许可他人使用作品而获得报酬的权利。值得注意的是,该纲要对"使用"行为非穷尽规定,为以后财产权内容的扩张留下余地,与之前著作权严格限制的做法大相径庭。著作权的保护期限得以延长,所有类型作品的著作权保护期限由作者终生加死后 25 年延伸至终生加死后 50 年,自死后第二年的 1 月 1 日起计算。无偿使用的情形也大为缩减,自由使用只能在该使用并没有侵害作品的正常开发或者作者合法利益时才可以。此外,纲要还取消了强制许可制度。邻接权第一次在苏联著作权法中出现。邻接权的主体包括广播者、表演者以及录音、录像制品的制作者,邻接权的保护期为 50 年,自首次广播、表演或者录音、录像制品发表之日起计算。邻接权主体同样享有姓名权以及完整权等精神权利,这实质上已经超出了《保护表演者、录音制品制作者和广播组织罗马公约》的要求。这不仅反映了俄罗斯著作权保护水平有了明显提高,也反映了俄罗斯加入世界版权大家庭的愿望。

《1991 年民事立法纲要》在戈尔巴乔夫改革背景产生,其主要任务

---

① [美]克里斯托弗·奥萨魁:《俄罗斯联邦与哈萨克斯坦 1994 年民法典之比较——对两部前苏联共和国之经济宪法的检讨》,于庆生译,载魏磊杰、张建文主编:《俄罗斯联邦民法典的过去、现在及其将来》,中国政法大学出版社 2012 年版,第 80 页。

是建立符合市场经济发展规律的民事法律规,“是苏联经济体制改革后第一次尝试以综合性的、体系化的法典式类型的民事法律规范调整过渡时期的民事法律关系”。[①] 此外,该纲要是在民法现代化的大背景下进行,因而还具有其他目的,即“民法的现代化本身不是目的,而是试图发展一个文明社会能够发展的法律框架。这被视为新的政治制度合法化并使其发挥作用的前提。因此,民法改革首要的是政治目的”。[②]《1991 年民事立法纲要》定于 1992 年 1 月 1 日生效,但未及实施苏联便于 1991 年 12 月 26 日解体。《1991 年民事立法纲要》是私法理念在俄罗斯复兴的重要标志,但令人遗憾的是,苏联的解体暂时中断了这一进程。俄罗斯国学者对这一结果十分惋惜,认为苏联解体这一悲剧,导致了反映市场经济变化的《1991 年民事立法纲要》流产,否则苏联民事立法和民法理论的发展与变化将会提前几年。[③] 即便如此,也不能忽视该纲要的意义,俄罗斯国内学者将其视为俄罗斯第三次编纂民法典的开端。[④]

《1991 年民事立法纲要》对民事立法以及著作权制度产生了深刻的影响,俄罗斯学者也认为,《1991 年民事立法纲要》反映了市场经济的特点,迎合了苏联由计划经济体制向市场经济体制的转变,为苏联调整向市场经济过渡中出现的新的关系奠定了民事立法基础,《1991 年民

① 鄢一美:《俄罗斯当代民法研究》,中国政法大学出版社 2006 年版,第 3 页。

② Michiel Elst, *Copyright, Freedom of Speech, and Cultural Policy in the Russian Federation*, Martinus Nijhoff, 2004, p. 281.

③ Маковский А. Л. “Наш долг – активно способствовать развитию гражданского законодательства”, *Журнал российского права*. –М. : Норма, 2002, № 3. –С. 3–8.

④ Е. А. Суханов, Российское гражданское право при переходе к рыночной экономики. 转引自鄢一美:《俄罗斯当代民法研究》,中国政法大学出版社 2006 年版,第 5 页。

事立法纲要》可以说是与之苏联著作权法的完全断裂。[①] 然而,该纲要给著作权制度带来的新气象在苏联时期并未显现,因为“新的术语只有在经济体制和政治体制彻底转变的情况下才会产生意义,因此,社会主义著作权制度必须在有效运行的外部框架才能结束”。[②] 戈尔巴乔夫改革乃是政府强力为之,具有一定的粗暴性,缺乏社会基础,这也使得包括著作权在内的许多法律制度的制定缺乏社会认同感,大大地降低了法律的执行效果。

第三节 苏联时期著作权制度流变的特征

俄罗斯“通往法制国家的漫长而曲折的路被 1917 年 10 月拦腰斩断”,[③]这同样也改变了沙俄时期已经预设好的著作权制度发展路径。在苏维埃政权存在的数十年的时间里,对知识产权问题所持的虚无主义态度阻碍了该领域的进一步发展。[④] 但苏联时期的著作权制度还是呈现出许多新气象,其独特性有以下几点。

一、著作权的性质发生改变

苏联时期,著作权的性质几经转变,著作权的私权性质曾一度消

---

① Куликов М. В. “Право на неприкосновенность произведения в советском авторском праве”, *Сборник научных статей студентов, курсантов и слушателей*. отв. ред. А. Г. Антонов. Новокузнецк, 2016 здательство: Кузбасский институт Федеральной службы исполнения наказаний (Новокузнецк).

② Michiel Elst, *Copyright, Freedom of Speech, and Cultural Policy in the Russian Federation*, Leiden: Martinus Nijhoff, 2004, p. 224.

③ [俄]鲍里斯·尼古拉耶维奇·米罗诺夫:《俄国社会史:个性、民主家庭、公民社会及法制国家的形成》(下卷),张广翔等译,山东大学出版社 2006 年版,第 174 页。

④ Панкеев И. А. Российское авторское право XX века в нормативных актах, Вестник Московского университета. Серия 10: Журналистика, Номер: 3, С. 29.

失,但在苏联末期时,私权性质又得以回归。私权性质的反复与其特定时代背景密不可分。

苏联时期的法制建设以列宁著名的公私法之论为依据,即不承认任何私人的东西,经济领域中的一切都是公法范围。[①] 受该思想的影响,私法的空间被急剧压缩,“私有”也被“个人所有”所取代,而个人所有意味着公民对其个人物品只能予以消费,而不能用于商品流通之中。这使得民法的性质与内容被彻底改变,虽然某些私法的原则在形式上得以规定。[②] 随着生产资料全民所有制的建立,大量的客体由私有转为国家所有,并由此而产生了一个新的法学部门——经济法。经济法的出现使得民事法律关系受到行政关系的挤占,资源的流转由民事领域而转为行政调整。在此背景之下,加之当时特殊国情使然,著作权的私有性质被完全否认。因而,早期时对著作权的一些举措就不足为怪了,如自 1917 年年底起,大量的个人智力成果被宣布国有。而在《1925 年苏联著作权纲要》与《1928 年苏联著作权纲要》中,作者仅在形式上享有著作权,而且这些权利可以被剥夺。截至 20 世纪 60 年代,苏联已经进入了“发达社会主义阶段”,但著作权的私权性质依然被否认,在《1961 年民事立法纲要》以及《1964 年苏俄民法典》中规定,公民可以依法享有财产权利和人身非财产权,但公民只能“依法”享有法律规定的权利,而不能享有法律没有规定和不允许的权利。就著作权而言,两部法律也只是规定了作者可以享有人身非财产权以及获得报酬的权利,而没有规定专有权。虽然在苏联法学理论中将著作权称为专有权,但社会主义的专有权与资本主义专有权不同,资本主义社会的专有权是作为资产阶级法律对精神领域里的大规模商品生产发展的一种反应而产生出来的,其本质是个人利益与社会利益对抗性矛盾的体现。

---

① 《列宁选集》(第 4 卷),人民出版社 1995 年版,第 633 页。

② ［俄］E. A. 苏哈洛夫:《俄罗斯民法》(第 1 册),黄道秀译,中国政法大学出版社 2011 年版,第 9 页。

因而,如果承认著作权是一种可以转让的财产权,那就意味着为资本主义企业家服务,是对创作者的剥削。社会主义社会,专有权的客体是用来为全社会谋福利的,因而在《1961年民事立法纲要》中并没有规定专有权。但至苏联晚期,著作权的私权性质得以回归。1990年通过的《苏联财产所有权法》为著作权私权性质回归打开了大门,而在《1991年民事立法纲要》中则在苏联立法中第一次明确地规定了著作权的私权性质。

苏联时期著作权性质的变化,不仅是权利自身性质的变化,也反映了社会制度的发展。此外,著作权私权性质的回归表明了,经过曲折的发展,著作权制度又从终点回到了起点,回到了沙俄时期的发展轨道上。

二、著作权制度兼具双重性质

作为资本主义制度的对立面,社会主义的著作权制度与西方著作权制度具有不同的本质与面貌乃应有之义。随着苏联社会主义事业的发展,著作权制度的社会主义风格最终形成,主要体现在以下几点:

一是著作权的使命。著作权制度的社会主义特征最突出的体现是其功能。西方国家的著作权制度以保护私人利益为核心,并兼顾公共利益,而苏联著作权制度的功能却正好相反,以公共利益为其核心,兼顾私人利益。社会主义著作权法的使命在于保证社会主义科学和艺术的发展,虽然应当保护作者的权益,保证作者能够充分发挥创作活动,但同时还要促进作品在劳动群众中广泛传播,发展社会主义多民族的文化。因而,"苏维埃著作权法采取了彻底使作者利益和社会主义社会利益相结合的原则,并认为社会主义社会利益有着首要的意义。苏维埃著作权法就是以这一原则为基础而建立起来的"。[①]

二是对创作自由的限制。虽然苏联公民享有创作自由,但创作自

① [苏]П. И. 库德利雅夫采夫主编:《苏联法律辞典》(第1分册),法律出版社1957年版,第164页。

由受到许多限制，在集体主义思维模式下，作者的创作并非为自己而是为集体，作者所要表达的也并非自我，而是对执政党所认可的客观真理的表达。作者在表达上的取向与当时政治息息相关，所有的基本权利与自由，特别是言语自由与艺术创作的自由，均附属于共产主义这一个未来的伟大目标。

三是奖励方式。对创作者的奖励方式不外乎物质奖励与精神奖励两种，任何时代与国家均是如此，苏联时期的奖励方式同样也是这两种。但在苏联，这两种奖励的方式与地位是不同的。居于首要地位的是精神奖励，创作者可以获得各种光荣称号，如人民艺术家与人民演员等。精神奖励与物质奖励相关联，获得光荣称号的作者有机会获得国家给予的各种物质方面的奖励。物质奖励则以行政奖励的方式取代了市场方式，物质奖励主要是通过法定标准的稿酬以及奖金等方式。

四是著作权限制。社会主义著作权制度以公共利益为主要目的，对著作权的限制也就更多，除了不经著作权人许可自由使用作品外，国家还可以宣布作品为国家财产，还可以向作者或其继承人强制购买著作权。

然而，社会主义性质的形成并不能否认苏联著作权制度与西方著作权制度之间千丝万缕的联系，苏联时期的著作权制度却兼有两种不同的性质，体现出双重的性格。事实上，即使是社会主义与资本主义也不是决然对立的，黄仁宇先生认为，社会主义无非是对资本主义的修正，即在私人财产权原则的修补与完善。[①] 国外对社会主义法的本质有三种理论：德国理论、法国理论与美国理论，这三种理论均认为社会主义法与罗马——日耳曼法具有密切的关系，德国理论将前者形容为后者的"浪子"，并不认可社会主义法为一个独立的法族，并认为前者早晚

① 黄仁宇：《资本主义与二十一世纪》，三联书店 1997 年版，第 452 页。

会“浪子回头”，也即重回后者的怀抱。法国理论与美国理论均认为社会主义法是一个独立的法族，法国理论以“私生女”形容二者的关系，而美国理论则视前者是一个带有后者基因的具有先天生理缺陷的孩子。① 无论是否承认社会主义法的独立法族地位，但苏联的社会主义法与西方法律的密切关系是不容否认的。因而，表面上苏联著作权制度与西方渐行渐远，但实则不然，虽然苏联时期法律的生长土壤与环境发生了巨变，但著作权制度的种子却依然是来自西方的，苏联时期著作权制度中的大部分内容都是西欧的，不可避免地带有明显的西欧风格。随着苏联与西方国家交流的加深，国外著作权理念对其影响也越来越大。因而，尽管苏联时期高调地宣称社会主义法的独创性，但在其法律中仍然借鉴了许多西方的模式与制度，只不过这些借鉴可能被巧妙地掩饰了。西方学者甚至认为，苏联时期的著作权制度可以用“一种更为否定的方式来表达：苏联的立法者与法学家并没有在正式的法律层面上成功地形成一个具有明显社会主义特征的版权概念”。② 从其本质来看，苏联时期的著作权法与作者权体系国家，特别是西欧国家的著作权法极其相似，如基本相同的立法语言与法律体系等。以至于西方的学者对其法律特征有些失望，认为与其他西欧国家的著作权法相比，苏联的著作权法过于普通了。③

以现代著作权制度为标准，苏联时期的著作权制度应属另类，但并不能因此而否认其价值。正如国内学者对我国 20 世纪 50 年代初至 60

---

① ［美］克里斯托弗·奥萨魁：《现代俄罗斯法在世界法律地图背景下的类型》，张建文译，载魏磊杰、张建文主编：《俄罗斯联邦民法典的过去、现在及其未来》，中国政法大学出版社 2012 年版，第 414~415 页。

② Michiel Elst, *Copyright, Freedom of Speech, and Cultural Policy in the Russian Federation*, Leiden: Martinus Nijhoff, 2004, p. 612.

③ Michiel Elst, *Copyright, Freedom of Speech, and Cultural Policy in the Russian Federation*, Leiden: Martinus Nijhoff, 2004, p. 657.

年代中期的法学研究价值所持的立场那样,苏联时期的著作权制度同样是世界版权史里不容低估的一个重要组成部分,“毕竟,那一时期里发生了最具革命性的事件,导致价值的全面重估”。[①] 苏联时期的著作权制度具有不可比拟的独创性,形成了许多不同于西方的特色,如著作权制度的宗旨、对著作权领域内各种利益平衡的原则、著作权合同制度等,这些制度对于评估现代著作权制度依然具有一定的意义。此外,苏联时期文化的繁荣也再次证明了,当前的著作权制度似乎并不是激励创作、促进文化繁荣的唯一道路。事实上,自著作权制度诞生以来,对其争议就从来没有停止过,只是在西方强大的文化冲击之下,中断了其他国家探索另外制度的可能性,而俄罗斯民族特有的断代式改革,使得苏联时期的一些有益尝试夭折。正如有的学者指出的那样,“20 世纪的社会主义社会未能赶超资本主义这个对手的生产力,但是资本主义也未能消除极大的不平等”。[②] 事实上,正如我们不能因为苏联社会主义的失败而否认社会主义一样,对苏联时期的著作权制度,我们同样也不能完全否认,毕竟苏联时期的文化事业同样繁华,而其创作基础更是达到前所未有的深度。

---

① 梁治平:《在边缘处思考》,法律出版社 2010 年版,第 192 页。

② [美]大卫·克里斯蒂安:《时间地图:大历史,130 亿年前至今》,晏可佳等译,中信出版集团 2017 年版,第 526 页。

第三章　俄罗斯联邦时期的著作权制度

“取代苏联的是一个新的国家，一个有着与以前不同的边界、内外政策、政治制度和政权体制的国家。”①这意味着一切又要重新来过。但与苏联不同的是，俄罗斯联邦不需要摸索前行，既然新社会是旧社会的对立面，那么一切反其道行之即可，更何况还有那么多西方国家的经验可供借鉴。然而，历史不可能完全抛弃，陈年积习的革除也非旦夕之功，现实与美好愿望之间总是存在距离。解体伊始，一切转变都伴随着冲动与激情，但改革过程中遇到的困难超出了想象，热情不得不冷却下来，理智代替了狂热，步伐开始减缓。与激进的社会改革相似，该时期的著作权制度也经历了“过山车”般的发展，不仅迅速完成转型，还在短期之内达到成熟与发达。发展过快难免遗留问题，这也使得俄罗斯联邦时期的著作权制度充满了争议。

第一节　著作权制度发展的时代背景

一、著作权制度发展的社会背景

俄罗斯独立后，继续沿着苏联解体前的改革道路继续前进，只是更

① [俄]鲍里斯·叶利钦:《午夜日记——叶利钦自传》，曹缦西、张俊翔译，译林出版社2001年版，第409页。

为坚定与彻底。但与十月革命后充满斗志与干劲的转折不同,苏联解体后,俄罗斯在国家与法的转折中却充满了苦涩与艰辛。正如俄罗斯学者所指出的那样:“国家与法的过渡状态,这是国家、法以及社会本身的一种极其复杂的、充满内部矛盾的、经常还是重病缠身的状态,它伴随着对自己的过去的批判性的重新评价,伴随着对自己最近和长远的未来的痛苦选择(在历史上又一次选择发展的‘唯一正确道路’)。”①

经济领域发生了翻天覆地的变化,激进的私有化运动彻底改变了俄罗斯的社会面貌,瓦解了原有的社会制度。经济改革以完善而有效的法律体系为前提,否则的话,经济改革将陷入无序之中,而法律体系的混乱正是解体初期的特征之一,这也是经济改革,特别是以高速私有化为特征的“休克疗法”带来的可怕后果。吸引外资是推动经济改革以及恢复经济的另外一条渠道,而外资的进入以国内完善的法律保护体系为前提,全面且可信赖的法律制度成为俄罗斯安全而吸引外贸的唯一途径。② 解体初期的法律制度具有反复多变以及体系混乱的特征,使得许多外国投资者望而却步,因为“在外国投资者看来,几乎每月都在变化的运行条件是改革的最大缺点”。③ 因而,俄罗斯联邦初期吸引外资的成绩可谓惨淡,1993 年,外国直接投资的数额只有 15 亿美元,而同时期的中国却高达 220 亿美元。④ 自 20 世纪 70 年代以来,随着文化产业地位的日益突出,著作权保护成为国际贸易中的一个重要领域,在发

---

① [俄]M. H. 马尔琴科:《国家与法的理论》,徐晓晴译,中国政法大学出版社 2010 年版,第 140 页。

② Martin K. Bech,“Developments in Russian Copyright Law”, *Loyola Intellectual Property and High Technology Law Quarterly*, Vol. 1,Number 4.

③ Astapovich, A. And L. Gregoriev, “Foreign investment in Russia: Problems and solovtions”,*Problems of Economic Transition*,vol. 36(1994),p. 88.

④ [英]彼得 · 罗澜:《中国的崛起与俄罗斯的衰落:市场化转型中的政治、经济与计划》,隋福民译,浙江大学出版社 2012 年版,第 306 页。

达国家的推动下,加大著作权保护的声音越来越响亮。但俄罗斯国内版权保护意识较差,盗版现象严重,地下市场交易猖獗,多年被美国列为“337”重点调查对象,这极大影响了俄罗斯的对外形象,并对外资引进起到了消极作用。

苏联解体之后,俄罗斯的政治基础也发生了根本性变化。由于缺少一个有力的领导政党,各种利益的争斗陷入无序之中。“各个政府机构几乎完全屈从于自己依附的关系网络,为了争得对物质财富和高压政治的控制权而相互竞争、相互排挤。”①在社会改革动荡期的特殊背景下,这种无序的争斗带来了一系列的恶果,经济持续滑坡,而经济的迅速滑坡又削弱了威权政权,社会缺乏向心力等。② 这些问题在短期内的解决取决于一个因素,即强有力的政权。为此,叶利钦时期便开始了一系列加强集权的运动,总统与议会的角力拉开序幕。角力开始尚且保持一些风度,但至后期却已经发展为流血事件,甚至动用了坦克这样的重型武器。总统最终成为这场角力的胜利者,这也意味着,新的强权政权产生。截至 1993 年年末,俄罗斯联邦三权分立的国家政权正式建立,俄罗斯的三权分立与西方并不完全相同,其三权的基础为总统、联邦议会(由国家杜马与联邦委员会构成)、政府和法院,总统是其中重要一极。与苏联晚期一样,总统令具有法律性质,虽然宪法规定总统令不得对抗基本法与联邦法律,但实际上总统令的效力高于法律。普京执政后,延续了威权政府的这一特征,这也保证了社会的稳定,俄罗斯慢慢走上稳定发展的复兴之路。俄罗斯联邦时期的政局斗争表明,俄罗斯的转型与发展离不开一个强有力的政权,在俄罗斯,政府对社会经济

---

① [英]杰弗里·霍斯金:《俄罗斯史》(第 3 卷),李国庆等译,南方日报出版社 2013 年版,第 585 页。

② [美]塞缪尔·亨廷顿:《第三波:20 世纪后期民主化浪潮》,刘军宁译,三联书店 1998 年版,第 68 页。

的主导在特殊时期与特定阶段是不可避免的：一是极权理念的消除是一个渐进的过程，不可能毕其功于一役。社会制度的作用具有惯性，突然转变极有可能导致不适应，俄罗斯联邦初期的混乱例是例证。二是俄罗斯民主法治与市场经济的生长土壤具有特殊性，单纯依靠自然进程难以形成，有必要借助行政力量改善土壤与播种。三是公权力介入私有领域也是市场经济发展所不可缺少的，即使是在那些西方发达国家，公权力依然可以通过多种渠道渗入私有领域之中。但我们同样也应看到，俄罗斯历史上由政府主导的改革往往具有突发性，改革往往与传统背道而驰，这往往使得改革成果明显缺乏群众基础。因而，在俄罗斯经历的重大社会与经济改革的过程中，政府不可避免地要强调与维持自己在社会中的主导地位，政府依然可以决定市民社会自由运行的程度，这无疑也将影响到改革的进一步发展。

独立后的俄罗斯继续按照苏联解体前的法制建设道路前进，相继颁布了一系列法典，这其中，民事领域立法成绩最为突出。对私法的认识发生了改变，私法不仅是一种制度，更是一种信念，是一种引领走向解放与真正自由的力量。私法重建工程开始启动，民法的私法性质得以回归。政府推动使得私法的火苗越烧越旺，并最终形成燎原之势。这其中，沙俄时期的民法底蕴与积累成为私法理念复兴与发展的关键因素。在这一过程中，沙俄时期的民法学者做出了卓越的贡献，正是在他们的努力之下，沙俄时期的私法种子得以保存下来，也正是在他们的传承下，俄罗斯的私法理念得以迅速恢复。

在私法理念回归的过程中，政府同样起到了重要的推动作用。1991年12月27日，颁布了“关于私法研究中心”的总统令（Распоряжение Президента Российской Федерации от 27. 12. 1991 № 133-рп, Об исследовательском центре частного права），据此成立了“私法研究中心”。中心的性质为官方主办的私法研究组织，直接隶属俄罗斯联邦总统，而在之前从未有过一个学术组织取得如此高的地位。1992 年 7 月 14 日通过了《关于保障私法研究中心活动的指令》（Распоряжение Президента РФ от 14.07.1992 N 360-рп，“Об обеспечении деятельности исследовательского центра частного права”），[①]批准了私法研究中心的章程。根据该指令第 2 条的规定，中心的任务主要有四：民事领域立法、起草示范性法律文件、开展私法领域内的学术研究以及传播私法。私法研究中心的建立不仅有力推动了俄罗斯私法理念的复兴，也加快了俄罗斯民法典的立法进程。1994 年 7 月 6 日，俄罗斯联邦总统签发了第 1473 号总统令——《俄罗斯私法形成与发展纲要》（Указ Президента РФ от 07.07.1994 N 1473，О программе “становление и развитие частного права в России”），纲要要求提高私法领域的立法质量、培养高质量的私法人才以及推动私法学的发展。该纲要不仅规定了具体的目标，其实还有更深层次的意义，即“在俄罗斯法中，私法在许多方面暂时还不得不为自己开辟道路”。[②] 这也表明了俄罗斯私法在俄罗斯联邦初期阶段的困难现状，与西方早已形成的私法与公法对立、私法具有自己独立发展路径的情形有较大差距。为培养高水平私法人才，1995 年成立了俄罗斯私法学院，以培养私法人才与发扬私法文化作为目标，即培养新一代、独立于公权、适应时代要求并能教书育人的私法人才。[③] 1999 年 10 月设立了“民事立法法典化与完善委员会”，隶属于俄罗斯联邦总统，以推动俄罗斯私法领域的立法活动以及提高立法的水平为目标。这样，在政府的加力推动下，俄罗斯私法在短期内得到

---

① 该指令于 2010 年失效，见 Распоряжение Президента РФ от 01.03.2010，N 120-рп。

② ［俄］Е.А.苏哈洛夫：《俄罗斯民法》（第 1 册），黄道秀译，中国政法大学出版社 2011 年版，第 10 页。

③ А. Л. Маковский. *Гражданский кодекс России: проблемы, теория, практика, сборникпамяти С. А. Холова, международный центр финансово-экономического развития*, Москва, 1998, С. 375.

的复兴与繁荣。私法理念的复兴大大地加速了俄罗斯民事领域的立法活动,并影响了俄罗斯著作权制度的发展。但对政府主导的私法复兴应持理性而谨慎的态度,将希望寄托于行使公权力的主体上的私法发展前景是值得怀疑的。不可否认的是,政府主导的私法复兴可能会带来表面上的繁荣,甚至可能带来制度上的发展与完善,但应考量的是社会现实,私权理念、理论反思以及社会结构的调整有没有得到实质性的进展,特别是与公权力相抗衡的社会组织是否健全与发达等。

二、著作权制度发展的文化背景

(一)文化地位不断提升

苏联解体后,俄罗斯的文化体制开始向市场化转轨,呈现出多元化的态势。俄罗斯具有重视文化的悠久传统,但在俄罗斯联邦时期文化的功能得到了前所未有的重视。重视文化的原因是多方面的:一是俄罗斯追求大国地位的夙愿所致。谋求大国地位是俄罗斯一直以来的追求,因为“一个理想的国家形象通常比军事和经济大幅增长还有用”,[①]一个负面的国家形象,不仅难以让其他国家信服,反而会加深误解,“原本值得赞赏的国家利益也会因为可怕的偏见而变得阴暗”。[②] 但大国地位在不同时期的取得凭仗并不相同,早期大国地位主要依靠武力确定,正是依据强大的武力,在相当长的一段时期内,俄罗斯谋取了一个世界地位。当和平与发展成为主题时,经济与文化在大国地位塑造中的作用开始突出,大国地位的确立仅凭武力是不够的,文化成为大国的

---

① ［美］罗伯特·杰维斯:《国际政治中的知觉与错觉》,秦亚青译,世界知识出版社 2003 年版,第 35 页。

② ［美］乔舒亚·库珀·雷默等:《中国形象:外国学者眼里的中国》,沈晓雷译,社会科学文献出版社 2008 年版,第 30 页。

必备因素。因而,俄罗斯改变了传统观念,开始重视以文化为核心的软实力建设,以化解俄罗斯在国际体系中所面临的结构性压力,重新谋取大国地位。二是改变俄罗斯国家形象所迫。苏联解体后,俄罗斯与西方在民众心目中的形象是不同的。“苏联时期的国家形象在公民眼里多半是冷酷无情的怪物,是压制个性、要求个人无条件服务的‘青铜骑士’。”①这样的形象显然难以与大国地位相匹配。三是中东欧国家和平演变带来的压力。21世纪初中东欧国家爆发的颜色革命使得俄罗斯不得不重新审视自己文化的影响力,原社会主义国家的剧变被视为“俄罗斯发展模式、文化与西方模式、文化的角力”,②而俄罗斯无疑是这场角力中的失败者。

(二)文化政策的多变期

与其社会情形相同,苏联解体后的俄罗斯文化同样也可以用“变化无常”这个词来概括。③ 早期以叶利钦为代表的国家领导人一味迎合西方国家的要求,甚至不惜牺牲国家的利益,完全按照西方模式来塑造俄罗斯的国家形象,并幻想以此而消除西方对俄罗斯根深蒂固的敌意。因而,叶利钦执政期间,俄罗斯文化呈现出自由化、多元化与私有化的特征。早在1989年5月,叶利钦便在苏联人民代表大会上批评报刊仍然处在一批人的控制之中,舆论工具应有更多的自主性。④ 叶利钦执政之后,文化政策更为自由与开放,公民的自我价值感不断增强,苏联时

① [俄]安德兰尼克·米格拉尼扬:《俄罗斯现代化与公民社会》,徐葵等译,新华出版社2003年版,第121页。

② 许华:《俄罗斯软实力研究》,中国社会科学出版社2017年版,第13页。

③ [美]尼古拉·梁赞诺夫斯基、马克·斯坦伯格:《俄罗斯史》(第8版),杨烨等译,上海人民出版社2013年版,第650页。

④ 刘毅政编:《叶利钦其人其事》,中国社会科学出版社1993年版,第245页。

期时所“形成的一种怕被刺探、怕无所不能的机关的恐惧感在慢慢地消失”。[①] 但过快的自由化同样也有消极影响，多元化的思想反而使得主流文化迟迟未能形成。俄罗斯“仓促地砍掉了传统文化精神而又没有及时提出符合人性标准的新文化理念”，[②]这产生了一系列消极后果。一是国家对新闻媒体逐渐失去掌控，媒体逐步被以金融寡头为代表的利益集团所掌控，并代表他们发声，“大众传媒由社会情绪的传声筒变成了大金融工业集团的传媒附庸”。[③] 但这些利益集团无视国家利益，批评与质疑政府与社会的声音不绝于耳，俄罗斯社会生活中各种病态的现象得以暴露甚至捏造，以至于“一些批评者感觉媒体以它无休止的梦魇般可怕叙述使得生活更为恐怖了”。[④] 二是文化成果不再积极向上。创作领域依然获得了前所未有的自由空间，“任何意识形态都不得被规定为国家的必须遵循的意识形态”，[⑤]俄罗斯文化重新繁荣起来。但值得关注的是，文化繁荣的推手由国家变为市场，这也使得文化的面貌有了巨大的改变。文化成果的形象不再积极，而是充满了大量消极因素，创作者不再考虑社会问题，而成为文化市场中的娱乐者。俄罗斯学者也不无担忧地指出，“言论自由有时具有独断专行的性质，超出了通行的伦理范围，并经常违反基本的人权。这种自由由于政权机构令人吃惊的无所事事而被法西斯、半法西斯出版物广为利用。”[⑥]

---

① 韩亚光：《俄罗斯宪法研究》，知识产权出版社 2012 年版，第 108 页。

② 李兴等：《红色风暴会再度暴发吗？解读新俄罗斯的前途和命运》，中国城市出版社 2003 年版，第 369 页。

③ ［俄］安德兰尼克·米格拉尼扬：《俄罗斯现代化与公民社会》，徐葵等译，新华出版社 2003 年版，第 291 页。

④ ［美］尼古拉·梁赞诺夫斯基、马克·斯坦伯格：《俄罗斯史》（第 8 版），杨烨等译，上海人民出版社 2013 年版，第 633 页。

⑤ 沈宗灵：《比较法研究》，北京大学出版社 1998 年版，第 408 页。

⑥ ［俄］亚·尼·雅科夫列夫：《一杯苦酒——俄罗斯的布尔什维主义和改革运动》（修订版），徐葵等译，社会科学文献出版社、当代世界出版分社 2016 年版，第 367 页。

在复杂的社会情形下，叶利钦对言论自由的立场开始摇摆。1991年“八一九”事件之后，叶利钦暂停了一些报刊的发行，如《真理报》《公开报》《苏俄报》《莫斯科真理报》《工人论坛报》及《列宁旗帜报》的出版，因为这些出版物实际上是政变参加者的舆论工具。其中颇有代表性的是1912年创刊的《真理报》，曾经九次被政府查封，其中，前八次由沙皇尼古拉二世所为，而第九次则由鼓吹言论自由的叶利钦所为。虽然在强大的社会舆论压力之下，特别是来自联合国教科文组织等国际组织的压力下，这6家报纸得以复刊，但这一颇具戏剧性的过程还是表明了言论自由在俄罗斯并未真正得以实现。

（三）文化政策的稳定期

普京执政后，文化政策最终确立并进入了稳定期。普京执政期间，俄罗斯由实行全盘的西方民主而转为“可控民主”，即可管理的民主。可控民主具有西方民主的外形，但国家政权置于民主之上，中央政权具有毋庸置疑的权威性。因而，“可控民主”既包含了集权的因素，同时还具有民主的特征，“实质上是赋予由全民选举产生的具有超凡能力的国家首脑以超出民主程序以外的最广泛的权力”。[①] 普京认为文化是国家主权的象征，将文化事业的繁荣与发展视为俄罗斯复兴的重要支持，[②]并由此而提出了“俄罗斯思想”的文化理念。“俄罗斯思想”是一种开放型的文化理念，一方面要以俄罗斯文化传统作为社会的思想基础，另一方面也要积极吸收西方的文明成果。因而，俄罗斯思想具有浓厚的民族主义色彩，具有典型的俄罗斯式的爱国主义特征。[③] 国家开始

① 谢晓光：《俄罗斯与东亚转型理论与实践》，长春出版社2012年版，第39页。

② 贺延辉：《俄罗斯图书馆事业政策法规研究》，知识产权出版社2013年版，第72页。

③ 陆南泉：《普京的治国理念与俄罗斯的未来》，载《当代世界与社会主义》2005年第2期。

重新掌控媒体秩序,独立媒体与其他非政府机构作用开始下降,国有媒体开始主导市场。其结果是,对政府与社会的批评性声音逐渐减弱,社会舆论渐趋平和,民族自信心和社会凝聚力有明显提升,国家的对外形象也得到了有效改善。

俄罗斯联邦时期,政府对文化的管制放松,但同时也减少了国家对文化的投入,俄罗斯的文化与科学研究走上了与市场经济相结合的道路。文化机构的行政色彩逐渐褪去,如那些带有明显政治色彩的文化机构名称被撤换与更改,文化与学术研究中的禁区被打破,文化领域的民主化与自由化程度更高。但同样也带来一些问题,如过于急剧的社会变革使得许多文化机构难以适应,一些文化机构中的优秀人才流失严重,甚至被迫关闭。另外,文化体制市场化转轨后,一些文化机构为了生存,而不得不放低品位,去主动迎合大众的口味,在一定程度上导致文化水准的降低。有学者在比较苏联与俄罗斯联邦时期的文化时指出,转型前后的文化截然不同,转型前的文化具有清一色、幻想与艺术的特征,而转型后具有自由、世俗与消费的特征。①

三、著作权制度发展的国际背景

俄罗斯独立之初与西方国家经历了一个短暂的蜜月期,西方国家做出的友好姿态迷惑了俄罗斯人,“加强了俄国新领导的亲美倾向,也诱使俄国新领导要求直接成为西方的一员”,②并积极地开始了“西化”进程。在经历挫折后,俄罗斯对外交流开始变得理性,不再唯“西”必从,“‘向文明怀抱回归’的思想意识在俄罗斯已经被终结,‘追赶上并

① 李兴等:《红色风暴会再度爆发吗?:解读新俄罗斯的前途和命运》,中国城市出版社 2003 年版,第 364~365 页。

② [美]兹比格纽·布热津斯基:《大棋局——美国的首要地位及其地缘战略》,中国国际问题研究所译,上海人民出版社 1998 年版,第 131 页。

贴附上'的目标已被撤除"。[①] 西方自由主义思想不再成为俄罗斯追求的目标,俄罗斯的对外政策也渐趋理性与保守,"回归传统的、熟悉的和本土的主题占主导地位"。[②]

苏联解体后,俄罗斯作为最大的继承者承担了苏联所有的国际义务,这其中包括世界知识产权组织成员的资格。为了澄清与苏联时期所加入的著作权国际条约的关系,1993 年 9 月 24 日,独联体成员国一致同意在著作权领域开展合作,并在莫斯科签订了《关于在作者权与邻接权领域合作的声明》(Соглашение стран СНГ от 24. 09. 1993 "О сотрудничестве в области охраны авторского права и смежных прав")。在该声明中,所有签约国同意作为《世界版权公约》(1952 年版本)的成员国,并以苏联签订该公约的日期(1973 年 5 月 27 日)作为自己的签订日期。1995 年 5 月 6 日,《关于在作者权与邻接权领域合作的声明》正对俄罗斯联邦生效,俄罗斯作为《世界版权公约》成员国的地位在法律上得以确认。

除此之外,俄罗斯还积极地在著作权领域开展对外交流,1993 年 6 月 25 日俄罗斯与亚美尼亚签订著作权相互保护条约,1993 年俄罗斯与瑞士就知识产权的最惠国待遇达成协议(自 1995 年 7 月 1 日生效)。1994 年 6 月 24 日与欧盟达成"一揽子"协议,其中便包含许多知识产权条款。此外,俄罗斯还加入了诸多著作权国际条约,其加入的国际条约可大致分为两大类:一类是继续苏联的成员地位,如《关于成立世界知识产权组织公约》,苏联于 1968 年成为组织成员,俄罗斯联邦继承了苏联的成员地位;《世界版权公约》,苏联于 1973 年加入该公约的 1952 年

① [俄]亚·伊·弗多文:《二十世纪的俄罗斯族人》,郑振东译,南京大学出版社 2015 年版,第 46 页。

② [澳]波波·罗:《孤独的帝国——俄罗斯与新世界无序》,袁靖、傅莹译,中信出版集团 2019 年版,序言,第 12 页。

版本,俄罗斯联邦于1995年加入该公约的1971年版本;《发送卫星传输节目信号布鲁塞尔公约》,苏联于1989年成为该公约成员,俄罗斯联邦继承了苏联的成员资格。另一类是俄罗斯联邦独立后加入的国际条约,如1995年3月13日成为《保护文学艺术作品的伯尔尼公约》的成员(适用于1971年版本),1995年3月13日成为《保护录音制作者、防止录制品被擅自复制公约》的成员,2003年5月26日成为《保护表演者、录音制品制作者和广播组织公约》的成员,2009年2月5日成为《世界知识产权组织版权公约》与《世界知识产权组织表演和录音制品条约》两个因特网国际公约的成员。2012年8月,俄罗斯联邦成为世界贸易组织的第156个成员,《与贸易有关的知识产权协议》开始适用于俄罗斯联邦。2018年5月成为《马拉喀什便利盲人、视力障碍者或其他印刷品阅读障碍者获取出版作品条约》的成员。这其中,以加入《伯尔尼公约》与《与贸易有关的知识产权协议》最为重要,加入这两个国际条约后,俄罗斯已完全融入了世界著作权体系。

第二节　俄罗斯联邦时期著作权制度的流变

迄今为止,俄罗斯联邦的著作权制度可大致分为三个阶段:第一个是著作权制度的过渡阶段,自苏联解体至《俄罗斯联邦作者权及邻接权法》(以下简称《1993年著作权法》出台;第二个是著作权制度的成熟阶段,自1993年著作权法出台至2006年民法典第四部分通过;第三个是著作权制度的发达阶段,自2006年至今。

一、著作权制度的过渡阶段

苏联解体后,俄罗斯面临着复杂的法律环境。一是法出多门。俄罗斯独立后,苏联时期的法律依然有效,新法律不断颁布实施,加之大量具有法律效力的总统令，导致法律适用的困难。因以上三者经常发生矛盾，俄罗斯通过了一系列规定以缓解三者之间的矛盾。《俄罗斯联邦宪法》第90条规定，总统令不得对抗宪法与联邦法律，将总统令的阶位置于基本法律之后。为解决新法与旧法之间的矛盾，1992年时颁布一个总统令，规定自1992年8月3日起，《1991年民事立法纲要》在俄罗斯联邦生效，但其中与俄罗斯联邦宪法或者1990年6月12日后通过的法律相抵触的除外。《1991年民事立法纲要》仅起临时准则之作用，因而《1964年苏俄民法典》依然有效，但是其中与《1991年民事立法纲要》相矛盾的无效。因而，在《1993年著作权法》实施之前，存在大量的法律规范适用于著作权。依据2006年年底经国家杜马通过、联邦委员会批准的《关于实施〈俄罗斯联邦民法典〉第四部分的联邦法律》，自2008年1月1日起共有54部法律法规失效，其中相当一部分与著作权相关。二是法律体系混乱。除中央制定的法律外，还有各州、共和国以及自治区通过的地方性法律，加之苏联里的法律以及大量的总统令，形成了一个庞杂的法律体系，并导致了一系列的问题，如不同阶位法律之间不一致或相互抵触，基本法律的地位不够突出等。因而，自成为独立国家那一刻起，俄罗斯联邦便开始了规模宏大的立法工作，这其中便包括与知识产权相关的法律。

此外，俄罗斯独立后，融入欧洲成为其目标。一个国家如果希望得其他国家或国际组织的接纳与认同，法律上的相似是一个重要的契合点，融入欧洲的愿望便成为俄罗斯法律与西方国家以及国际组织法律趋同的重要推动力。在此背景之下，俄罗斯的著作权制度加快了向欧洲看齐与融入世界的进度。

二、著作权制度的成熟阶段

1993年通过的《1993年著作权法》是俄罗斯独立后通过的第一部

著作权专门法,以该法为标志,著作权制度进入成熟阶段。

(一)《1993 年著作权法》

1. 出台背景与经过。《1993 年著作权法》是国内外压力共同使然的结果。就国内压力而言,文化是软实力的重要体现,文化产业在国民经济中的地位越发突出,知识产权的重要性已写入俄罗斯宪法,适应新时代要求的著作权制度是文化产业健康发展的保障。就国外压力而言,以美国为代表的西方国家不断给俄罗斯施加压力,要求加大著作权的保护力度。1992 年美国政府给予了俄罗斯贸易最惠国待遇,但以俄罗斯在该年年底通过新的著作权法为条件。苏联时期在著作权领域实行的孤立政策已难以为继,著作权制度的完善已经成为俄罗斯融入世界经济与文化的前提。然而,来自欧洲与美国的压力性质并不相同,相较而言,欧洲国家所施加的压力更为温和与合理,在考虑本国利益的前提下能兼虑俄罗斯的实际情况;而美国的做法则更为严厉且自私,其出发点主要是为本国文化集团谋取利益。加之地缘与历史的原因,俄罗斯本国的著作权专家更青睐欧洲的作者权制度,而不是美国的版权制度。[①] 因而《1993 年著作权法》受西欧诸国著作权法,特别是 1965 年德国著作权法影响较大。此外,世界知识产权组织的一系国际条约对该法的影响同样很大,《伯尔尼公约》与《罗马公约》中的一些条款几乎被原封不动地引入该法之中。因而,俄罗斯国内也有学者认为,《1993 年著作权法》是根据世界知识产权组织示范法而制定的。[②]

在此背景下,1993 年 7 月 9 日时任俄罗斯联邦总统的叶利钦签署

---

① E. Michiel Elst, *Copyright, freedom of speech, and cultural policy in the Russian Federation*, Leiden: Martinus Nijhoff, 2004, p. 355.

② 《白皮书:知识产权法典化的过程与问题》,第 127 页。

了《1993年著作权法》(第5351-1号联邦法)(Об авторском праве и смежных правах, ЗоАП),于同年8月3日生效实施。为做好《1993年著作权法》正式实施前的过渡与衔接,俄罗斯联邦最高委员会专门于1993年7月9日颁布了一个决议——《关于实施俄罗斯联邦著作权与邻接权法的程序》(No. 5352-1)。《1993年著作权法》在1995年与2004年进行了两次较大的修改,第一次修改的依据是1995年7月19日颁布的联邦法律第110号文,此次修改主要是加大了著作权与邻接权的保护力度,与之相应,俄罗斯联邦刑法典也做了相应的修改。第二次修改的依据是2004年7月20日分布的联邦法律第72号文,自2006年10月1日起生效。此次修改力度较大,历时四年之久,主要是针对网络环境下的著作权保护而做出回应。因而,修改时参考了当时刚通过不久①的《世界知识产权组织版权条约》(WIPO Copyright Treaty, WCT)与《世界知识产权表演和唱片条约》(WIPO Performances and Phonograms, WPPT)中的规定,做了相应的修改。此外,为配合《1993年著作权法》的实施,政府部门还出台了一系列的政府令,如1998年5月29日的第524号政府令对视听作品的作者做了规定,影视公司不再视为作者,只有自然人才可以成为视听作品的作者。

2. 主要内容与创新。《1993年著作权法》共五章:第一章为总则,规定了著作权法的调整对象、著作权与邻接权的立法、国际条约与著作权法中的主要概念。第二章为著作权,规定了著作权的适用范围与客体、主体、内容、限制、利用与保护等。第三章为邻接权,规定了邻接权的适用范围、邻接权的主体、各邻接权主体享有的权利、邻接权的限制与保

① 这两部条约均是在世界知识产权组织主持下于1996年12月在日内瓦通过,这两部条约专门针对作品和数字的数字化以及网络传播而制定,俄罗斯于2009年2月5日加入这两个著作权国际条约。

护期限等。第四章为著作权集体管理制度,规定了著作权集体管理的目标以及著作权集体管理组织的运作、职能与责任等。第五章为著作权及邻接权的保护,规定了对侵犯著作权与邻接权的行为以及所应承担的法律责任。

《1993 年著作权法》在俄罗斯著作权制度发展史上具有划时代意义,有许多创新之举,主要体现在以下几点:一是著作权的客体。作品能否产生著作权与作品的用途、价值以及表现方式无关,这也意味着将意识形态的价值观从著作权制度中排除,宪法中的言论自由与出版自由在著作权法中得以体现。依据俄罗斯国内学者的观点,对作品的保护不取决于作品的内容、价值或目的,此举的意义在于保护私权,书刊检查机关不得以明示或暗示方式剥夺作者的财产权或人身权。[①] 二是著作权的内容。著作权包括两种类型:人身非财产权与专有权。之前的著作权法中,虽然也规定了人身非财产权,但在立法中明确进行这两种分类尚属首次。专有权的内容也有了较大的突破,特别是对新的作品传播手段予以了回应。三是著作权的限制。著作权限制制度只有两种类型:未经作者同意且不用支付报酬以及未经作者同意但应支付报酬,苏联时期的强制收购制度不复存在。四是著作权的保护期限。《1993 年著作权法》最初规定专有权的保护期限为作者终生及其死亡后 50 年,但根据 2004 年 7 月 20 日发布的《关于修改俄罗斯联邦著作权与邻接权的决定》,将专有权的保护期限延长为作者有生之年加死后 70 年。延长专有权保护期限的做法引起俄罗斯国内许多学者的指责,例如知名的知识产权学者 C. A. 苏达里科夫(C. A. Судариков)便认为延长著作权保护期限的做法是令人生厌的,强调对著作权继承人的保护

① C. A. Судариков, *Авторское право*, Москва:ООО《Проспект》,2009,C. 67.

是相关利益主体辩护人所流出的“鳄鱼眼泪”。[①] 五是著作权的移转与使用。苏联时期作者可以获得补偿的权利被取消了，因为当作者享有专有权利以及能够自由签订协议时，再规定获得补偿的权利已无必要。这不仅表明了行政权力在著作权制度中的式微，也表明了作为一种私权，著作权的处分取决于著作权人的意愿。六是邻接权。与《1991 年民事立法纲要》相比，《1993 年著作权法》对邻接权制度予以较大扩充。邻接权有三种类型：表演者权、录音制作者权以及广播组织权，内容主要参考了《罗马公约》的内容，达到了较高的保护水平。七是著作权的集体管理由行政管理转变为自治管理，削弱了行政力量在著作权集体管理中的作用。八是著作权保护。对侵犯著作权行为规定得更为详细，保护措施也较之前更为完善。

3. 评价。《1993 年著作权法》得到了国内外的一致好评，[②]有的外国学者甚至认为该法是当时欧洲（无论是东欧还是西欧）最好的著作权法。[③] 该法符合了当时著作权领域内大部分国际条约规定的标准，因而成为俄罗斯加入一系列著作权国际条约，如《伯尔尼公约》与《罗马公约》的重要垫脚石。可以说，至《1993 年著作权法》颁布实施，俄罗斯著作权制度已经从之前的落伍状态转变为与世界版权制度发展相同步。俄罗斯国内的一些学者也持这样的观点，如有学者认为，20 世纪 90 年代之前，俄罗斯知识产权的发展远远落后于国际条约以及其他许多国家，但《1993 年著作权法》的出台改变了这一落后局面。[④]

---

① С. А. Судариков, *Авторское право*, Москва: ООО《Проспект》, 2009, С. 168–170.

② И. А. Близнеца, *Авторское право и смежные права*, ООО《Ппроспект》, 2015, С. 10.

③ Eric Schwartz, Tbe Herbert Tenzer Memorial Conference: Copyright in the Twenty-first Century: Intorduction, 13 CARDOZO ARTS and ENT. L. J. 13, 17(1994).

④ Нагорный Р. С., “История развития норм о свободном использовании объектов авторских и смежных прав до принятия четвертой части ГК РФ”, *Журнал российского права*. –М.: Норма, 2010, № 2. –С. 113–123.

（二）《独联体成员国示范民法典》

1991年12月8日，俄罗斯总统叶利钦、乌克兰总统克拉夫丘克和白俄罗斯最高苏维埃主席舒什克维奇共同签署了一项协定，宣布了苏联作为一个国际法主体以及地缘政治实体的地位已经停止，并在苏联加盟共和国的基础上建立一个新的独立国家联合体（独联体）。为促进独联体各成员国之间的合作，有必要促成独联体成员国之间法律的统一，故此，在共同意愿的推动下，大量的示范法（典）出台，截至2013年12月，共通过了292部示范法（典），涵盖了国家之间合作、信息关系、民商事关系等各个领域。[①] 民事领域不仅通过了多部示范法，还通过分批次颁布的方式出台了一部示范民法典——《独联体成员国示范民法典》（Модельный Гражданский кодекс для государств-участников СНГ，以下简称《示范民法典》）。制定示范法（典）是苏联时期的一种常见立法行为，虽然示范法（典）仅具有示范性的功能，但其对成员国的立法影响却不容小觑。在苏联时期，统一而强大的政权加大了示范法（典）的作用，在独联体时期虽然不再具有苏联时期的作用，但同样具有较大的影响。

《示范民法典》共分四次颁布，前三次于1994年10月至1996年2月颁布，第四次于2003年6月颁布。从颁布时间来看，《示范民法典》基本上与俄罗斯联邦最新民法典相同步，这或许表明了俄罗斯在《示范民法典》制定中的主导地位，《示范民法典》更多地体现了俄罗斯的意愿。《示范民法典》将全部知识产权制度纳入民法典中，作为其第五编，共七章，112个条文。其中与著作权直接相关的有第58章关于著作权制度的规定以及第59章关于邻接权制度的规定，此外，第57章关于

① 《独联体成员国示范民法典》，张建文译，法律出版社2014年版，第12~27页。

知识产权制度的一般规定也同样适用于著作权制度。

由于其示范的本质,因而《示范民法典》中关于著作权制度的规定较为原则与粗疏。但《示范民法典》也有许多值得称道之处,开创了将全部知识产权制度纳入民法典的立法模式、设立知识产权总则篇、对邻接权提供高水平的保护等。正是在《示范民法典》的影响下,乌克兰与俄罗斯联邦将知识产权制度全部规定在民法典之中。

(三)其他著作权制度

以《1993 年著作权法》为基础,俄罗斯联邦相继颁布了一系列与著作权相关的法律,形成了相对完善的著作权保护体系。

1992 年 9 月 23 日,在美国不断施加压力的背景下,时任俄罗斯联邦总统叶利钦签署了《俄罗斯联邦计算机程序与数据库保护法》(第3523-1 号联邦法),该法于 2002 年 12 月 24 日(第 177 号联邦法)以及2004 年 11 月 2 日(第 127 号联邦法)进行了修改。虽然该法的出台早于《1993 年著作权法》,但从其法律内容与地位来看,将其视为《1993 年著作权法》的一部单行法或许更为适宜。该法的保护水平比较低,例如,该法的保护对象较窄,依据该法第 3 条第 2 款规定,著作权仅适用于作为作者创作活动的成果的计算机程序和数据库,“创作”条件对计算机程序的影响不大,但却可能将许多数据库排除在保护范围之外,因为很多数据库可能不是“创作”出来的。此外,在保护力度上也有不足,虽然对计算机程序与数据库的保护主要沿用了著作权法中的规定,如保护期限与普通作品相同,同样为作者终生加死后 50 年,同样享有一系列专有权利以及提供民事救济。但对计算机程序以及数据库的保护水平与普通作品相比还是有较大差距,例如在保护措施中并没有包含著作权法中规定的所有措施,更为突出的是,并没有规定刑事措施。这或许也是当时俄罗斯软件盗版猖獗的一个主要原因所在。

除此之外，在其他的一些联邦法律中也有许多与著作权相关的内容，如 1993 年 4 月 15 日第 4884－Ⅰ号《文化珍品进出口法》（Закон о вывозе и ввозе культурных ценностей）。除基本法律外，一些配套的法律或行政文件同样也具有非常重要的意义，其中比较重要的有 1993 年 10 月 7 日第 1607 号俄罗斯联邦总统令《关于作者权与邻接权保护的国家政策》、1998 年 12 月 5 日第 1471 号俄罗斯联邦总统令《关于落实因私人目的复制视听作品或录音作品而奖励作品作者、表演者以及唱片制作者的措施》。

俄罗斯联邦总统令在著作权制度具有重要的意义，特别是对于确定某些情形下使用作品或表演的奖励标准具有重要作用。如 1994 年 3 月 21 日颁布的《关于某些情形下使用文学与艺术作品奖励作者的最低标准》，该标准于 2012 年 6 月 18 日进行新的修改；1998 年 5 月 29 日《关于奖励 1992 年 8 月 3 日前制作的电影作品作者的最低标准》；1996 年 5 月 17 日第 614 号《关于某些情形下使用表演给予表演者的最低奖励标准》；2007 年 12 月 29 日颁布的第 992 号文件《关于批准执行著作权与邻接权集体管理组织国家任命的决议》，该决议于 2009 年 3 月 10 日进行了一次修改；2007 年 12 月 29 日颁布的第 988 号文件《关于批准因使用为商业目的发行的唱片而向表演者、录音制作者征收、分配与发放奖励的规章》；2008 年 4 月 19 日颁布的第 285 号文件《关于批准因公开转售造型艺术作品原件、文学与音乐作品手稿而给予作者奖励的规章》；2010 年 10 月 14 日颁布的《关于为个人目的自由复制唱片与视听作品而给予奖励的决议》，该决议于 2013 年 12 月 16 日进行了修改。除此之外，针对某些具体的问题，还出台了一系列部门规章，这其中最重要的是俄罗斯文化部（Министерство культуры РФ）与俄罗斯联邦专利与商标委员会（Комитет Российской Федерации по патентам итоварным знакам）出台的一系列规章。

虽然从法源上讲,俄罗斯联邦最高法院与最高仲裁法院全体会议的决议(постановление Пленума Верховного Суда РФ и ВысшегоАрбитражного Суда РФ)并不是正式渊源,但却在调整著作权法律关系中起着非常重要的作用。例如,2006 年 6 月 19 日的最高法院全体会议第 15 号文件《法院在审理与适用著作权与邻接权法律相关的民事案件中产生的若干问题的决议》中,对合作作者相关问题、外国作者作品的保护以及俄罗斯联邦境内著作权保护相关问题进行了阐明。俄罗斯联邦最高法院与最高仲裁法院主席团的新闻通报(информационные письма Президиума Верховного Суда РФ и Высшего Арбитражного Суда РФ)在著作权保护领域同样具有统一法律规范适用的功能。例如,1999 年 10 月 28 日发布的第 47 号俄罗斯联邦最高仲裁法院主席团新闻通报《与适用俄罗斯联邦〈著作权与邻接权法〉相关的若干问题审理实践的评析》(Обзор практики рассмотрения споров, связанных с применением Закона Российской Федерации "Об авторском праве и смежных правах")中便含有仲裁法院审理著作权案件的典型案例,对下级仲裁法院审理著作权案件具有指导意义。

三、著作权制度的发达阶段

发达阶段以 2006 年《俄罗斯联邦民法典》第四部分知识产权篇的通过为标志,俄罗斯著作权制度达到了前所未有的高度。

(一)民法典第四部分的立法背景

国外的压力是修改著作权法的一个起因,自 1993 年起俄罗斯便开始了漫长的加入世界贸易组织的过程,但《与贸易有关的知识产权协议》成为加入世界贸易组织一个主要障碍。另外,来自发达国家的压力始终存在,长期以来俄罗斯一直是美国 301 调查的重点关注对象,因而

2006 年 11 月俄罗斯与美国签订一项贸易协议，在该协议中俄罗斯保证通过新的完全符合《与贸易有关的知识产权协议》要求的知识产权法。

制定新的民法典是著作权法修改的另一个起因，自成为一个独立的主权国家以来，俄罗斯联邦便开始了新的民法典制定，但民法典涉及范围广泛，加之社会经济改革尚未完成，因而采用与《示范民法典》相同的策略，即成熟一部分颁布一部分。最初计划在民法典第三部分中规定知识产权制度，但因困难重重，在 2001 年 11 月通过的第三部分中并没有规定知识产权制度，而是顺延至第四部分。第四部分历经数年方才完成，并于 2006 年 7 月呈交国家杜马，然则，因其不明确、与俄罗斯所承担的国际义务相冲突以及未经检验的创新，该草案广受指责。在随后的数月中，经历了约 500 次修改，并于 2006 年 12 月 24 日由国家杜马通过，由普京签署（联邦法律第 230-FL 号）并实施（联邦法律第 231-FL 号）。《俄罗斯联邦民法典》第四部分于 2008 年 1 月 1 日正式实施，之前所有与知识产权相关的法律均失效。至此，俄罗斯知识产权立法也实现了彻底的民法典化，即将知识产权立法整体纳入民法典之中，不再另设单行法。

需特别指出的是，俄罗斯民法典第四部分的制定与通过充满了争议，但这些争议却被相对完整的记载下来，2007 年，俄罗斯联邦会议下设的联邦委员会（Совет Федерации Федерального Собрания Российской Федерации）与共和国知识产权科学研究院（Республиканский научно-исследовательский институт интеллектуальной собственности ）联合发布了《白皮书：知识产权法典化的过程与问题》（Белая книга：история и проблемы кодификации законодательства об интеллектуальной собственности. Москва，2007. ），[①]根据共和国知识产权科学研究院观察与学

① 可参考《白皮书：知识产权法典化的过程与问题》，第 7 页。

术委员会主席、俄罗斯科学院副主席 Н. П. 拉韦洛夫院士的解释,《白皮书》的主要作用在于:不给当代与之后的研究者留下未知问题,改变俄罗斯数千年以来秘密立法的传统做法,尽可能地让公众了解立法进程。《白皮书:知识产权法典化的过程与问题》对民法典第四部分的制定过程做了较为详细的说明,成为了解俄罗斯知识产权民法典化的重要参考资料。

(二)民法典第四部分的制定过程

知识产权完全民法典化模式的选择与实现,即俄罗斯民法典第四部分的出台,历时十余年,其过程大致可以分为三个阶段。①

1. 第一阶段。第一阶段自 1994 年至 2001 年,在此期间产生了第一个草案——《В. А. 多佐尔采夫草案》。该阶段由时任私法研究中心②主任的 В. А. 多佐尔采夫主持工作,В. А. 多佐尔采夫是俄罗斯知名的知识产权学者,在主持该阶段工作之前,已有大量相关学术成果。关于知识产权的立法模式,В. А. 多佐尔采夫主张采用二元的立法模式,即知识产权单行法与民法典共存的立法模式。他认为最优的立法模式是:在民法典中对知识产权做一般性规定,其他的内容由单行法规定。③《В. А. 多佐尔采夫草案》共七章,106 个条文,包括:一般规定(11 个条款),作者权(21 个条款),邻接权(12 个条款),发明与实用新型(16 个条款),技术秘密与反不正当竞争(2 个条款),育种成果(17 个条

① 三个阶段的分法主要参考了俄罗斯学者 А. П. Сергеев 的学术论文 К истории новейшей кодификации законодательства об интеллектуальной собственности в Российской Федерации 1995-2006 годы,《俄罗斯联邦知识产权最新法典化立法的历程(1995 年~2006 年)》,载《白皮书:知识产权法典化的过程与问题》,第 228~233 页。张建文:《俄罗斯知识产权立法法典化研究》,知识产权出版社 2011 年版,第 37~43 页。

② 私法研究中心直接隶属于俄罗斯总统,其性质为官方的私法研究机构。

③ Дозорцев В. А. Новая эра в охране исключительных прав. Система права и система законодатльства, Право и экономика, 1995. № 15-16. С. 35.

款),独特方法与商品方法、企业名称、商标、原产地名称(27 个条款)。可见,《B. A. 多佐尔采夫草案》不仅包括知识产权的一般规定,还包含知识产权主要单行法中的一般规定。但这种立法模式并未得到认可,不仅如此,草案的硬伤较多,如内部自相矛盾处甚多、漏洞百出以及充斥了大量的错误决定等。草案中的问题不仅多,而且显而易见,因此受到来自各方的强烈批评。

按照最初的计划,知识产权部分放在民法典第二部分,然而 1995 年春天公布的草案初稿极不成熟,且存在非常多的争议,而民法典的第四编已制定完成(国家杜马于 1995 年 12 月 22 日通过了第四编),已来不及将其纳入民法典第二部分。不仅如此,因该草案问题较多,甚至也无必要对其进行认真讨论。因而,知识产权部分的立法计划随之发生改变,决定将其放在民法典第三部分,与继承法与国际私法同属一部分。

之后,草案进行了数次完善,先后出现了多个版本,如 1997 年版本、1999 年的两个版本与 2000 年版本。2001 年,在俄罗斯联邦经济发展与贸易部(Министерство экономического развития и торговли РФ)的支持下,形成了第一阶段的最后一个版本。虽然后期的版本较最初版本有了很大进步,内容更为丰富,法律技术有了明显提高,但却均受到了强烈质疑,主要在于以下几点:一是对立法模式的质疑,草案不仅将知识产权的一般条款写入民法典,还将知识产权诸多客体的规则展开并纳入民法典之中。二是与知识产权有关的规范在民法典与单行法之间的分配不合逻辑。三是草案中过于突出地体现了起草者的个人观点。如对专有权性质的理解便过于个性化,《B. A. 多佐尔采夫草案》中的名称为:“智力活动成果与独特方法权”(专有权)[права на результаты творческой деятельности и средтства индивидуализации (исключительные права)],而并没有采用“知识产权”(интеллектуальная собственность)这一术语,其主要原因在于,B. A. 多佐尔采夫并不认可这一术语，而更青睐“专有权”（исключиетльные права）。四是草案内部存在诸多矛盾，对一系列普遍存在的问题悬而未决。五是草案与国际条约相冲突以及其他问题等。因而，该阶段的草案虽广经讨论，但却未得到行政机关的支持，也未被提交至国家杜马。而在《B. A. 多佐尔采夫草案》的完善过程中，继承权与国际私权部分的制定已经完成，因而将这两部分作为民法典第三部分，并于2001年11月1日由国家杜马通过，知识产权部分再次向后顺延。

2. 第二阶段。该阶段自2001～2005年，前后产生了两个草案：《A. П. 谢尔盖耶夫草案》与《П. B. 斯捷潘诺夫草案》。

A. П. 谢尔盖耶夫是国立圣彼得堡大学法律系主任，早在1999年时他便以国立圣彼得堡大学民法教研室名义提交了一个知识产权法草案供立法者选择。该草案广为人知并得到广泛认可，具有较大的影响力，这或许是选择他主持第二阶段工作的一个重要原因。

截至2002年年初时，《B. A. 多佐尔采夫草案》的命运已然清楚，被大多数专家与权利人拒绝。俄罗斯联邦经济发展与贸易部随后成立了新的工作组开始了第二阶段工作，新工作组由A. П. 谢尔盖耶夫主持工作。虽然在《A. П. 谢尔盖耶夫草案》中可以发现《B. A. 多佐尔采夫草案》的一些影子，但两个版本草案有着本质上的不同。尽管如此，在A. П. 谢尔盖耶夫领导的工作小组中，依然有《B. A. 多佐尔采夫草案》的支持者，也即存在《A. П. 谢尔盖耶夫草案》的反对者。但是，《A. П. 谢尔盖耶夫草案》的反对者并没有实际参与草案一般规定部分的制定工作，因为B. A. 多佐尔采夫此时已沉疴难起（令人遗憾的是，B. A. 多佐尔采夫于2003年2月8日去世），而私法中心的其他反对者故意不参加工作组的会议。《A. П. 谢尔盖耶夫草案》以其早期提供的版本为基础并进行了一定完善，该草案共包括三部分、29个条文：知识产权一般规定（11个条款）、知识产权的实施（10个条款）与知识产权的保护（8

个条款)。虽然草案的内容不多,但依然作为一个独立的章节纳入民法典之中。可见,A. П. 谢尔盖耶夫更青睐的是二元立法模式,即在民法典中对知识产权做一般规定,在民法典之外根据不同的对象另设知识产权单行法。然而,《A. П. 谢尔盖耶夫草案》的命运却无声无息,不了了之,甚至不如《B. A. 多佐尔采夫草案》。即使是作为草案的主持者,A. П. 谢尔盖耶夫也不知道这一结果的原因为何,并自嘲地认为,或许被拒绝的理由根本没有必要通知他。据 A. П. 谢尔盖耶夫的猜测,可能是有足够力量的人物反对采纳这一草案,最大的可能性是当时官方决定不在民法典中规定知识产权。A. П. 谢尔盖耶夫并非凭空推测,因为在 2002 年至 2003 年,俄罗斯主要的知识产权法均经历了一次较大程度的修改与补充。

然而,知识产权的立法进程并没有结束,经历了一年左右的沉默期后,2003 年中期出现了新的契机。在俄罗斯联邦新闻出版、广播电视和大众传媒部(Министерство Российской Федерации по делам печати, телерадиовещания и средств массовых коммуникаций)支持下,由 П. В. 斯捷潘诺夫主持产生了"关于修改与完善俄罗斯联邦民法典第一、二、三部分"的联邦法律草案,并形成了本阶段的第二个草案——《П. В. 斯捷潘诺夫草案》。草案约 20 个条文,就其内容而言,与《A. П. 谢尔盖耶夫草案》相同,也是知识产权的一般规定,但二者的立法模式却截然不同,《П. В. 斯捷潘诺夫草案》并没有将知识产权在民法典中单独规定,而是将条文分散规定在民法典的第一、第二、第三部分之中,与有体物的规定并列。

虽然两个草案在立法模式上有较大差异,但 A. П. 谢尔盖耶夫仍然给予了肯定。他认为,在民法典整体通过的情况下,将知识产权的一般条款分散至各个部分的建议可能是当时的最佳选择。2003 年 9 月,制止知识产权领域侵权行为政府工作组肯定了《П. В. 斯捷潘诺夫草案》,并呈交俄罗斯联邦总统直属民事立法法典化与完善委员会征求意见,并得到了委员会的肯定。虽然《П. В. 斯捷潘诺夫草案》的工作组成员中并没有前两个草案的工作人员,但却得到了各方的肯定。这或许是因为,大家都受够了无休止的争论并准备达成妥协。因而,当草案于2003年12月得到民事立法法典化与完善委员会肯定后,所有人都认为并期望草案在短期内上升为法律。但没有人关注到民事立法法典化与完善委员会主席 В. Ф. 雅科夫列夫的一席话:依然遗憾的是,草案并不能实现最初将知识产权在民法典化的初衷。鉴于 В. Ф. 雅科夫列夫的特殊身份,似乎表明,官方早已确定了知识产权的立法模式,也就注定了该阶段草案夭折的命运。

事情的后续发展不再透明,但实施该草案的努力一直持续至2005年9月。在这期间,因2004年联邦机构行政权力体系与结构发生变动,由俄罗斯联邦科学与教育部(Министерство образования и науки РФ)继续推进这一工作。然而,依 А. П. 谢尔盖耶夫的分析,《П. В. 斯捷潘诺夫草案》被拒的命运却早已确定,因为此时权力组织的代表已经确定了完全法典化的立法模式,但采用这一模式的原因并没有公开,只有权力组织的代表们知道。

3. 第三阶段。第三阶段的开始时间并不明确,根据官方发布的《俄罗斯联邦民法典第四部分制定与通过大事记》,俄罗斯联邦总统行政局于2005年6月2日发布了第694号文,确定了该阶段草案制定的工作组成员,这似乎表明了第三阶段工作的开始。但是 А. П. 谢尔盖耶夫却认为第三阶段工作应始于2005年10月,因为在此之前,俄罗斯联邦新闻出版、广播电视和大众传媒部以及后来的俄罗斯联邦科学与教育部一直在努力实施第二阶段的草案。此外,还有部分观点认为,第三阶段出台的草案历时15年之久,这更增加了第三阶段起止时间的模糊性。

然而，第三阶段工作的进展之快却出乎意料。2005 年 6 月 2 日成立了工作组之后，2006 年 2 月 22 日便在隶属于俄罗斯联邦工商会的知识产权委员会网站上发布了草案（以下简称《私法中心草案》，因为草案工作组成员主要来自私法研究中心）的第一个版本。第三阶段的工作是在高度保密状态下进行，以至于当 2006 年 2 月《私法中心草案》提交各部门审议时，专家中的任何人都没有意料到进行了如此紧锣密鼓的工作。值得注意的是，《私法中心草案》出台后不久，2006 年 3 月 17 日，联合国教科文组织便召开紧急会议，对《私法中心草案》逐条进行了分析并出具了最终的结论，明确反对知识产权完全民法典化的做法，但该意见似乎并没有得到足够的重视。此后的立法进程依然保持着快节奏，3 月 22 日完成草案第二个版本，7 月 18 日总统将草案提交国家杜马，9 月 20 日草案第一次报告，11 月 8 日第二次报告，11 月 24 日第三次报告，12 月 18 日总统签署第 230 号联邦法律。

（三）民法典第四部分的通过

草案出台后便进入下一个阶段，即讨论阶段。讨论主要有两种类型：非正式讨论[①]与正式讨论。根据俄罗斯《国家杜马议事规则》（Регламент Государственной Думы），正式讨论需要通过“三读”（чтение）方式进行，[②]在这一过程中，知识产权民法典化的做法受到了

---

① 非正式讨论也称之为预备性讨论，主要指的是非官方组织对法律草案的讨论，讨论方式灵活多样，可以是研讨会、圆桌会议、辩论会以及提交专家鉴定等方式。第四部分草案一出台便受到社会的极大关注，并引起了广泛的讨论。在草案通过之前，仅《白皮书：知识产权法典化的过程与问题》中记载的非正式讨论成果便有 20 多项，其中，学术与社会组织文件 9 项，会议、研讨会与圆桌会议文件 7 项，信件 9 项。这其中，部分非正式讨论成果对知识产权完全法典化的做法提出质疑甚至是批评。

② 关于三读的具体内容，可参见 М. Н. Марченко. Теория государства и права, Издательство：Проспект，2019 г. С. 557。

很大的质疑。

1. 一读前的争论。一读于2006年9月20日进行，在一读之前，针对民法典第四部分草案召开了一系列官方会议与非政府组织会议，对民法典第四部分进行了全面论证。而知识产权完全民法典化的立法模式引起了较大争议，支持者与反对者之间就此展开了激烈的辩论。

在2006年3月9日召开的知识产权领域反侵权行为、法律保护与利用政府委员会的会议上，时任俄罗斯第一副总理的Д. А. 梅德韦杰夫高度评价了民法典第四部分，认为民法典第四部分规定了调整知识产权的所有基本规则，完成了俄罗斯民事法律的法典化，实现了知识产权法律的和谐与统一，为俄罗斯加入世界贸易组织做好准备。[①] 同年9月5日国家杜马信息政策委员会肯定了Д. А. 梅德韦杰夫的观点，认为将知识产权制度完全纳入民法典不仅符合立法传统，而且也可以保障知识产权法的内部协调性，消除了现行六部主要知识产权单行法之间的分歧与矛盾，将大量的知识产权法律法规纳入民法调整的一般体系之中便于民法基本原则在知识产权领域的适用。[②] 同年9月6日Д. А. 梅德韦杰夫在其签署的关于民法典第四部分草案的官方意见中指出，与知识产权不同客体相关的一般规定的统一以及在民法典中规定知识产权最基本规则，能够保证该领域法律调整的同一性，特别是考虑到专有权进入民事流通以及侵犯专有权的法律责任，因而是必要的。他明确表示，政府支持国家杜马在一读时通过草案。[③] 同年9月11日国家杜马民事、刑事、仲裁以及程序立法委员会在其做出的鉴定意见中肯定了

① 《白皮书：知识产权法典化的过程与问题》，第9页。
② 《白皮书：知识产权法典化的过程与问题》，第75页。
③ 《白皮书：知识产权法典化的过程与问题》，第10页。

知识产权民法典化的做法,认为将所有知识产权民事法律以及与之密切相关的其他规范统一集中在民法典之中,可以形成专门用于知识产权法律的原则性条款、解决知识产权条款与民事法律一般条款之间的关系、统一知识产权立法中的术语以及实现复杂的法律科学统一工作。①

然而,也有一些官方组织对知识产权民法典化的做法提出质疑。国家杜马经济政策、企业经营与旅游委员会在9月11日鉴定的意见中指出,完全民法典化固然有其优点,如在一部联邦法典中巩固了智力成果与独特方法的权利,消除了整个民事法律领域与其组成部分以及民事权利基本条款之间的孤立与隔阂,简化了法律适用,统一了相应的法律实践,更好地履行俄罗斯在该领域所应负的国际义务。但该委员会同时也对知识产权民法典化的立法模式表达了担忧指出,法律运用实践应是选择法典化方案的基础,同时还要考虑国内法典化的传统、国外以及国际在立法以及实践中解决类似问题的经验。国外缺乏知识产权完全法典化的经验,可以接受的方案应是二元立法模式,即仅在民法典中对知识产权做一般规定,另外保留专门法。法典化并不能将所有与知识产权相关的法律统一,除六部主要的知识产权单行法外,在其他法律中同样有知识产权的规定,如《民间艺术手工艺法》《测量与制图法》《药剂法》《商业秘密法》等。知识产权民法典化将使许多非民事规定,如大量的行政规定,写入民法典之中。因而,采用第四部分草案并同时废除专门法将破坏执法平衡,不能解决统一执法活动的问题。因而委员会虽然承认草案的重大意义,支持对知识产权法予以完善与体系化,但委员会同样对如此激进的革新表示担忧,并建议将草案提交议会审议以及社会讨论,一定要更广泛地吸引高级专业水平的鉴定人

① 《白皮书:知识产权法典化的过程与问题》,第14页。

员,特别是国际专家参与其中。在最后的总结中委员会建议采二元立法模式,即在民法典中仅对知识产权做一般规定,同时保留知识产权单行法。① 国家杜马法律部同样表达了担忧,在9月11日做出的鉴定中指出,与知识产权相关的各单行法已实施十余年,有必要根据不断发展的市场对其进行完善。但即将失效的六部知识产权单行法中并不完全是民事规定,如果将其完全纳入民法典中,民法典中必然包括大量的行政规定,因而,有必要对草案进行更为深入的分析。②

《私法中心草案》出台后不久,2006年3月17日联合国教育、科学与文化组织教研室对私法中心发表意见,对完全民法典的立法模式进行了质疑。一是未能解决民法的法典化问题。因为知识产权法律中包含大量行政规定,仅需对现行的六部知识产权单行法完善即可,无须将其完全法典化。二是草案与俄罗斯承担的国际义务相矛盾。知识产权统一立法遇到的一个问题是国际上没有相应的统一立法与之对应,在国际层面上,对知识产权的保护是通过单行法的方式进行。因而,对知识产权采统一立法一方面会使加大国家通过立法履行国际准则义务的难度,另一方面限制了俄罗斯影响国际法发展的可能性。三是草案与各国实践相矛盾,当前大部分国家均是采用分别立法方式保护知识产权。法国、葡萄牙与部分发展中国家利用知识产权法典代替专门法,也有部分国家在民法典或商法典中包含知识产权的一般规定,但仅依靠民法典来调整的国家却从来没有过。实践中,所有国家均是制定专门法律以保护知识产权的特定客体,而没有任何一个国家将所有的知识产权客体纳入民法典之中。四是草案从根本上将调整民事法律关系的双层次组成逻辑改为一层次,双层次仍利用民法典与专门法调整,而一

① 《白皮书:知识产权法典化的过程与问题》,第15~20页。
② 《白皮书:知识产权法典化的过程与问题》,第20~22页。

层次仅是利用民法典。如果按照这一逻辑，那么有必要取消以下单行法并将其列入民法典：与股份公司、非商业组织甚至是社会组织与政党相关的法律。因为这些法律仅是对俄罗斯民法典第四部分“法人”的详细列举。五是草案从根本上改变了俄罗斯法律结构。按此逻辑，也应当将家庭法典、住房法典与土地法典等作为一个新的部分纳入民法典。六是草案不仅给俄罗斯所有法律系统的结构带来破坏性后果，还将不可避免地对执法活动产生危害。七是草案可能破坏俄罗斯加入世界贸易组织的进程，因为其中有许多规定不符合《与贸易有关的知识产权协议》、世界知识产权组织的条约以及欧盟条约的要求。①

2006 年 3 月 19 日，共和国知识产权科学研究院就第四部分的结构做出鉴定意见，指出草案并没有完成在关于草案简要声明中所说的基本任务。通过草案将与国内传统与国际实践相冲突。虽然草案被一些人认为是世界上最好的法律之一，仅需对其部分规则进行完善即可，但草案将破坏国内在知识产权领域已经形成的体系。该法的实施将缩减知识产权领域法律渊源的数量，但却会增加矛盾的数量。该法的实施将使当前正在实施的六部基本法失去效力，但却没有涉及俄罗斯已经批准的国际条约。而这些国际条约与草案所提出的新措施在客体与主体的构成、与客体相关的法律制度以及主体在该领域的法律地位有根本不同。草案如果被实施将破坏已经形成法律适用实践，要恢复这一实践需要十年。因而，可以预测的是，权利人的权利与合法利益将得不到实际保护，而国家机关在提供国家保护时也不能有效地执行自己的职能。该草案可能被视为尝试对非法使用予以经济赦免，包括将之前取得国家财政支持而完成的智力成果私有化，这与俄罗斯总统声明的

---

① 《白皮书：知识产权法典化的过程与问题》，第 170～175 页。

保护国家在该领域利益的方针相冲突。为成功实现保护知识产权权利人的权利与合法利益的任务,应保留该领域的二元法律结构,在民法典第四部分中加强法律调整的基础,完善专门法的规则并使它们与统一的国际法准则相一致。①

2. 一读。在第一次审议召开之前,均由各部门独自出具意见,各部门之间并无直接的对话,因而,对第四部分草案的讨论是在和风细雨中进行。但在 2006 年 9 月 20 日进行的一读时,完全民法典立法模式的支持者与反对者之间有了机会进行面对面的交流,第四部分草案经历了狂风暴雨般的洗礼。

一读大会首先由 Д. А. 梅德韦杰夫就第四部分草案做报告,Д. А. 梅德韦杰夫指出,民法典第四部分意味着民事法律法典化的完成,是一个重大的事件。第四部分草案具有重要意义:一是法典化是法律体系化的最高级形式,法典化使法律达到内部最大一致性,保证知识产权条款与民事法律一般条款的和谐,保证非物质财富在民事流通中得到统一与完全的法律调整,并在一定程上解决法律资源的经济性问题。二是更好地履行国际义务,促进俄罗斯加入世界贸易组织,有助于俄罗斯加入世界知识产权组织 1996 年通过的两个条约(《世界知识产权组织版权条约》与《世界知识产权组织表演和唱片条约》)。此外,第四部分草案在整体上与欧盟法律一致。三是保证了知识产权领域法律调整的连续性,如草案保留了大量现行法律的条款,消除了现行六部单行法中的分歧与矛盾。国家杜马民事、刑事、仲裁以及程序立法委员会主任 П. В. 克拉舍宁尼科夫在随后的发言中指出,草案必到了大量评论与各种各样的建议,许多政府部门,如联邦经济政策委员会、联邦司法与法律问题委员会以及作为草案参与者的文化、信息政策与经济政策委员

① 《白皮书:知识产权法典化的过程与问题》,第 115~116 页。

会,均支持草案,联邦政府也草案给予了肯定的评价,国家杜马民事、刑事、仲裁以及程序立法委员会同样建议国家杜马通过草案。

但是当各政党与独立代表发言时,一场和气的气氛不复存在,知识产权完全民法典化的立法模式受到了强烈的质疑。祖国党代表 A. H. 克鲁托夫指出几点质疑:一是草案还有必要进行仔细分析,依国家杜马经济政策委员会代表之前发表的意见,二读前草案还需要进行数百项修改,这表明了草案不够成熟。二是据悉将向国外专家就草案征求意见,但与国外专家交流的过程与结果并未公开。三是草案中包含大量的行政规定。Д. А. 梅德韦杰夫对 A. H. 克鲁托夫的质疑进行了解答,指出是否会有数百项修改尚不确定,虽然草案需要进行诸多的修改,但他认为草案已经准备得相当成熟。草案已经与法国、德国、荷兰等国专家进行了讨论,他们的意见基本一致。草案中 95%的条款是民事条款,在民法典以及其他单独法律中混杂不同性质的条款是常见的。苏联时期的法律也是如此,与发明以及其他客体相关的法律同样也包含行政调整的因素。因而,混杂不同性质的条款是很正常的。

当俄罗斯共产党代表 Ю. П. 伊万诺夫发言时,会场的气氛陡变。Ю. П. 伊万诺夫指出,统一法律与编纂法典本身是很好,但首先应先进行议会听证,然后再进行一读。草案之前经历了什么样的讨论,公众并不知悉。联合国教科文组织针对草案发表了意见,但公众很难获得该意见。在意见中,12 名博士与 32 名副博士坚决反对该法的通过,他们认为该法案从根本上与国际义务与各国实践相矛盾,将会阻碍俄罗斯加入世界贸易组织等。令人意外的是,П. В. 克拉舍宁尼科夫在之前的发言中却对该意见只字未提。圣彼得堡大学从根本上指责草案的制定者,认为他们在秘密地进行立法工作,并没有与任何人进行讨论。立法应当征求实践部门,特别是最高法院与最高仲裁法院的意见,还有一个重要问题与世界贸易组织相关,在草案的审议中,有人认为会阻碍加入世界贸易组织，而Д. А. 梅德韦杰夫与П. В. 克拉什尼科夫却认为有利于加入世界贸易组织。但加入世界贸易组织所进行的谈判资料并未公开，以至于无法判断草案起到的究竟是促进还是障碍作用。Ю. П. 伊万诺夫还对外国代表或专家的作用与资格提出质疑，因为代表团的更换很随意，在国外随便走走并与个别教授或专家交流也很随意。事实上，应当根据世界知识产权组织的公约与章程行事，向其咨询并让它提供建议或者讲出它的意见。但实际中经常发生暗中替换的事情，给立法者带来某专家甚至是世界知识产权组织成员专家的鉴定结论，并宣称这是最高等级的真理。他认为，如果能够与世界知识产权组织就这个问题进行认真研究并得到它的官方意见，那么，加入世界知识产权组织就不会存在任何障碍。Ю. П. 伊万诺夫还以域名为靶子对草案制定过程的不透明展开攻击，指出因特网协会反对草案中的规定，但为何对这一问题却缄口不言，为何论据在此并没有发声，为何论据并未得到论证呢？为此，在该草案最终面世时，应当为公众所知，学者应当能够参与讨论。值得一提的是，Ю. П. 伊万诺夫的发言因麦克风被强行关闭而不得不中止。

В. В. 日里科夫斯基对 Ю. П. 伊万诺夫的发言做了针锋相对的回应，他指出，因为法律调整的缺失给国家带来了数十亿甚至数千亿的损失。沙俄时期开始了制定专门法律的工作，但是终止了；苏联时期同样开始，但也同样终止了；现在进行的是第三次尝试。大家总是在争论，为什么国家这样富有，而人们却生活贫困。原因就在于国家的法律不起作用，人为的原因使得法律停滞不前。第三次尝试已经开始，法律不应带有政治色彩，制度可以更改，但法律应当始终保持如一。这种频繁变动需要一次性而且是永久性的终止。当然所讲的与知识产权主体有关的问题具有重要的意义，但还有其他损害吗？俄罗斯是世界上最富有创造性的国家，拥有数量众多的创作者！草案为创作者提供了充分的保护，但之前的法律对他们却很少提供保护。B. B. 日里科夫斯基强硬地表示，所有的反对意见应当终止，法律只能是国家杜马通过的法律。与医生一样，法学家从道德角度上总是会有不同的观点，但只要法律被签署，反对意见就只能留在反对者（联合国教科文组织教研室、莫斯科国立大学教研室[①]以及其他任何地方）那里。如果因为有不同的意见而不能通过法律，那么就不需要这些意见。这正是立法工作者的智力劳动，立法工作者通过自己的劳动堵住了法学家们的所有反对意见。在法律通过之前可以反对，但法律通过后就不会再有反对。针对草案中所使用的一系列新的术语，B. B. 日里科夫斯基指出，其确信，90%的人不明白什么是域名，为什么在俄罗斯不能用俄语而总是引入外语单词。人们不明白，为什么在任何法律中总要引入数十个外语单词。为什么俄罗斯不能加入世界贸易组织，因为俄罗斯到目前为止还没有完善的立法。单行法（的阶位）还是太低，所有领域都应当统一，应当让俄罗斯的居民对森林、水以及知识产权的规定都明白无误。有人可能从旧法律的某些条款中受益，所以他们抓住旧法律不放，并以页数太厚而不接受法典。当然法典的起草者可以写得更为简洁，但这将需要更大的理解力才可以。应当先通过法律并在以后继续完善，因而不明白为何在一读之后还需要进行议会听证。

统一俄罗斯党代表 A. E. 利哈乔夫认为，民法典第四部分意义重大，对于俄罗斯经济增长、国际威望的提高以及外资吸引等均有促进作用。知识产权统一立法无论是在法律科学还是司法实践中均是一个创

---

① 《白皮书：知识产权法典化的过程与问题》中写的是莫斯科国立大学教研室，而在Ю. П. 伊万诺夫的发言中列举的是圣彼得堡大学教研室，此处应是 B. B. 日里科夫斯基的口误。——笔者注

新,并消除了民事法律整体与部分之间的分散与隔离。虽然草案还需要进一步完善,但统一俄罗斯党支持第四部分草案。

祖国党的代表 M. Ю. 马尔克洛夫对知识产权完全法典化的做法提出质疑,认为统一立法模式会破坏之前已经成熟的司法实践。司法实践的体系固然需要完善,但破坏已有的体系将不可避免地减少知识产权领域的经济投资,导致这一领域发展的停滞以及从整体上破坏俄罗斯的智力潜能。此外,完全民法典的立法模式还将从根本上改变已经形成的逻辑,即通过二元模式保护知识产权。极少有国家将知识产权相关法律统一到民法典,各国通常的做法是设立专门法律来对知识产权各个领域予以专门调整。虽然对立法模式进行了质疑,但 M. Ю. 马尔克洛夫还是支持草案,只是希望在二读前进行修改。

在一读的总结发言中,Д. А. 梅德韦杰夫指出,虽然草案还需要完善,但草案的通过已经在整体上存在基础。关于草案究竟促进还是阻碍俄罗斯加入世界贸易组织,在特定的时期内只会将这一问题政治化。关于世界知识产权组织的官方意见,他认为,根据法律这是不可能的。立法者同样可以很容易地请求联合国做出结论,这样会更漂亮一些,立法者根据已进行的国际分析就足够了。在投票表决前,Д. А. 梅德韦杰夫呼吁,当前有一个独一无二的机会完成民事立法的法典化,毫无疑问,对俄罗斯而言,这是一个历史事件。投票的结果是,投赞成票的占 93.6%,反对票为 0,弃权占 0.6%,另有 6%的代表未投票。

3. 议会听证。按照《国家杜马议事规则》,一读之后,相关委员会(一般指国家杜马民事、刑事、仲裁以及程序立法委员)应当根据一读时所提出的建议及时对法律草案进行完善。完善工作完成后便可向国家杜马提请二读。但是一读中争议较多,而且一些党派代表建议对草案举行议会听证,为此国家杜马民事、刑事、仲裁以及程序立法委员于

2006年10月5日召开了议会听证。①

民法典第四部分草案的负责人 A. Л. 马科夫斯基参加了会议,并首先做了发言。在其发言中,A. Л. 马科夫斯基指出,草案在一读时已顺利通过,这是之前重大立法所未曾有过的,因而,在一读提票前针对草案结构所提出的反对意见并没有太大的意义。很遗憾的是,在这个问题上耗费了很多时间,甚至超过了草案的准备时间。所有的反对意见总体上可归纳为一点:较统一民事立法而言,存在六部不协调、相当陈旧的法律以及其他法律中的某些碎片是否就足够了。对此存在各种各样的新观点:(知识产权)应采用一元还是二元调整;世界上没有采用完全民法典化的立法模式,俄罗斯是第一个尝试这样做的;纳入法典的知识产权的概念与国际条约相矛盾等。此次参加会议的人员当然可以在会议上讨论这些问题,但 A. Л. 马科夫斯基认为这些问题是臆造出来的,其目的在于为草案的通过制造障碍。这样的阶段已经过去了,如果反对者愿意为此浪费时间,就让他们浪费去吧,应将时间花费在更现实的问题上。A. Л. 马科夫斯基建议会议主要就三个范围的问题进行讨论,这其中并不包括知识产权立法模式的问题。并一再强调,不要对范围之外的问题进行讨论。

虽然 A. Л. 马科夫斯基将立法模式之争排除在讨论范围之外,但在随后的代表发言中,还是有部分代表提及了立法模式。A. E. 利哈乔夫(国家杜马经济政策与企业经营委员会副主任)认为当前草案存在较多争议并提出了五个意见。他指出,各方针对草案提出的修改意见无论是否被接受,草案的工作小组与委员会均应以符合规定程序来完成,在本次会议之后,各方应当可以得到修改后的最新草案版本。他认为对草案进行认真审查还不够的,而是应放在显微镜下进行严格审查。在

① 《白皮书:知识产权法典化的过程与问题》,第42~74页。

其第四个建议中他以《联邦工艺法》为例，指出知识产权专门法不应该完全废除。

Л. Б. 纳鲁索娃(联邦委员会信息政策委员会主任)对草案的制定及立法模式提出了强烈质疑，她认为 А. П. 谢尔盖耶夫是知识产权领域的知名专家，但他并不是草案制定小组的成员，也并没有参加一读，这或许是一读时草案顺利通过的原因所在。民事法律法典化委员会并没有对草案进行讨论，专家之间也没有进行过讨论，这让人感觉迷惑，认为该法的讨论与通过是在匆忙与秘密状态下进行的。[①] 她指出，А. Л. 马科夫斯基在之前的发言中认为国际法律专家在俄罗斯立法方面是门外汉，所以他们的意见并不是命令，这一说法是不礼貌的。俄罗斯固然要建立自己独立的、与他国不同的民主，但立法不应在这些政治诽谤的情形下进行。世界知识产权组织建议不应将知识产权法作为民法典的一个部分，不应当迅速地通过新法律，新的规范通过修改已有法律便可完成，在民法典内建立新的知识产权调整体系实无必要。知识产权的民法典化是危险的，将产生立法上的不统一与矛盾。根据世界知识产权组织该领域专家米哈伊尔·菲乔尔的意见，在民法典中规定此类规范将导致完全相反的结果，并不利于法律稳定性的加强。民法典是法律体系中非常重要的基石，民法典应长期保持稳定。而科学技术的发展给民法典带来了巨大的挑战。以域名为例，数年前俄罗斯人对域名及相关法律关系知之甚少，15 年前更是无人所知。再过 15 年呢？科技成果将带来什么样的改变以及带来什么样的法律规范呢？此外，知识产权民法典化的立法模式与宪法相违背，《俄罗斯联邦宪法》第 44 条

---

① 主持人随后对这两个问题进行了回应：一是对 А. П. 谢尔盖耶夫未参会的原因进行了解释，指出大会邀请过 А. П. 谢尔盖耶夫，但他并没有应邀。现在(大会召开时)他正在汉堡，或许汉堡比议会听证更为重要。二是草案的制定是依程序进行的。《白皮书：知识产权法典化的过程与问题》，第 53 页。

规定,知识产权受法律保护。《俄罗斯联邦宪法》第 71 条第 14 款规定,知识产权应由专门法律调整。在草案的说明书中指出,知识产权法律的完全法典化不仅吸收了所有之前关于作者权、专利、商标以及此类的法律,同样还排除了根据知识产权特定种类存在专门法律的可能性。然而草案中包含大量的行政规定,如第 1244 条关于国家委托的规定,这会阻碍草案的通过。Л. Б. 纳鲁索娃确信,如果通过民法典第四部分,俄罗斯将很轻易地放弃之前所有累积下来的法律,在她看来,这样过早了。如果急于将所有的甚至是根本上完全不同的智力劳动类型的条款统一起来,这只不过是一件怪事,是一件荒诞不经的怪事。

E. A. 苏哈诺夫是知识产权民法典化的支持者,[①]对草案予以坚定的支持。他对 Л. Б. 纳鲁索娃的观点予以回应,指出现行六部法律中包含大量行政命令与专利商标局的解释,所有这些都在改变这些权利的性质。因而,令人不解的是,为什么要维护现有的法律体系呢?[②] "知识产权"的含义至今在俄罗斯还有较大争议,依照观点认为知识产权是财产权,是一种物权,这种见解令人羞愧。首先应指出的是,知识产权并不是什么财产权。将与知识产权相关的规范纳入民法典的基本体系,并将其规定在应有的位置,俄罗斯之前曾经这样做过,例外的是近十五年间,因为俄罗斯通过了一系列的知识产权专利法。所谓的知识产权法并不是一个独立的部门,从宪法中也可以得出这样的结论。应从历史的角度分析为何会出现专门设立知识产权的规则,这种情形的

---

① [俄]E. A. 苏哈诺夫:《俄罗斯民法》(第 1 册),黄道秀译,中国政法大学出版社 2011 年版,第 70 页。

② 苏氏的质疑恰好说明了知识产权不能入典,知识产权制度能够脱离这些行政规定而存在吗?如果必须要有这些行政规定才能保证知识产权制度的实施,那么就足以说明入典是不合理的。

出现是因为政府签订的国际条约,是在丧失主权的背景下产生的。[①] 虽然《俄罗斯联邦宪法》第 71 条第 14 项规定,知识产权应当由法律调整,但第 15 项同样规定冲突法应由法律调整,而冲突法同样被纳入民法典之中,因而,将知识产权纳入民法典之中并没有感觉与宪法有任何冲突。虽然世界上尚无将知识产权纳入民法典的做法,但在俄罗斯民法典第二部分中同样率先规定了一些制度,如特许经营、托收信贷以及长期租赁等。他认为,分别立法的支持者反对知识产权民法典化的初衷是自私的,因为大量分散的法律只有小范围的专家才能理解。俄罗斯历史上曾有过将知识产权制度法典化的传统,苏联时期便将著作权与专利纳入民法典或民事立法纲要之中。19 世纪的各国民法典中确实没有规定知识产权,但那时很少有人了解知识产权。20 世纪的民法典已经开始有知识产权的规定,独联体的一些国家便将知识产权规定在民法典中,而这些国家已经加入了世界贸易组织。因而,不能以 19 世纪的立场,采用一百年前的方法来调整知识产权。先行一步并不是什么可耻的,俄罗斯不应该一直尾随,而是可以成为领先者。此外,立法工作者也与外国专家讨论过这些问题,他们对此都表现得平静而自然并异口同声地说,如果俄罗斯这样做了,这将是一个大事件,将得到外国专家们的致谢。

欧洲委员会驻俄代表机构副团长 Г-н. 万多龙. П 认为草案应在俄

① E. A. 苏哈诺夫并没有对这一历史原因进行更具体的说明,他所指的历史原因可能与克里米亚战争的结果相关。克里米亚战争发生于 1853 年 10 月 20 日,起因为争夺巴尔干半岛的控制权,战争一直持续到 1856 年,以沙俄的失败而告终。克里米亚战争的失败促进了沙俄现代化的进程,沙俄政府的改革力度前所未有的加大,改革不再是为了保留原有社会结构,而是对整个社会进行重构,全面学习西方的政治经济制度。作为失败国,沙俄不得不与当时西方一些强国签订了知识产权保护的双边协定。[澳]山姆 · 里基森、[美]简 · 金斯伯格:《国际版权与邻接权——伯尔尼公约及公约以外的新发展》(第 2 版)(上册),郭寿康译,中国人民大学出版社 2016 年版,第 29 页。

罗斯加入世界贸易组织的背景下分析，草案应当是透明的、有逻辑性的、包罗万象以及与世界贸易组织所有的国际公约相一致，特别是与《与贸易有关的知识产权协议》一致。草案如果通过可能会极大地延缓俄罗斯加入世界贸易组织的进程，因为该法律应当经过来自世界贸易组织成员的知识产权专家仔细地分析，在加入世界贸易组织谈判的晚期通过这样重要的法律可能并不是向前走了正确的一步。因而，他建议草案应当立即得到世界知识产权组织的专家意见与专家鉴定。

一些代表支持草案，如Д. В. 利瓦诺夫(教育与科学部副署长)认为所有的联邦权力执行机构均支持完全法典化的立法模式。Э. П. 加夫里洛夫(国际商务与权利学院教研室主任)认为草案中并没有与国际条约不符之处。В. В. 维特梁斯基(最高仲裁法院副主席)指出，反对理由总是不断地重复，由一个阶段的讨论转移至下一个阶段(但这同样也表明，反对理由并没有得到足够的回应)。与律师一样，他不明白的是，为什么体系化的做法不好，而保留六部单行法的做法却是好的。新的反对理由认为，这部法律应当稳定、成熟至法典化的水平，但至成熟需要多久呢？20年、50年？难道民法典的制定需要一个世纪吗？这一种论调他曾经经历过，1994年，在这个大厅里对民法典第一部分举行的议会听证上就有过同样的论调，现在的画面与当时相似。В. В. 维特梁斯基对欧洲委员会的发言表示不理解，为什么要反对完全法典化的做法呢？理由何在？他完全不能接受完全法典化是一种退步的观点。法院期待民法典第四部分的通过，而不是六部充满分歧的单行法律。因而，他建议对草案中的具体问题进行分析，不要再质疑立法模式。

И. В. 科捷列夫斯卡娅(俄罗斯工业家与企业家联盟国家)认为既定的期限与计划过于紧迫，建议尽可能延长修改与完善的期限。草案的创作者希望进行进化性的变换，而市场参与者将这种变换视为一场革命，但任何改密进行的革命都会导致一定的损害，甚至是灾难。为避免此种后果,希望各方能走到一起,认真耐心地听取市场参与者以及不同类型权利人的愿望。虽然 В. В. 维特梁斯基指出,法院已经准备采用新的法律,但企业、协会、组织、同盟的法学圈是否也完全准备接受新法的准则呢？在新法实施前,所有人都应对新的规范有完整了解,明白新修改法中新概念与新范畴的内容。为此,应对草案的内容进行大量宣传。

Г. Е. 阿维洛夫(俄罗斯联邦总统直属私法研究中心副主席)对И. В. 科捷列夫斯卡娅的观点予以回应,认为草案如果没有语言上的错误以及以应有的方式通过,则总是具有积极意义的,并不会带来损害,更不会带来灾难。现行的六部法律有很多问题,如术语不统一、法律调整不统一等。这些法律在实施时,商业社会也可以适应,并在这一极不完善的立法过程中学会维护自己的利益。希望当草案在将来通过时,人们对草案的深入分析并非从其是否需要以及好坏与否的立场上进行,而是从实质上进行以及从源头上弄清它针对的是什么,那时人们就会明白,该法律将极大地帮助他们以及在最大限度上维护他们的利益。知识产权是一个非常专业的领域,各种利益之间取得平衡非常重要,但是不同利益主体的要求不同,甚至相互矛盾,因而在这一领域不仅现行的法律,以及其他新的法律均不可能满足所有人的要求。因而,这部法律显然会受到来自各方的指责。如果谈话是有建设性的,那么应该心平气和地讨论,从法学而不是从情感的角度对一切进行分析,这样才能做出正确选择。

В. Н. 洛帕京(加盟共和国知识产权学院主任)指出,草案与宪法相矛盾,研究《俄罗斯联邦宪法》第 71 条可以发现,知识产权的法律调整是综合性的调整,其中包含部分民法问题,否则的话它不可能是一个独立的部分。《俄罗斯联邦宪法》第 104 条规定用联邦预算抵补开支的法律草案,只有在俄罗斯政府作出结论后才能提交,草案中有超过 10 个条款需要财政拨款,但立法者却假装看不到。草案对客体做了封闭式列举,这将一些对象排除在外,如反不正当竞争,而这些对象却是俄罗斯已经加入的国际条约要求保护的。总的结论有三点:首先,消除与宪法的冲突及消除与国际条约的冲突及消除草案内部的矛盾。不希望当代的俄罗斯开始新的传统,即政权团结一致行事。应警惕历史的教训,不要回到老路上,1989 年俄罗斯议会在 20 分钟内通过了 25 部法律。不应该总是在匆忙的状态中,而应该认真、深思熟虑、仔细地帮助权利主体实施将要通过的法律。其次,与其他国家不同,俄罗斯 20 世纪 90 年代开始的知识产权立法是在缺乏实践的基础上进行的,这也是这些法律在实施后 10 年内未起到作用的原因。而如今这些法律又要被废除,开始适用新的法律,这意味着我们又要回到老路上,再次延缓 10 年。最后,B. H. 洛帕京建议,知识产权立法应保持二元的立法模式。

M. A. 费多托夫(联合国教育、科学与文化组织著作权与知识产权其他部门系主任)结合前面的发言着重指出两个问题:一是草案中 99%的条款都是民事权利的说法乃自欺欺人,以行政规范为基础并不会产生民事法律关系,这是大一的学生都知道的。要广泛向相关国际组织征求意见,不能因为向世界贸易组织征求了意见就可以忽视世界知识产权组织。事实上,世界知识产权组织很高兴对成员国的此类请求予以回应。因此,不仅要向世界知识产权组织,还要向世界贸易组织,向联合国教育、科学与文化组织征求意见,在得到这些国际组织意见之后才可以对草案拍手称赞。然而在这方面立法者缺乏主动性,未向相关国际组织提出官方请求,因而到目前为止国际组织并没有给出建议。二是新法案与宪法相冲突,但却没人对此做出回应,而只听到有人说,大三的学生都知道,民事法律不应该是二元的,也没有使用二元结构的义务。《俄罗斯联邦民法典》第 3 条规定,民事法律可以由民法典、联邦法律、总统令等组成,也即民事法律可以是二元、三元甚至是多元的，而为何知识产权要与一般民事法律不同呢？另外，还需要澄清一些虚假信息，主张采用一元模式的一个理由在于，某些国家，如荷兰与意大利，将知识产权纳入民法典之中。而事实却并非如此，在这些国家同样存在知识产权单行法。20 世纪 50 年代，曾有过将知识产权纳入民法典的尝试，但并未成功。至于意大利，最好与最典型的就是贝尼托·墨索里尼民法典。[①] 知识产权二元立法模式早在 20 世纪 90 年代便已提出，并没有反对意见。因而应当对草案进行更多的讨论，并将其恢复到分别立法模式。

A. Л. 马科夫斯基做了会议的总结发言，对部分与会代表对立法模式的反对表达了遗憾，认为此次会议应就细节问题进行讨论，对立法模式的讨论已无意义。他认为，Л. Б. 纳鲁索娃的观点受 M. A. 费多托夫之前发表的文章影响较大，同时也接受了 M. A. 费多托夫的错误观点。M. A. 费多托夫并没有认真读完《俄罗斯联邦民法典》第 3 条，对它的理解是不正确的，第 3 条并没有表明调整只能由法律的准则构成。至于 Л. Б. 纳鲁索娃所说的没有邀请 A. П. 谢尔盖耶夫参与草案制定一事，A. Л. 马科夫斯基认为，这是因为草案与 A. П. 谢尔盖耶夫的主张不同，所以他自己主动不参加草案工作，也拒绝对草案发表意见。[②] A. Л. 马科夫斯基对世界知识产权组织直接表达了不满，认为其在俄罗斯尚未提出官方请求前提下便做出意见的做法是不正确的。在《独联体

① 《1942 年意大利民法典》率先将知识产权保护纳入民法法典，但采取的二元立法模式，即从各类知识产权中抽象出共同适用规则和若干重要制度规定在民法典中，同时保留知识产权的专门法。该法典在“劳动”编中，将知识产权作为工业化进程中企业和劳动关系的新问题进行规定。法典涉及的知识产权主要为著作权、专利权、商标权、商号权。但这种体例设计割裂了知识产权的完整体系。因此，学界认为《1942 年意大利民法典》是一个有益的尝试，但不值得效仿。20 世纪 90 年代意大利再次将知识产权写入民法典中，但同时保留了单行法。

② 有疑问的是，在确定立法模式前是否已经与 A. П. 谢尔盖耶夫沟通讨论过，是否认真听取了他的意见呢？对此马氏并没有做出说明。

示范民法典》制定过程中，世界知识产权组织指手画脚的做法便引起了哈萨克人的极大不满。发言结束之际，他还对 M. A. 费多托夫表达了极度不满，认为 M. A. 费多托夫不应当抱怨其他人，因为当一个人抱怨时，他的行为就是有意识的，他在这其中便有了利益。M. A. 费多托夫应当认真反思的是，虽然他建立了联合国教育、科学与文化组织知识产权教研室，其中 19 名法学博士，但是为何无论是教研室还是这些博士并没有被邀请参与这项工作。

议会听证结束后，于当日发布了官方文件——《议会听证参加者关于俄罗斯联邦民法典草案（第四部分）的建议》。建议对草案予以了高度评价，认为完全法典化的做法符合自 20 世纪 90 年代中期以来中断的国内立法传统（指在苏联时期曾长期将知识产权纳入民法典），确保这一最新的、快速发展领域的最大明确性与内部的和谐性。表面上看，草案是对知识产权法的根本性改革，保证了现行法中法律调整的延续。草案不仅消除了六部法律相互之间不合理的分歧与矛盾，还在民法调整体系内创建了大量知识产权法律条款，删除了一些有问题的内容，对知识产权领域内的问题提供了全面解决。值得一提的是，建议对有关立法模式的争议却并未提及。

4. 二读。依照《国家杜马议事规则》，二读阶段应对草案进行逐条地详细分析，对草案初稿所做的修改与补充进行分析。2006 年 11 月 2 日国家杜马法律部发布了对草案的二读意见，该意见指出，根据一读意见修改的版本已经完成，并建议就一些具体问题发表意见，这其中并不包括立法模式上的问题。根据 2006 年 11 月 8 日发布的国家杜马会议速记记录，二读由 П. В. 克拉舍宁尼科夫对草案新的版本做了简要说明，他指出，二读前对草案已经做了足够详细的分析，一读中的文件与国际条约（包括《与贸易有关的知识产权协议》）高度一致。现在提交了更为精确的版本，非常重要的是，与 20 世纪 90 年代通过至今仍生效的那些法律相比,文本在连续性上做得更好。需要指出的是,草案将域名部分予以删除。[①] П. В. 克拉舍宁尼科夫指出,为该草案已经举行了足够多的工作组会议,草案于同年7月提交总统,同年9月进行了一读,还曾举行了一系列工作组会议。事实上,文件是在同行代表工作、政府部门工作以及该领域专家工作的基础上进行。文本进行了超过1000项修改,建议二读对大约300多个修改是否通过予以表态。

虽然二读并没有对立法模式问题继续讨论,但在2006年11月3日俄罗斯联邦公众院[②]发布的鉴定意见中,却对立法模式进行了较多的评论。鉴定意见包括两方面内容:原则性问题与单独的问题,其中原则性问题中较多地涉及立法模式。在原则性问题中提到了七个方面。

第一,草案与俄罗斯宪法相矛盾。《俄罗斯联邦宪法》第71条第14项非常明确地将知识产权的法律调整从民事立法中划分出来,[③]《俄罗斯联邦宪法》第71条、第72条所列举的属于立法领域的对象(刑事、刑事诉讼和刑事执行立法;民事、民事诉讼和仲裁诉讼立法;劳动、家庭、住宅、土地、水、森林立法)并不是在民法典的章节,而是在专门的、独立的法典(如刑法典、刑事诉讼法典、土地法典等)中找到自己自然而合乎

---

① 值得一提的是,域名部分在一读中曾成为反对一元立法模式的重要靶子。

② Общественная палата Российской Федерации,该术语国内主要有两种翻译:俄罗斯联邦公众院与俄罗斯联邦社会院,我国官方媒体上称之为俄罗斯联邦公众院。俄罗斯公众院是由普京提议设立的非政府组织,根据2005年4月4日俄罗斯联邦第32号法律《俄罗斯联邦公众院法》于2005年12月在莫斯科成立。公众院是一个协商机构,旨在保障俄罗斯公民与中央及地方权力机构的互动,保护公民、社会组织在制定和实施国家政策过程中的权利和自由,进而实现社会对国家各级权力机关活动的监督。虽然该组织是一个非政府组织,但却具有较大的影响力。载 https://www.oprf.ru/,最后访问日期:2016年1月11日。另外可参见徐海燕:《俄罗斯联邦社会院的成立与发展》,载《国际资料信息》2007年第1期。

③ 《俄罗斯联邦宪法》第71条第14项:"属俄罗斯联邦管辖的有:(14)审判制度;检察机关;刑事、刑事诉讼和刑事执行立法;大赦和特赦;民事、民事诉讼和仲裁诉讼立法;知识产权的法律调整;从立法表述可以看出,第14项中将'民事立法'与'知识产权的法律调整'分别规定。"

逻辑的影子。应当指出的是,民法典中包含大量主要由其他法典调整的对象,但立法者从来没有试图将这些对象,如家庭或者土地法典纳入民法典的体系之中。此外,草案还与该宪法第 44 条矛盾。根据该条的规定,知识产权由法律保护,这也就排除了受法律约束的法令的调整,因而,草案中的一些条款与宪法相矛盾,如第 1246 条(对知识产权领域关系的国家调整)、第 1247 条(专利代理人)、第 1248 条(与智力权利保护有关的争议)、第 1262 条(电子计算机程序和数据库的国家注册)、第 1293 条(追续权)、第 1327 条(录音制品专有权的有效期、该权利向权利继受人的转移和录音制品转变为社会财富)、第 1363 条(发明、实用新型和外观设计专有权的有效期)、第 1370 条(职务发明、职务实用新型和职务外观设计)、第 1374 条(专利申请的提出)、第 1385 条(发明专利申请信息材料的公布)、第 1395 条(发明和实用新型在外国和国际组织申请专利)、第 1422 条(不属于侵犯育种成果专有权的行为)条,等等。

第二,草案与民法典的基本准则矛盾。主要体现在两个方面:一是《俄罗斯联邦民法典》第 2 条第 3 款与第 3 条第 2 款在平等主体基础上的民事法律关系与依据从属关系的行政法律关系之间划分了明确的界限,而草案违背了这一基本原则。草案中包含大量准则,这些准则并不产生民事法律关系,而是行政法律关系。该草案中,至少 1/4 的条款与行政权力相关。将大量其他类别法律规范纳入民法典中,将民法典转变为一个综合性的法典。二是草案破坏了民事权利来源的划分原则,而这一原则是俄罗斯民事权利体系的基础。《俄罗斯联邦民法典》第 3 条对民事权利来源做了穷尽性列举,既有联邦法律,也有其他的来源,如总统令、政府条例、各部门以及其他联邦权力执行机关的法令。如果按草案的规定,知识产权的法律调整将专门依据《俄罗斯联邦民法典》第四部分,当前实施的法律即将失效,则不可避免地产生一种情形,即民法典的条款不会在法律中得以具体化,而只能在政府执行权力机关的法令中体现。如此一来,在法律调整时将不可避免地产生大量空白,也必然与宪法要求相冲突。因为当缺乏专门法律时,民法典应达到事无巨细的程度,对所有的客体进行法律调整,而这些特征并不是民法典应有的,而是具体法律应有的。依据《俄罗斯联邦宪法》第 44 条,知识产权由法律保护,则可以得出,法令在知识产权领域的运用受到严格限制。

第三,草案在概念上与知识产权国际条约相矛盾。草案中出现了一些国际条约中未曾有过的术语,如用"智力权利"代替了"知识产权""表演成果"代替了"代演"、"表演作者"代替了"表演者"、"智力活动成果"代替了"完整的专有权"等。该草案第 1225 条规定了知识产权的概念与种类,无论是在细节还是在法律对客体调整的基本方法上均与《成立世界知识产权组织的斯德哥尔摩公约》第 2 条矛盾。一是第 1225 条并未涵盖该公约中的所有客体;二是第 1225 条所指的知识产权是客体本身,而该公约第 2 条指的是客体上的权利;三是第 1225 条采用的是穷尽性列举,并不包含兜底条款;四是与公约相比,第 1225 条规定了一些新的术语,但并没有使该领域法律调整的相应术语变得更好,而是更坏。如用"表演成果"替代了"表演",用"数据库内容"替代了"数据库"等。新术语与国际公约并不一致,使得在法律适用时不可避免地产生问题,因为国际条约的规则具有更强的效力。

第四,草案与国际经验相矛盾。针对不同的知识产权客体,所有国家均设有专门的法律。相反,没有任何一个国家仅采用民法典对知识产权进行法律调整,即使是草案设计人员所借鉴的国家(如德国、荷兰与法国)也没有采用此种模式。

第五,与知识产权国际公约及条约的结构矛盾。国际公约或条约是根据不同的客体而建立的,如《伯尔尼公约》针对的是作品、《巴黎公约》针对的是工业产权。草案的通过将使俄罗斯从世界通用的方法中孤立出来,为俄罗斯在知识产权领域的国际交流制造困难。需要指出的是,在该领域国际条约的发展是沿着加深专业化的道路而不是统一法律调整的道路进行。很明显,在知识产权保护客体的运用上存在巨大的专业、社会以及经济上的鸿沟。例如,在"know-how"、邻接权、工业品外观设计与计算机程序之间不可能存在一致性。除此之外,知识产权在时间、范围以及适用主体上的运行机制存在根本不同。例如,著作权适用自动产生原则,而专利权采用注册原则。这就是为什么统一立法只是导致法律中矛盾与问题增加的原因所在。

第六,草案将阻碍俄罗斯加入世界贸易组织,损害了国家利益。

第七,草案将对司法与其他权力执行活动、知识产权领域内的商业习惯与商业惯例产生猛烈冲击,因而与国家利益矛盾并阻碍了俄罗斯智力部门(如版权产业)的稳定发展。草案并没有解决任何国家面临的迫切问题,也没有反映任何一个社会或专业组织合法利益。相反,在引发知识产权法律调整混乱的同时,草案为形形色色的与著作权、发明、科学研究和试验设计工作未公开资料、档案材料、商业标志与域名等相关的诈骗犯罪行为开辟了道路。

因此,公众院认为合理的做法是:将草案回归基础性讨论,仅在民法典中设立知识产权的一般规定,保留知识产权专门法,并绝对保证民法典与专门法相互间的一致。

单独性问题有 26 个,但在公众院鉴定意见末尾指出,问题远不止如此。所列的一些单独问题同样与立法模式相关,如第 9 个问题指出,为了与《俄罗斯联邦宪法》第 71 条第 14 项以及第 44 条第一部分相一致,第四部分应仅保留一般规定,其余部分删除,保留以专门法对知识产权保护的可能性。但在鉴定结论末尾处指出,草案中的具体问题远不止如此。第 10 个问题指出,作为一个治标方案,在加上一个副标题“知识产权法典”的前提下,可以保留民法典第四部分的结构。然而应指出的是,这种解决方式是不彻底的。第14个问题指出,草案的一个通病是与当前权力执行机关生硬的联系。实践已经证明,类似的方法不可避免地产生法律适用上的矛盾,因为政府机关的结构是易变的,而法律通常是滞后的。建议坚决缩减草案中与权力执行机关单独职能相关的行政法律规范的数量,替代为引用相关联邦法律。

5. 三读。依据《国家杜马议事规则》,立法模式的问题在一读之后便应盖棺定论,因而二读并没有就立法模式进行讨论。然而,俄罗斯公众院在二读之后发表的意见表明立法模式的问题并没有得到根本性的解决。事实上,法律草案正式讨论的三个阶段之间的时间间隔较短,而立法模式是一个观念性与根本性的问题,在短期内显然是难以解决的。三读是法律草案正式讨论的最后一个阶段,在该阶段不得对草案提出任何修改建议,只能做同意与否的表态。

在国家杜马法律委员会关于的鉴定结论中指出,对(草案的)文本的法律、法律技术以及语言等特征所做出的结论已按工作日程提交委员会,不存在条文内部矛盾与不和谐的评论,也没有发现法律技术与语言风格特征上具有不准确性。[①] 2006年11月24日召开了俄罗斯联邦委员会国家杜马会议,对草案进行了三读审议。П. В. 克拉舍宁尼科夫作为代表发言,指出第四部分的通过标志着民法典工作整体的完成,虽然有很多争议,但民法典是历届会议通过的最重要法律。民法典是众多法学家集体智慧的结晶,可惜的是一些法学家在制定的过程中已撒手人寰。民法典第四部分以及《关于实施俄罗斯联邦民法典第四部分》的法律草案已经通过了法律及语言上的鉴定,委员会建议在三读中通

① 《白皮书:知识产权法典化的过程与问题》,第102页。

过这两个草案。[①]

在2006年12月8日召开的俄罗斯联邦委员会第189次会议上，法律与司法联邦会议委员会副主席、联邦委员会利佩茨基区国家执行机构主席A.Г.雷斯科夫在投票表决前就民法典第四部分做了发言。他指出第四部分已于11月24日召开的国家杜马会议上通过，俄罗斯总统普京是立法动议主体。[②] 第四部分标志着民法典的完成，将知识产权领域所有规范集中在一部法律中是俄罗斯民事立法发展的重要阶段，为完善市场关系与保护社会中最具创造力群体的利益创建了有效的保护机制。他还特别指出，在向国家杜马提交草案前，草案已经得到了国外法学家的鉴定，并得到了美国、加拿大与意大利知名专家的鉴定意见。[③]

(四)民法典第四部分的创新与不足

1.创新之处。新民法典的制定过程不仅显示了对之前的继承，同样体现了现代化过程中的创新。[④] 民法典第四部分的创新之处主要体现在以下几个方面。

一是一般规定方面。除完全民法典化的立法模式外，民法典第四部分的另外一个亮点体现在知识产权篇的一般规定上，即将所有与知识产权相关的法律统一规定在一编之中，并抽象归纳出一个知识产权的总则篇。俄罗斯国内学者认为，知识产权总则篇中的一般条款并不

① 《白皮书：知识产权法典化的过程与问题》，第103页。

② 《俄罗斯联邦宪法》第104条规定：俄罗斯联邦总统、联邦委员会、联邦委员会成员、国家杜马代表、俄罗斯联邦政府和俄罗斯联邦诸主体的立法(代议)机关享有立法动议权。俄罗斯联邦宪法法院、俄罗斯联邦最高法院和俄罗斯联邦最高仲裁法院在由其管辖的问题上也享有立法动议权。关于俄罗斯立法动议权的解读，可参见[俄]M.H.马尔琴科：《国家与法的理论》，徐晓晴译，中国政法大学出版社2010年版，第403~404页。

③ 《白皮书：知识产权法典化的过程与问题》，第105页。

④ Плиева Светлана Васильевна, "Исторические этапы развития авторского права в России", *Бизнес в законе*, 2009, p. 5.

是臆造的,而是客观存在的。一般条款来源于既有法律,是对偶然特征的归纳与简化。[①] 虽然知识产权调整对象的不同性质难免令人对归纳成果的合理性产生疑问,但不可否认的是,这种尝试是开拓性的,对于知识产权法的体系化理论研究与立法具有重要意义。

二是保护对象方面的创新。客体方面的创新主要体现在:第一,除了列举不同表现形式的作品类型外,还对一些理论上有争议的问题做出了明确规定。例如,明确规定没有具体作者的民间创作不属于著作权客体;而作品的各部分、作品名称、作品中的人物,如果能够视为作者独创性成果且以客观形式表现,即可以作为作品进行保护。第二,规定了"复合客体"(сложныйобъект)。复合客体包含多项受保护的智力成果,如电影、其他视听作品、戏院演出、多媒体产品与数据库等。随着产品新技术与传播新技术的发展,复合客体已开始成为一种常见的作品形态,并引起各国的关注。德国著作权法将此类作品称为"多媒体作品",即以产品新技术的形式向人们传送娱乐与信息为标志的,具有三方面特征:数字化、对(迄今为止尚还互相分离的)各种媒体进行组合与兼容性。[②] 俄罗斯将复合客体规定在知识产权篇的总则篇中,这也意味着在俄罗斯复合客体的涵盖范围更广,不仅可以是不同类型作品的复合,还可以是其他不同类型智力成果的复合。第三,民法典第四部分还专设一章(第 71 章)对邻接权做了规定,与之前的著作权法相比较,新法典关于邻接权的规定体系更为完整,还新增加了两种客体:不构成作品的数据库以及遗著。

三是著作权内容方面。与大部分国家将著作权内容分为精神权利

---

① Проблемы интеллектуальной собственности в Гражданском кодексе России. С. 11–12.

② [德]M. 雷炳德:《著作权法》,张恩民译,法律出版社 2005 年版,第 173 页。

与财产权利不同,民法典第四部分将著作权分为三种类型:专有权、人身非财产权以及其他权利。这其中比较新颖的是其他权利的规定,属于其他权利的有:职务作品使用的报酬权、收回权、造型艺术作品的追续权与利用权。理论上,上述几种权利的性质存有较大争议,将它们从人身非财产权与专有权体系中排除并予以单独规定,可以避开理论上的争议,体现出较大的创新性。

四是著作权集体管理制度。著作权集体管理组织有两种管理模式:一种是通过权利人授权对会员权利的管理,即会员制的非商业组织形式的集体管理;另一种是因国家委托授权而对特定主体的权利进行管理,即著作权延伸集体管理。相比较之前的著作权法,民法典第四部分对著作权集体管理组织的规定更为详细与科学,便于著作权人维护自己的权益。

五是著作权合同方面。民法典第四部分修改了著作权合同的法律调整,对著作权转让与许可合同有更为全面的规定,合同类型主要有三种:转让合同、许可使用合同以及定作合同。著作权合同的规定不仅考虑了创作的特点,也更符合市场经济的要求,著作权人在处分自己著作权时有了前所未有的自由。

六是提高了著作权的保护水平,侵犯著作权与邻接权所应承担的法律责任类型增多,对侵权行为的处罚力度有了明显提高。

应当指出的是,虽然民法典第四部分中关于著作权的规定与《1993年著作权法》结构完全不同,但就其实质内容而言,变化甚微,创新之处并不多。这其中的一个原因或许在于《1993 年著作权法》的成功,民法典第四部分对《1993 年著作权法》的修改大多是对《1993 年著作权法》中的疏漏以及有争议部分的澄清。可以说,民法典第四部分只是将之前与著作权制度相关的法律的内容汇总在一起,只不过在体系上进行了一些抽象与归纳而已。

2. 不足之处。从《俄罗斯联邦民法典》第四部分的诞生来看，属于典型的学者型立法，学者型立法的优点在于逻辑性与抽象性较强，但同样也存在可能立法与实践相脱节的问题。但其功能在于美观还是实用，尚不得知。最新民法典关于著作权规定的不足之处主要有以下几点。

一是立法模式的选择。一元化立法模式是一次勇敢的尝试，但这种敢为天下先的尝试却显得有些鲁莽，特别是在国内外一片质疑声中做如此选择，显得较为任性与仓促。由此可以联想到《德国民法典》的出台，萨维尼与蒂堡就《德国民法典》的争论固然延迟了民法典的出台，但不可否认的是同样也提升了《德国民法典》的质量，并为其在世界范围赢得美誉。不仅如此，受萨维尼质疑的影响，德国的理论法学也有了长足进步，从而保障民法典有了牢固的理论基础。相较于赞誉之声，质疑之音更应引起警示，而俄罗斯对立法过程中的出现的质疑缺乏有效的回应。

二是破坏了民法典"私"的本质。将全部知识产权纳入民法典之中不可避免地会出现一个结果，即民法典中将包含大量的行政规定，这主要是因为专利权与商标专用权并不会自动产生，需要行政机关进行确认。这无疑对民法典私法典性质形成冲击，并影响了民法典"私"的本质。

三是一般规定的质疑。民法典第四部分第 69 章为"一般规定"，用来统率整个知识产权制度。从立法技术来讲，这无疑是一个亮点，但如此众多的知识产权客体真的能抽象出那么多的共同之处吗？例如，从其本质来看，专利权与著作权的客体是智力成果，而商标专用权的客体则是商业信誉；从其产生来看，著作权自动产生，而专利权与商标专用权均需经过核准才可以产生；从保护期限来看，各个客体也不尽相同；从其许可使用来看，专利、商标与著作权也差别较大；从其适用范围看，一般规定中的许多内容并不是适用于整个第四部分，而仅是适用于特定的对象。例如,第 1242~1244 条涉及的是著作权集体管理组织,本属著作权领域的内容,将其放在一般规定中的目的又何在呢?

四是立法技术中的问题。立法技术上的问题颇多,除立法模式外,还存在以下问题:第一,对知识产权保护对象的穷尽性列举。第 1225 条所采用的穷尽式列举方式与诸多知识产权国际条约的做法不同,世界上也罕有国家或地区采用这种方式。知识产权领域新客体层出不穷已为共识,穷尽列举模式是否能应对这种变化呢? 第二,立法粗疏。民法典第四部分较为粗疏,许多重要的概念并没有做出规定。[①] 例如,没有对"著作权"予以定义,这或许是受到国际条约的影响[②],因为在著作权国际条约中也大多未对著作权进行定义。俄罗斯国内有学者也认为,民法典第四部分虽然实现了因加入国际条约而应履行的义务以及对科技新发展的回应,但依然遗留了一些应决而未决的问题,如未对作品的概念予以立法上的规定以及存在与国际条约相违背的内容。[③]《1993 年著作权法》中曾对著作权法中的主要概念做了界定,这种做法被许多国家著作权法采用,也被证明是一种比较好的立法技术。但民法典第四部分却抛弃了这一做法,使得许多术语的含义不再确定。此外,俄罗斯法律一直存在语焉不详的问题,这或许并不能单从法律技术角度进行分析,还应关注其背后的主观原因。苏联时期,这种高度原则性的规定,可以扩大法律的张力,也可以增加法官审理案件时的主动权;在俄罗斯联邦时期,延续这一立法手段不仅可以保留原来的功能,还可以增大法律的张力,以更好地应对国外压力,为自己留有余地。

---

① Фалалеев Алексей Сергеевич, *Авторское право советского периода*, *Проблемы Экономики И Юридической Практики*, Москва: Издательский дом "Юр-ВАК", С. 160.

② Ю. А. Караулова, "Современный этап развития авторского права в России", *Право и Управление. XXI век*, № 1 (10) 2009, С. 21-28.

③ Кастальский. В. Н, *Основные новеллы части четвёртой гражданского кодекса Российской Федерации.* -Москва: Волтерс Клувер, 2007, С. 12.

第三,出现了许多新的术语,而这些术语与世界知识产权组织条约中并不相同,为对外交流制造了障碍。

五是缩减了公共领域的空间。民法典第四部分加大了知识产权的保护力度,但这也引起了一些领域的担忧,例如,在民法典第四部分制定过程中,以 B. P. 菲尔索夫(B. P. Фирсов)为代表的图书馆界就提出过建议,希望能够赋予国家图书馆不经作者同意数字化其作品的权利。①

第三节　俄罗斯联邦时期著作权制度流变的特征

一、著作权制度的发展动力发生改变

俄罗斯联邦时期,著作权制度的发展动力发生了较大变化,沙俄与苏联时期,著作权制度的发展动力主要是为了思想控制,著作权制度发展的原动力是内向型的。俄罗斯联邦时期,随着政治、经济与文化体制的转变,著作权制度的目的发生了变化,发展动力不限于国内要求,还有了更多的国际追求。除国内的实际需要外,著作权制度的发展动力还有以下几点。

一是彻底与苏联时期的著作权制度断裂。“自苏联解体以来,为了迅速实现向自由市场、民主社会的‘转型’并融入国际社会,俄罗斯对整个制度进行了激进式的重组。”②法律被赋予了新的意义,以新的民法典为例,其宗旨便有根本性转变,依 E. A. 苏哈洛夫教授的观点,新民法典的基本方针在于以下四点:恢复私法原则、抛弃经济宣言与政治宣言、

---

① 贺延辉:《俄罗斯图书馆事业政策法规研究》,知识产权出版社 2013 年版,第 171 页。

② [英]玛丽娜·库尔奇扬:《转型对俄罗斯法律的角色的影响》,载[荷]弗雷德·布鲁因斯马、[意]戴维·奈尔肯编:《法律文化之追寻》,明辉、李霞译,清华大学出版社 2011 年版,第 113 页。

保护民事主体财产权益、为企业家制定法典。[1] 俄罗斯联邦时期，法律不仅是一种制度，还是一种信念，更是一种引领走向自由与解放的力量。

二是回归欧洲大家庭的强烈愿望。俄罗斯独立后，重新回归西方文明的怀抱成为一个重要目标。“同历史上大多数重大选择一样，这次俄罗斯寻求振兴的方向和目标是明确的，就是‘重返西方文明’，而且来得更加彻底和坚定。”[2]但融入一个新的团体要求具有一定的同质性，除政治与经济体制外，法律也是一张重要的面孔，至少要看起来像。法律制度的完善同样也是吸引外资的一个重要前提，也是西方重拾对俄罗斯信心的基础。而在知识经济时代，完善的知识产权制度更具意义，而兼有文化法、财产法与政治法性质的著作权制度更是别具意义。因而，“在 20 世纪 90 年代的欧洲，一个新的幽灵正在四处游荡：苏联法律学者正在找寻他们的法律模式”。[3] 在此背景下，俄罗斯著作权制度（甚至整个知识产权制度）的改革便承载了许多政治使命，成为改革者加入欧洲、融入世界的使命，著作权制度发展的原动力变为外向型。

三是提升国家软实力。沙俄与苏联时期，俄罗斯曾凭借其强大武力建立了大国地位，并占据世界一极。但新时代背景下，武力在大国地位塑造中的作用开始减弱，以文化为核心的软实力成为大国的必备要素，并成为展示自身形象的一张名片。而俄罗斯在这方面乏善可陈，“在制度吸引力方面，俄罗斯也未能在国际舞台上扮演模范和引领的角色”。[4] 因而，制度的完善便成为应对国外软实力咄咄逼人影响的不二

---

① ［俄］О. И. 奇斯佳科夫：《俄罗斯国家与法的历史·下卷》（第 5 版），徐晓晴译，法律出版社 2014 年版，第 342 页。

② 李静杰主编：《十年巨变——俄罗斯卷》，中共党史出版社 2004 年版，第 7 页。

③ ［意］简玛利亚·阿雅尼：《苏联法典编纂经验：理论与比较的双重视角》，魏磊杰译，载魏磊杰、张建文主编：《俄罗斯联邦民法典的过去、现在及其将来》，中国政法大学出版社 2012 年版，第 46 页。

④ 许华：《俄罗斯软实力研究》，中国社会科学出版社 2017 年版，前言，第 3 页。

选择。

从著作权制度发展的推动力来看,最大推动力似乎并不是来自国内文化领域的需求,而更多是为实现政治目标的推动。因而,俄罗斯在著作权甚至整个知识产权立法上不可避免地带有理想主义的痕迹,即希望凭借知识产权立法推动创新的发展。而“法律图景与主权、国家自我表现、民族自决、国家声誉以及民族自尊存在特殊的关系,这种关系会给本土立法造成压力,而这种压力要远远大于非法律领域本土化制度构建所面临的压力”。[①] 俄罗斯联邦时期的著作权立法已经脱离了国家社会经济的现状,而演变成为“不同国家与地区之间的知识产权立法竞赛”。[②] 因而,著作权制度的发展并不是国内经济文化生活发展而自然形成的结果,著作权制度变革成为促进社会变迁的推动力。内心的渴望与外界的压力使得著作权制度的发展呈现出跳跃式的变化,形式上完备的著作权制度得以通过鲁莽而仓促的立法而实现。在这一过程中,著作权制度成为自变量而非因变量,这也使得其对民众的著作权制度的回应较少,著作权制度与社会公众之间难免存在鸿沟。

二、著作权制度的发展环境发生改变

俄罗斯联邦时期,著作权制度的发展环境有了新的变化,这主要体现在国际层面上。沙俄与苏联时期的著作权制度基本上是在相对封闭的环境下发展,著作权制度主要是回应国内需求而产生与发展,受国外影响比较少,在学习与借鉴的过程中,俄罗斯的自主性空间比较大。虽

---

① [美]弗雷德里克·绍尔:《法律移植的政治学与动机》,载[意]简玛利亚·阿雅尼、魏磊杰主编:《转型时期的法律变革与法律文化——后苏联国家法律移植的审视》,清华大学出版社 2011 年版,第 41 页。

② David Vaver, “Intellectual Property Rights: The State of Art”, 116 *Law Quarterly Review*, 636, 2000.

然著作权领域的对外交流自沙俄时期便已经开始,但在著作权制度的交流中俄罗斯一直保持谨慎,以便以最小成本使用他国文化资源并促进本国文化产业发展。苏联前期,特殊的时代背景使得著作权制度对外交流的大门关闭,著作权制度几乎完全在封闭的状态下发展,由此苏联在著作权领域开辟了一条新的发展道路,并以其独特风格在著作权史上写下浓重一笔。苏联晚期时,但随着世界经济一体化的发展,以及文化产业在国民经济中重要性的增长,加之一系列著作权国际条约的影响力不断扩大,一国在封闭环境下发展著作权制度的可能性越来越小。长久以来半遮半掩的大门被慢慢打开,著作权制度自主发展的空间越来越小。

俄罗斯联邦时期,著作权制度的发展环境有了新的变化,半掩的大门已经完全被打开。著作权制度也迎来了新的发展,在短短十余年时间内迅速经历了转型、成熟与发达三个阶段。大门的完全打开是主动与被动相结合的结果,主动指的是俄罗斯渴望融入世界的愿望所致,被动指的是外国施加的压力所致。相较而言,被动因素起的作用更大,著作权制度的快速发展实是无奈之举。在著作权领域,加入国际条约意味着新的机会与新的形象,同样也意味着更多的责任,但没有一个国家会脱离自己的国情而主动承担更多的国际义务。因而,俄罗斯著作权制度发展不能再仅以本国利益为出发点,而是要承担所加入国际条约给予的义务,著作权制度的发展也由主动变为被动。这也表明,在当前的时代背景下,随着著作权国际体系的形成与发展,留给各国自由发展的空间已越来越小。而随着和平与文明的发展,在著作权领域,武力所起到的防御作用已经很小。后发国家要想在著作权领域抵制来自国外所施加的压力,必须改变对抗所凭借的力量,当前时代背景下,经济无疑是最有力的手段。

三、著作权制度的面貌发生改变

俄罗斯联邦时期,“在俄罗斯再次出现了完全移植西方世界国家法秩序的西化倾向”,[①]西方国家的著作权制度全面影响了俄罗斯的著作权制度。相较苏联时期,俄罗斯联邦著作权制度的变化可谓华丽的转身,将著作权制度完全纳入民法典是一个突出的亮点。俄罗斯民法典具有其他民法典所不具有的一个功能,即民法典具有准宪法的地位。虽然俄罗斯法学家对欧洲民法典的作用有清楚的认识,但历史的教训与现实的国情成为抬高民法典地位的重要原因。“民法典的起草者认为,只有确认他们的民法典不受俄罗斯政治进程变幻的影响,才能将其提升到神圣不可侵犯的高度。”[②]因而,将著作权制度纳入民法典还有一个特殊的作用,即彻底摆脱了政治的左右。

俄罗斯联邦时期著作权制度的社会主义特征已难寻踪迹,公共利益的地位不再优于私人利益,著作权的内容不断扩张,保护期限不断延长,限制不断缩小。民法典第四部分的通过,可以说是俄罗斯著作权制度与西方著作权制度的融合以及以西方话语权为主导的世界著作权制度接轨,俄罗斯著作权制度已经满足甚至超过了其所加入著作权国际条约的要求,基本上满足了西方国家的要求。

---

① 杨心宇等:《变动社会中的法与宪法》,生活 · 读书 · 新知三联书店 2006 年版,第 158 页。

② [美]克里斯托弗 · 奥萨魁:《俄罗斯联邦与哈萨克斯坦 1994 年民法典之比较——对两部前苏联共和国之经济宪法的检讨》,于庆生译,载魏磊杰、张建文主编:《俄罗斯联邦民法典的过去、现在及其将来》,中国政法大学出版社 2012 年版,第 138 页。

第四章　俄罗斯著作权制度流变的特点与启示

第一节　俄罗斯著作权制度流变的特点

一、著作权制度的法典化传统

（一）法典化的悠久历史

1. 俄罗斯法律的体系化进程。俄罗斯法律具有庞杂无序的传统，法律繁杂混乱的现象在每一个历史时期都曾经存在。沙俄时期的大部分时间里，俄罗斯法律体系处于混乱之中，“尼古拉一世确信，司法中的弊端和滥用的原因，在于杂乱无章、堆积如山的法规之间充斥着过多的矛盾，所以必须删除古老的、已经失效的法律规定、对现有实效的法规加以确认”。[①] 苏联早期，旧法与新法并存，使得法律体系的混乱程度较沙俄时期更甚。后期虽然进行了一系列体系化活动，但新法不断出现，且法出多门，法律体系混乱的弊病依然存在。苏联解体后，新旧两种体制的法律并在，不仅导致法律适用困难，还成为社会与经济转型的障碍，民众对法律制度丧失信心，建立稳定而权威的法律体系迫在眉睫。因而，法律体系化成为历代政府的一项艰巨任务。俄罗斯法律的体系化可分为三个阶段。

① ［日］大木雅夫：《比较法》，范愉译，法律出版社 2006 年版，第 210 页。

第一阶段为法律汇集阶段，即将所有的法律材料收集整理成册。法律汇集始于古罗斯时期，第一部有影响的法律汇集莫过于《罗斯法典》，产生于公元7世纪左右，其效力一直延续到莫斯科公国时期。《罗斯法典》虽有法典之名，实为法律汇集，其特点为诸法合一。1649年出台了一部大型的、史无前例的立法文件汇集——《法律大全》，其几乎囊括了当时俄罗斯所有的部门法。《法律大全》得到俄罗斯国内学者的高度评价，认为"就其内容和意义而言，《法律大全》是一部不仅在俄罗斯，而且在整个欧洲都前所未有的法律"。① 彼得一世时期，俄罗斯的立法技术有了显著提高，并开始了大规模的法典化运动。1700年，彼得一世设立了专门的法典编纂局，并于1722年制定了一部新的法典——《军事法典》。叶卡捷琳娜二世对立法的热爱与彼得一世相比不遑多让，史书称其患有立法热（легисломание），是一个法典编纂的狂热者，在其执政期间俄罗斯立法有了新的发展。1767年，在其授意下成立了专门的法典编纂委员会，并尝试制定一部新的民法典，但最终未能实现未获成功。总而言之，19世纪前，俄罗斯在法律体系化上进行了许多尝试，并取得了一些成绩。但这些活动与成绩却与法典相去甚远，因为这些努力只不过是"额头流汗"，创造性成分相对较少。

第二阶段为法律汇编时期，即采用科学的方法对已有法律进行整理。19世纪时，俄罗斯的法律人才培养有了长足的进步，并出现了一批较高素质的法学家，这使得俄罗斯的法典化运动进入了新的阶段。尼古拉一世在位期间，重新任命M. M. 斯佩兰斯基为法典编纂委员会的负责人。为完成这一历代君主追求未果的事业，M. M. 斯佩兰斯基对编纂工作进行了认真规划，将这一伟大事业分为三个步骤进行：一是对已

---

① ［俄］O. И. 奇斯佳科夫：《俄罗斯国家与法的历史 · 上卷》（第5版），徐晓晴译，法律出版社2014年版，第207页。

有法律的汇集,即按时间顺序汇集了自1649年《法律大全》至尼古拉一世执政初期的全部规范性文件,形成了《法律全集》。二是对已有法律进行汇编,即对已有法律文件进行整理,排除其中已经失效和相互矛盾的规范,并对其文本进行编辑加工。这一步骤的成果是形成了《俄罗斯帝国法律汇编》,完成时共15卷、8部,1885年又对其进行了补充,增加了一卷(以诉讼立法为主)。《法律汇编》按部门法构建,公法与私法已经有了较为清晰的界限,较之前的法律汇集有明显的进步。三是编纂法典,鉴于俄罗斯法律的复杂与烦琐,法典化的目标显然不是简单的修补便能实现,需要对俄罗斯法律进行伤筋动骨方可实现,这无疑会对沙皇的统治地位提出挑战。而“同拿破仑的决裂及由此而产生的反应使尼古拉一世在位时人们所能做到的将只是俄国法的新的‘巩固’,而不是真正的法典编纂与现代化”。[①] 因而,第三步工作并未真正开展。

第三阶段为法典化阶段。19世纪后半期,俄罗斯法典化活动持续发展,尼古拉二世执政期间,于1905年公布了一部民法典草案并在社会上公开征求意见,但却因为第一次世界大战的爆发而没有完成后续工作。虽然沙俄时期的统治者对民法典情有独钟,但却未能完成这一伟大工程。苏联时期,在对实证规则乐观主义的影响下,法典成为统治者的追求,因为法典代表了权威,代表了一种无须解释的封闭体系,“法典为政治权力的使用者确立了一套明确的规则,因而就增强权力使用的效率与权威性,减小了其使用的风险”。[②] 此外,法典也是社会主义制度优越性的一个体现,因为“法典一直视作旨在完成前社会主义的立法

---

① [法]勒内·达维德:《当代主要法律体系》,漆竹生译,上海译文出版社1984年版,第155页。

② 严存生:《法的“一体”和“多元”》,商务印书馆2008年版,第140~141页。

遗留下的未尽义务的最为适当之形式”。[①] 在此动力之下，苏联时期在法典制定上取得不错的成绩，并于 1922 年通过了俄罗斯历史上第一部民法典。此外，还于 1964 年通过了另一部民法典。苏联解体后，民法典被赋予了更多的意义，被视为法律改革的基石与“俄罗斯联邦的经济宪法”。[②] 民法典成为推动社会变革的重要动力，制定一部不同于苏联时期的民法典被视为形成自由市场经济的先决条件，为此，新政府马上投身于新民法典的制定，并迅速完成了这一任务。1994 年 10 月 21 日，国家杜马通过了民法典第一部分，自 1995 年 1 月 1 日起实行。第二部分国家杜马于 1995 年 12 月 22 日通过，自 1996 年 3 月 1 日起施行。第三部分于 2001 年 11 月 1 日由国家杜马通过，并于 2001 年 11 月 14 日由联邦委员会批准，自 2002 年 3 月 1 日起施行。第四部分于 2006 年 11 月 24 日由国家杜马通过，2006 年 12 月 8 日由联邦委员会批准，自 2008 年 1 月 1 日起施行。民法典分阶段制定施行，反映了俄罗斯联邦政府对民法典的渴望，以及通过民法典促进社会经济转型的期望。俄罗斯学者 B. B. 别兹马赫对俄罗斯联邦时期的民法典给予高度评价，“可以不夸张地说，俄罗斯历史上正是由于第三部新民法典的出现，使该法典成为现代俄罗斯法体系形成的基石”。[③]

2. 体系化的民族进路与科学进路。从语义上分析，汇集是对已有法律的收集与整理，其主要目的在于保存已有的法律；汇编（свод）是对已有法律的类集编次，其主要目的在于回答“规则在哪里”；编纂（уложение）是指对已有法律进行整理而使之系统化，通过编纂，编纂者

① ［意］简玛利亚·阿雅尼：《苏联法典编纂经验：理论与比较的双重视角》，魏磊杰译，载魏磊杰、张建文主编：《俄罗斯联邦民法典的过去、现在及其将来》，中国政法大学出版社 2012 年版，第 51 页。

② Corinna M. Wissels, “The Russian Civil Code: Will it Boost or Bust Franchising in Russia?” 22 *Rev. Cent. and East Eur.* L. 498, note 8 (1996).

③ 鄢一美：《俄罗斯当代民法研究》，中国政法大学出版社 2006 年版，前言，第 7 页。

回应了“规则是什么样的”这种需求。[①] 从方法来看，汇集相对简单，现已不再是一种立法模式。汇编与编纂的技术含量较汇集更高，是法律科学发展到一定阶段的产物。但汇编与编纂却有较大的不同，除方法上的不同之外，在俄罗斯，二者的不同还体现在政治意义上，象征了两种对立的政治理念。“法典编纂”与发展民族国家和法律的改革意识、亲欧洲趋势相关联，而“法律汇编”则被用来作为“原创的”国家保守主义运动的法律具体化。[②] 就立法水平而言，编纂较汇编更高，因而，法律汇编虽然充满了民族因素，但却在更为科学与发达的法典编纂冲击下日趋式微。虽然俄罗斯历史上曾经有过反法典化的运动，如卡拉姆津学派的人便从民族立场以及维护沙皇统治的角度出发认为，法典编纂是与“欧洲的怪胎——革命的法国——革命成果”联系在一起的，[③]并在一定程度上影响了俄罗斯法典化的进程，但科学最终战胜了民族意识，促成了法典编纂在立法方式上的胜利。然而，虽然法典编纂取得了胜利，但法律汇编的影响依然存在。在 2006 年通过的民法典第四部分中，包含大量非民事的规定，从这其中我们又可以找到法律汇编的许多影子，使得俄罗斯民法典更像是一部综合性的法典，而非民法典。

---

① ［意］简玛利亚·阿雅尼：《苏联法典编纂经验；理论与比较的双重视角》，魏磊杰译，载魏磊杰、张建文主编：《俄罗斯联邦民法典的过去、现在及其将来》，中国政法大学出版社 2012 年版，第 47 页。

② ［俄］塔提阿娜·波丽索娃：《俄罗斯民族的法律传统——19 世纪俄罗斯的法律汇编与法典编纂》，载魏磊杰、张建文主编：《俄罗斯联邦民法典的过去、现在及其将来》，中国政法大学出版社 2012 年版，第 3 页。

③ ［俄］塔提阿娜·波丽索娃：《俄罗斯民族的法律传统——19 世纪俄罗斯的法律汇编与法典编纂》，载魏磊杰、张建文主编：《俄罗斯联邦民法典的过去、现在及其将来》，中国政法大学出版社 2012 年版，第 21 页。

(二)著作权制度的法典化

纵观俄罗斯著作权制度立法史可以发现一条清晰的路线,即著作权法由附属法演变为独立的单行法,并最终成为民法典的一个组成部分。从沙俄时期开始便开始了将著作权制度纳入民法典的尝试,这种试验由最初简单的汇编与镶嵌而演变为通过编纂而融入。1828年《作家权利条例》是作为《书刊检查指令》的附属法而存在,但在1833年颁布的第一部帝国法律汇编便将《书刊检查指令》及其附属部分的著作权制度收录其中,在之后的每个版本的法律汇编中,均保留了关于著作权的规定。1905年公布的《俄罗斯帝国民法典草案》中,将著作权制度作为物权制度一种特殊形式做了规定,开始了将著作权制度纳入民法典的做法。苏联时期,《1922年苏俄民法典》制定时也曾考虑将著作权制度纳入其中,但因时间原因而作罢,为此不得已采用单行法的方式规定著作权制度。但将著作权纳入民法典的努力与呼声一直未曾中断,"一些作者也曾企图在科学、技术、文学和艺术方面制定统一的法律制度,他们在不同时期曾经建议把著作权法与发明权法统一起来;或者把著作权法、发明权法和发现权法统一起来;或者把发明权法和发现权法统一起来等等"。[①] 自《1961年民事立法纲要》始,著作权制度重新成为民法典的一个重要组成部分,之后的《1964年苏俄民法典》与《1991年民事立法纲要》均做类似规定。俄罗斯联邦时期虽有过短暂的著作权单行法时期,但这仅是一个过渡,将著作权制度(乃至整个知识产权制度)完全纳入民法典的想法从来没有中止过。在《示范民法典》以及2008年通过的《俄罗斯联邦民法典》第四部分,均将著作权制度作为民

① [苏]В. П. 格里巴诺夫、С. М. 科尔涅耶夫主编:《苏联民法》(下册),中国社会科学院法学研究所民法经济法研究室译,法律出版社1986年版,第451~452页。

法典一个不可或缺的组成部分。

（三）著作权制度法典化的反思

将著作权制度纳入法律汇编并不会引起太大的争议，但将著作权制度（乃至整个知识产权制度）纳入民法典的做法却充满了争议与不解。自《1964年苏俄民法典》第一次将知识产权制度纳入民法典时起，便存在对这种立法模式的争议。直至2006年《俄罗斯联邦民法典》第四部分制定时，争议达到了顶峰。我国也有学者认为，知识产权制度的完全民法典化是“现代俄罗斯立法者在知识产权立法民法典化模式道路上的极端性发展”。[①] 值得反思的是，俄罗斯为什么会在国内外一片争议声中选择了法典化的进路呢？

知识产权制度完全民法典化的一个理由在于俄罗斯民族的性格使然。俄罗斯诗人丘特切夫曾说过，“理性不能理解俄罗斯”，如果要给出一个俄罗斯人的特征，那么“极端”或许是一个最好的选择。“在俄国人的个性中，最突出的特征就是在不同的极端之间摆动的趋向。”[②]在其历史演变中，俄罗斯著作权制度经历了数次断代史的发展，充分地体现了这一极端的性格特征。沙俄时期，在坚持本国利益至上的前提下，通过模仿西欧诸国著作权制度俄罗斯建立了符合自己国情的著作权制度，形成了良好的发展轨迹，并达到了世界领先水平。而在苏联时期，俄罗斯人以大无畏的革命精神对著作权制度进行了极端式的改革，沙俄时期许多合理的理念与制度被抛弃，建立了一个新的、独具特色的社会主义著作权制度。进入俄罗斯联邦时期，苏联时期的著作权理念被彻底放弃，而是回归了沙俄的老路上。俄罗斯人常讲的一句话

① 张建文：《俄罗斯知识产权立法法典化研究》，知识产权出版社2011年版，第57页。

② 周尚文等：《苏联兴亡史》，上海人民出版社2002年版，第14页。

可以形容俄罗斯著作权制度的发展史：我们用一百年画了一个圈，从原点出发又回到了原点。沙俄时期设计了一条与世界著作权制度相合的发展轨道，但苏联时期却另行开辟一条新的道路，俄罗斯联邦时期著作权制度的发展又重新转回了沙俄时期预设的轨道。俄罗斯学者克柳切夫斯基曾做过一个形象的比喻，"俄国社会走过的道路看起来很像俄国的乡间小路，两地之间距离虽不远，但如果沿着这条弯弯曲曲的小路走下去，要比沿着一条较直的道路多走两倍以上的路程"。[①] 以此来形容俄罗斯著作权制度近200年曲折反复的发展历程同样贴切。

促使俄罗斯知识产权完全民法典化的另一个理由在于其野心。著作权制度乃至整个知识产权制度完全纳入民法典是一个很大的冒险，俄罗斯人又一次向我们展现了其伟大的勇气与胆量。俄罗斯人的勇气与他们的野心是相对应的，"俄罗斯作为一个文化区域或者一种文明，有意或者不由自主地觊觎世界的'中心'地位和'连接'点"。[②] 自沙俄时期，俄罗斯便渴望一个全球角色。陀思妥耶夫斯基曾说过，俄罗斯要在世界舞台上扮演一个独一无二的角色。俄罗斯不甘心扮演中等强国和地区性领导的角色，它将自己视为一个世界顶级俱乐部的国家。[③] 恰达耶夫认为，"俄罗斯横跨欧亚两洲，介乎东方与西方之间，与中国与德国相邻，理应在自己身上将精神天性的两大因素——相像和理智结合起来，让全球的历史统一于我们的文明之中"。[④] 俄罗斯人从来就不甘于平庸，武力曾经创造了俄罗斯的全球角色，但在当前背景，要谋求

---

① ［俄］O. B. 克柳切夫斯基：《俄国各阶层史》，徐昌翰译，商务印书馆1990年版，第27页。

② 郭小丽：《俄罗斯的弥赛亚意识》，人民出版社2009年版，第403~404页。

③ ［俄］德米特里·特列宁：《帝国之后：21世纪俄罗斯的国家发展与转型》，韩凝译，新华出版社2015年版，第233页。

④ ［俄］罗伊·麦德维杰夫：《普京总统的第二任期》，王尊贤译，社会科学文献出版社2007年版，第248页。

一个全球角色绝非单凭过去所仰仗的武力便可实现,文化上的发达同样具有重要的意义。作为文化重要组成部分以及文明象征的法律制度便成为超级大国的一个重要符号,在知识产权制度上的创造便是描绘这个符号的浓重一笔。正如 E. A. 苏哈洛夫在论证知识产权纳入民法典时所说的那样,“我们不能总是缓慢地尾随他人,现在终于出现了在某方面成为领先者的良机”。①

著作权制度的法典化还与统治者的喜好相关,俄罗斯统治者在立法上的雄心与举措并不完全来自法律科学的自身发展,而是将立法视为一种证明。正如俄罗斯人因其勇气和胜利而在欧洲颇具声望一样,他们的立法也将表明,他们在思维敏捷和思想活跃方面是多么的伟大。“他们的立法将证明,他们配得上‘伟大’这个形容词”。② 国内也有观点认为,民法典第四部分在一片争议声中草草出台与民法典编纂的政治荣誉密不可分,普京已经为民法典第四部分花费了巨大的精力,怎么可能让继任者坐享最终完成俄罗斯联邦民法典编纂的政治荣誉。③ 该观点虽然具有很大的猜测成分,但却不无道理。

将俄罗斯的知识产权完全民法典化视为(甚至可以誉为)一个伟大的尝试并不过分,但伟大的尝试并不意味着取得成功的结果。“政治的正确和充满热情的行为不是制定政策的良好基础”。④ 在制定民法典时,有良好的愿望与远大目标的追求是应该的,但这并不是民法典制定的出发点,民法典的基础仍然在其科学性。因而,我们应理性地分析著

① 《白皮书:知识产权法典化的过程与问题》,第 56 页。

② [俄]塔提阿娜·波丽索娃:《俄罗斯民族的法律传统——19 世纪俄罗斯的法律汇编与法典编纂》,载魏磊杰、张建文主编:《俄罗斯联邦民法典的过去、现在及其将来》,中国政法大学出版社 2012 年版,第 10、14 页。

③ 张建文:《俄罗斯知识产权立法法典化研究》,知识产权出版社 2011 年版,第 87 页。

④ [英]彼得·罗澜:《中国的崛起与俄罗斯的衰落:市场化转型中的政治、经济与计划》,隋福民译,浙江大学出版社 2012 年版,第 247 页。

作权制度的法典化,对于俄罗斯而言,著作权制度的完全民法典化既是一种传统,也是一种孜孜追求,但这种追求有时脱离了理性。将知识产权制度纳入民法典向来争议颇多,俄罗斯最终采纳一元立法模式的理由似乎并不服众。从民法典第四部分的制定来看,特别是围绕着第四部分与民法典关系所引起的国内激烈争议来看,俄罗斯在民法典制定过程中似乎受其民族性立法的进路,即法律汇编的思想影响较大,这也使得许多行政规定得以在民法典中存在,而这样的做法在其他民法典是较为罕见的。从民法典的制定与出台过程来看,第四部分的制定也并非制定之前深思熟虑的结果,例如,民法典总则篇的第 138 条曾对知识产权做了概括性规定,规定公民或法人可以对其智力成果以及与智力成果相当的独特方法享有专有权利,亦即知识产权。但到民法典第四部分通过时,却因第 138 条规定与第四部分(特别是第 1225 条)相冲突,又不得不将第 138 条废除(Федеральный закон от 18. 12. 2006 N 231-ФЗ.),这也表明,民法典第四部分的制定并非一早就详细规划好的。立法的仓促性与知识产权领域变化的频繁性使俄罗斯不得不对民法典第四部分频频修改,第一次修改时间为 2007 年 12 月 1 日,此时民法典第四部分还未正式实施。截至 2019 年 7 月 26 日已修改了 26 次之多,[①]对于一部法典而言,在短时间内进行如此频繁的修改显然过多了。

---

① 第四部分的修改情况如下:Список изменяющих документов (в ред. Федеральных законов от 01. 12. 2007 N 318-ФЗ, от 30. 06. 2008 N 104-ФЗ, от 08. 11. 2008 N 201-ФЗ, от 21. 02. 2010 N 13-ФЗ, от 24. 02. 2010 N 17-ФЗ, от 04. 10. 2010 N 259-ФЗ, от 08. 12. 2011 N 422-ФЗ, от 02. 07. 2013 N 185-ФЗ, от 02. 07. 2013 N 187-ФЗ, от 23. 07. 2013 N 222-ФЗ, от 12. 03. 2014 N 35-ФЗ, от 31. 12. 2014 N 530-ФЗ, от 29. 06. 2015 N 205-ФЗ, от 13. 07. 2015 N 216-ФЗ, от 28. 11. 2015 N 342-ФЗ, от 28. 11. 2015 N 358-ФЗ, от 30. 12. 2015 N 431-ФЗ, от 03. 07. 2016 N 314-ФЗ, от 28. 03. 2017 N 43-ФЗ, от 01. 07. 2017 N 147-ФЗ, от 14. 11. 2017 N 319-ФЗ, от 05. 12. 2017 N 381-ФЗ, от 23. 05. 2018 N 116-ФЗ, от 27. 12. 2018 N 549-ФЗ, от 18. 07. 2019 N 177-ФЗ, от 26. 07. 2019 N 230-ФЗ, с изм., внесенными Постановлением Конституционного Суда РФ от 13. 12. 2016 N 28-П).

对知识产权制度采用一元立法模式的一个主要原因在于分散立法容易导致法律适用上的混乱与矛盾，这也意味着民法典第四部分颁布实施后，不应再有知识产权单行法的存在。但是，俄罗斯却于2013年通过了《网络反盗版法》，这似乎宣告了一元立法模式的失败。

二、行政权力的强有力推动

行政权力与法制发展具有密切的关系，对于著作权制度后发国家而言，行政力量的作用更为明显，因为著作权制度往往并非后发国家的自然产物，而是学习与借鉴的结果。无论著作权制度的学习与借鉴是主动还是被动，行政力量均在其中扮演了重要的角色。因为，法律制度的学习与借鉴不仅与被移植国家的环境相关，也与被移植国家与移植国家领导人的主观动机、态度以及所使用的方法密不可分。[①]

（一）行政权力推动的作用

以法治进程的推动力为依据，法治进程的模式可以分为政府推进型与自然演进型。政府推进型是以行政权力的设计、引导、创制以及保障来推动法治进程。自然演进型强调的是社会自主性、积极性以及民众实践创造性对法治的推动作用。[②] 对于政府推动型而言，行政力量的作用不言而喻。行政力量对于自然演进型的作用同样不可忽视，虽然社会背景是法律发展的根本动力，但仅有社会的变化是远远不够的，“为了使法律发生变化，还必须先增加政治压力，只有当政治压力达到必需的强度时，法律才会开始发生变化。”[③]对那些期望通过法律来实现

---

① 杨华权：《中国著作权观念的历史解读》，北京大学出版社2016年版，第8页。

② 马长山：《国家、市民社会与法治》，商务印书馆2002年版，第15页，注释1。

③ ［日］大木雅夫：《比较法》，范愉译，法律出版社2006年版，第4页。

现代化的制度后发国家而言,行政力量在法制发展中自上而下的引导作用更为突出。正如周旺生先生就行政力量与法典编纂关系所指出的那样,“君主重视法典编纂,是长时期法典编纂的重要特征”。[①] 但行政力量在法律建设中的作用既有积极的一面,也有消极的一面。就积极一面而言,可以大大地提高立法的效率,推进立法的进程。《法国民法典》的制定就是一个实例,如果没有拿破仑超强的个人影响力,《法国民法典》的出台至少要晚上很多年。不仅如此,拿破仑对《法国民法典》的内容与语言做出了巨大贡献,并使其成为世界上最成功的民法典之一。[②] 另外,行政力量在一定程度上可以提高立法的层次,建立起形式上完善的法律体系,使立法更具有前瞻性与引导性。但行政力量对法制建设的介入不可避免地会带来一些消极的影响,因为“权力总是不断地争取和蚕食法律的实质”,[③]政府的非理性追求可能会影响法律的风格以及对私人利益的漠视。而这种消极影响在专制政府中体现得更为明显,因为专制政府的介入往往带有野蛮的风格,往往使立法脱离实际。

行政权力在俄罗斯著作权制度发展中具有重要的意义,这与俄罗斯的专制体制密切相关。日本学者穗积陈重认为,俄罗斯具有悠久的专制历史,法律的工具性特征明显,法律制定乃政府的事业,与民众的法律意识无关,民众也无从参与法制建设之中,因而法制建设,如法典编纂“只是政府之事业,而不容人民议论法典编纂的可否;只是法律家

---

① 封丽霞:《法典编纂论——一个比较法的视角》,清华大学出版社 2002 年版,序言,第 16 页。

② [德]茨威格特、克茨:《比较法总论》,潘汉典等译,法律出版社 2003 年版,第 128~129 页。

③ [美]E. 博登海默:《法理学:法律哲学与法律方法》,邓正来译,中国政法大学出版社 2004 年版,第 375 页。

的职务，而政治家自身任意，且对法典编纂的事业尽深思熟虑之劳者甚少”。[①] 俄罗斯的专制体制有其必然性的一面，俄罗斯是由 100 多个民族组成的大帝国，但是这些民族的结合并非自然融合的结果，而是凭借武力这一外力所致，因而，“也就谈不上具有内在的涵摄力、凝聚力，倒是潜伏着巨大的离心力”。[②] 广阔的国土面积以及脆弱的边防，促使俄罗斯必须建立独裁的专政来维护国家的稳定。[③] 但是独裁的专政又不可避免地对社会的经济文化带来独特的影响，俄罗斯的法制建设亦深受此种政治模式的影响。玛丽娜·库尔奇扬（Marina Kurkchiyan）便认为，“俄罗斯一向以其从未间断过的独裁统治、其政治对法律的支配地位、其中央集权的官僚体制、其国家制度与教会之间的紧密联系而著称于世”。[④] 国内也有学者认为，“俄罗斯历史上未曾发生过西欧国家普遍经历的文艺复兴、宗教改革和启蒙运动，最高统治者扮演了西方技术和先进思想文化的导入者的特殊角色，而这种导入在主观上极具选择性和目的性”。[⑤] 因而，在俄罗斯法制建设过程中，缺乏必要的自生机制，行政力量的作用至关重要。虽然在俄罗斯近现代史上发生过多次重大革命，但这些革命与西方国家近现代发生的重大革命有所不同，均未导致权力的分离，行政权力持续高度集中。在俄罗斯历史上，人治始终占据主导地位，这也使得俄罗斯的法律进路具有明显的工具主义与形式主义特点。行政力量的触角能够延伸至著作权制度建设的任何一个细节，严格地监控着著作权制度的建设过程与品格，以至于著作权制

---

① ［日］穗积陈重：《法典论》，李求轶译，商务印书馆 2014 年版，第 16 页。

② 陈黎阳：《苏联解体后的俄罗斯民族主义》，重庆出版社 2006 年版，第 32 页。

③ ［英］杰弗里·霍斯金：《俄罗斯史》（第 1 卷），李国庆等译，南方日报出版社 2013 年版，第 6 页。

④ ［荷］弗雷德·布鲁因斯马、［意］戴维·奈尔肯编：《法律文化之追寻》，明辉、李霞译，清华大学出版社 2011 年版，第 115 页。

⑤ 张建华：《帝国风暴：大变革前夜的俄罗斯》，北京大学出版社 2016 年版，第 247 页。

度的发展就像是一场自上而下的革命。

(二)政府推进立法的影响

在俄罗斯著作权制度乃至整个法律制度的发展中,政府推进起到了至关重要的作用,这一现象在各个时期均有明显的体现。

沙俄时期实行的是专制统治,行政权力自然成为立法的主导。虽然俄罗斯古代法律有一定程度的发展,但却孕育不了符合时代要求与世界潮流的法律,这也就注定当时俄罗斯法律的发展模式必然是由上而下的,即以政府为主导的立法模式。沙俄时期,立法完全由政府主导,政府对立法期望较大,希望通过立法实现西化,因而,法律制度的发展主要通过借鉴与模仿国外法律而进行,却忽视了本国的传统文化。彼得一世时期的立法具有明显崇洋媚外的特征,竟至荒谬绝伦的地步,法律文件中毫无必要地充满大量的外国词汇(以德文为主)。[①] 此外,彼得一世迷信法律的无限威力,相信国家法令的无限威力,因而,在他执政期间,俄罗斯立法有一个突出的特点,即对生活的每个细节都作了吹毛求疵的严格规定,该做法是以“臣民应将自己的主权全部转交给最高政权”这一假设为根据,以此证明强制和野蛮暴力的合理性。[②] 叶卡捷琳娜二世在位期间,沙俄的立法水平达到一个新的高度。1767年,叶卡捷琳娜二世曾成立了一个近600人的法典编纂委员会,其成员来自各行各业,包括中央机关和教会派出的代表、贵族、市民、国有农民、哥萨克和非俄罗斯民族代表。因成员复杂,所代表的利益经常抵牾,立法工作进展缓慢,迟迟未完成法典的编纂工作。叶卡捷琳娜对此

---

① [俄]О. И. 奇斯佳科夫:《俄罗斯国家与法的历史·上卷》(第5版),徐晓晴译,法律出版社2014年版,第246页。

② [俄]О. И. 奇斯佳科夫:《俄罗斯国家与法的历史·上卷》(第5版),徐晓晴译,法律出版社2014年版,第247页。

极为失望,并于1774年终止了委员会的工作,决定由其本人独立完成立法工作,该事件也证明了专制统治者在沙俄时期立法中的主导作用。保罗一世执政期间,行政力量对立法的影响更大,甚至出现了极端的事例。例如,在制定商法典时,圣彼得堡的主要商人被集中关在一间屋内,只有法典的完成才能换取他们的自由。较群体立法而言,个人立法更具有易变性与非理性等特征,因而,沙俄时期立法者的理念与价值偏向受时代与社会局势的影响较大。当沙俄与西欧诸国处于关系"蜜月期"时,法律的内容与形式便具有明显的西欧因子。但是当二者关系恶化时,这种因子便被人为地去掉。例如,因拿破仑对俄国的入侵,使得俄国统治者对法国产生厌恶,并排斥一切来自法国的影响,亲法的斯佩兰斯基的命运便是最好例证。总体而言,沙俄专制体制下的许多立法并不是出于实际执行,"而是由时尚和君主政体之声望考量而激发起来的"。[①] 以上特征在著作权制度的发展中同样得到体现,沙俄时期著作权制度受行政力量影响较大,著作权制度乃是为控制思想传播而建立,行政力量对著作权制度的形成与发展均起到主导作用。

苏联时期,构造了一个比沙俄更具有权势与影响的帝国,[②]行政权力在法制建设中的地位同样举足轻重。国家需要什么样的法律,法学家便可以很快制定出来,并可以顺利通过并实施。此种立法模式虽然可以短期内形成表面上的法学繁荣,但也使得法律仅具有形式上的意义,法律与实际需要脱节明显,法律的功能往往不能得以实现。勃列日涅夫曾对这一现象进行批判,认为许多法律就像彼得大帝时期制造的大炮一样没有发射过。著作权立法改动频繁,法出多门,行政机关的命

---

① [俄]塔提阿娜·波丽索娃:《俄罗斯民族的法律传统——19世纪俄罗斯的法律汇编与法典编纂》,载魏磊杰、张建文主编:《俄罗斯联邦民法典的过去、现在及其将来》,中国政法大学出版社2012年版,第5页。

② 张昊琦:《俄罗斯帝国思想初探》,知识产权出版社2012年版,第139页。

令经常凌驾于法律之上,成为处理著作权领域纠纷的首要依据。

俄罗斯联邦时期实行的是威权统治,其特点为"可控民主"(управляемая демократия),即存在"一个凌驾于民主之上的控制者",[①]其实质是"民主化表象下的强人政治"。[②] 20世纪90年代后期,在痛思无政府主义带来的混乱后,俄罗斯开始理性地分析国家与法的关系,认为法与国家政权应并头而进,不能有失偏颇,认识到"强力国家是俄罗斯发展的方向,并指出强力国家是法治国家,是合理发挥国家和法的作用的民主国家"。[③] 俄罗斯自由民主党创始人B. B. 日里诺夫斯基(B. B. Жириновский)便认为,俄罗斯虽然需要民主,但它的未来不在民主之中,因为俄罗斯不能通过西方的民主模式摆脱已经生活了75年的环境,这会导致俄罗斯的彻底毁灭。俄罗斯需要强有力的独裁统治。[④] 普京也在2000年的一次讲话中同样指出,强大的国家是秩序的源头和保障,是变革的倡导者和主要推动力,个人公民的民主权必须服务国家行政力量。[⑤] 虽然建立与西方一样的法治是俄罗斯追求的目标,但行政权力在社会中的地位依然突出。例如,虽然俄罗斯联邦依照西方建立了宪政制度,但同时"也带有明显的强化总统权力的'俄罗斯特色'",[⑥]总统实质上依然超然于议会、政府与司法机关。这一特色既是应对复杂国内外局势的不得已选择,也是其传统之延续。从《俄罗斯联邦民法典》的制定过程来看,行政力量、特别是来自国家元首的关

① 李静杰主编:《十年巨变——俄罗斯卷》,中共党史出版社2004年版,第267页。

② 冯绍雷:《20世纪的俄罗斯》,生活·读书·新知三联书店2007年版,第205~210页。

③ 张俊杰:《当代俄罗斯法学思潮》,法律出版社2008年版,第3页。

④ [俄]弗·沃·日里诺夫斯基:《俄罗斯的命运》,李惠生译,新华出版社1995年版,第216~217页。

⑤ 林精华:《误读俄罗斯——中国现代性问题中的俄国因素》,商务印书馆2005年版,第261页。

⑥ [美]兹比格纽·布热津斯基:《大棋局——美国的首要地位及其地缘战略》,中国国际问题研究所译,上海人民出版社1998年版,第21页。

注，是俄罗斯民事立法前进的主要推动力。许多立法机构，如私法学院、民事立法法典化与完善委员会等，都具有行政机关的性质。2003 年成立的民事立法法典化与完善委员会[①]直接隶属俄罗斯总统，委员会由三类成员组成：行政人员 15 人，学术机构 13 人，律师 1 人，行政权力对法律制度的影响可见一斑。虽然委员会的功能仅是向总统提供立法建议，但因其特殊地位，它的建议往往具有很大影响力。在知识产权立法模式存在较大争议甚至二元立法模式呼声更大的背景下，俄罗斯最终选择了完全民法典的一元化立法模式，就与该委员会的积极推动不无关系。鉴于该委员会具有较强的官方背景，所以 M. A. 费多托夫在民法典第四部分的议会听证中将其与墨索里尼时期的民法典相媲美，视其为法西斯式立法也就不足为怪了。此外，在民法典中行政法与民法糅合之处颇多，例如知识产权制度中包含大量的行政规定，并因此而成为反对知识产权制度纳入民法典的一个重要理由，但俄罗斯行政权力介入法律制定的传统使得这一理由并未起到太大作用，因为“这一实用主义的解决方案无疑受到此种历史背景的影响：在苏联占主导地位的国有财产观念中，没有必要严格区分民法和行政法”。[②] 但不可否认的是，在行政权力的强势推动下，俄罗斯联邦时期的著作权制度迅速完成了转型，并完全融入世界版权体系之中。

（三）政府推进立法的反思

从历史角度来看，俄罗斯著作权制度的发展属于典型的政府推进

① 该委员会根据 2003 年 10 月 29 日颁布的第 1267 号总统令——《关于保障直属俄罗斯总统的民事立法法典化与完善委员会的活动》成立。

② ［荷］沃特·斯奈德：《俄罗斯联邦民法典与荷兰新民法典：相似与差异》，载魏磊杰、张建文主编：《俄罗斯民法典的过去、现在及其未来》，中国政法大学出版社 2012 年版，第 183 页。

型立法,即强调政府运用强制力规制经济和社会的法制建设模式,①行政权力在著作权制度发展中居于主导地位。行政权力在西方许多国家著作权制度发展中均具有重要的作用,但行政权力发挥作用的方式并不相同。虽然同是行政权力对法制建设施加影响,但在西方国家行政权力的影响是外向型的,如同客人进入主人的室内,并未成为法制发展的主导;而在俄罗斯行政权力的影响却是内发型的,即行政权力从来就是房室的主人,在法制建设中占据了主导地位。非官方组织,如英国的出版公会与美国的作家协会等,在西方诸国著作权制度发展过程中起到了重要作用,但这些组织在俄罗斯要么隶属于行政权力,要么在行政权力的强力控制之下,对著作权制度发展起到的作用很小。

由行政权力主导的著作权制度发展具有一个明显的特征,即经历了多次断裂式的剧变与转型,如苏联时期的转型与俄罗斯联邦时期的转型。突变式的转换与政治体制的不稳定相关。如同俄罗斯历史上的政治改革路径一样,法律上的改革或转型也总是企图通过裂变式的自上而下的改革来实现。因而,必然要求强有力的行政力量作为保证,因为新的改革总是期望推倒一切重新再来,这也使得改革不可能在社会自我变革的力量下进行,因而,行政权力在改革中的作用就越发突出。“法律制度中真正有深远意义的变化通常来自外界:人们往往是通过行使政治权力以推进立法行动而实现这些变化的,同时这些变化越深刻,权力在实现这些变化方面的作用也就可能越大。”②因而,俄罗斯著作权制度发展的主要动力并非来自内在的制度自身,而更多的是制度之外,特别是行政权力的强力推动。当然,俄罗斯著作权制度断裂式的

① 苏力:《法治及其本土资源》,中国政法大学出版社 2004 年版,第 3~4 页。

② [美]E. 博登海默:《法理学:法律哲学与法律方法》,邓正来译,中国政法大学出版社 2004 年版,第 374 页。

发展同样离不开其特定的文化背景，俄罗斯文化具有双面性的特征，倾向于采用极端的手段来解决问题，而且可以从一种文化过渡到地球另外一端的另样文化。[①] 19 世纪时的历史学家瓦西里·基留契夫斯基曾说过：在欧洲，没有一个民族能像俄罗斯这样在短时间内将自身发挥到极致，当然也没有一个民族像它这样如此不擅长于稳定、正常以及基于标准工作。[②] 因而，俄罗斯著作权制度断代巨变式的发展也就不足以为奇了。从俄罗斯著作权制度，乃至其知识产权制度、法律制度甚至是整个社会制度的发展来看，俄罗斯人偏爱走极端，在改革的过程中希望能"毕其功于一役"。独特的地理环境与自然气候使得俄罗斯人具有一种强烈的革命意识，要么肯定一切，要么否定一切。[③] 俄罗斯人富有勇气，敢于做他国所不敢为的尝试，其改革也往往从最艰难处动手，如经济基础与政治基础等，这使得改革必然随着前所未有的新面貌，但往往又伴有动荡与争议。

行政权力对著作权制度发展同样也具有积极的意义，如行政权力的强势推动可以使著作权制度在形式上较快地达到完善，在一定程度上抵制外来的压力，平衡著作权制度在自然或市场状态下可能产生的利益失衡。因而，不能忽视著作权制度发展过程中的国家自主性，即国家可能会出于追求自己的偏好和利益的目的而推动著作权制度的发展，国家能够在一定程度上依照自己的偏好与行为方式来实现自己的意志，从而影响了著作权制度的品格。从这个意义上来讲，与其说俄罗斯著作权制度在不断地融入世界，追随西方著作权制度的发展步伐，还

---

① ［英］杰弗里·霍斯金：《俄罗斯史》（第 1 卷），李国庆等译，南方日报出版社 2013 年版，第 22 页。

② ［英］杰弗里·霍斯金：《俄罗斯史》（第 1 卷），李国庆等译，南方日报出版社 2013 年版，第 15～16 页。

③ 赵定东：《俄罗斯社会转型模式研究》，人民出版社 2007 年版，第 80 页。

不如说是俄罗斯国家依照其喜好而做出的自主选择。这种喜好可能是理性的,也可能是非理性的,并因此而塑造了俄罗斯著作权制度的独特风格。俄罗斯从来就是一个国家能力较强的国家,这也就意味着社会对国家的穿透很弱,社会的利益和需求不能渗入国家,这一特征也使得俄罗斯的著作权制度或落后于社会的需要,或超前于社会,而不能与社会的实际情况相切合。在当前的时代背景下,考虑到著作权制度不断加快的国际化趋势,以及大型文化集团所导致的著作权领域内的利益失衡,强调行政权力在著作权领域适当参与具有重要意义。

三、传承与学习的较量与结合

无论是著作权制度先发国家还是著作权制度后发国家,传承与学习均是其著作权制度发展的两条重要路径,虽然二者偶有抵牾。因而,在学习国外著作权制度的同时,还应注意本国传统的传承,只有将二者有机结合,才能制定出既符合时代要求,又符合本国国情的著作权制度。

(一)传承与学习的必要性与冲突性

1. 传承的必要性。传承的原因在于法作为一种文化现象是深深根植于一国历史之中,法的出现是长期演变而形成的,其消亡也必然不能是突然的。作为一种文化现象,著作权制度不可能不受本国文化以及传统的影响,也不可能与以前的著作权制度相断裂,因而,在完善与发展本国著作权制度时,传承具有必然性。一国法律如果不是源自本土则没有意义,同样,法律制度的发展首先应是在其固有法律基础之上进行,“没有主权的法律观念很难为人们所接受”。对于曾经创造过法学辉煌的国家而言,传承更具有意义,因为“将一株已经成长起来的、经过修剪就能适应园丁需要的植物砍掉无疑是一种浪费”。[①] 对于技术性法律而言，更大程度地借鉴甚至移植他国法律是可以接受的，因为这与使用国外的普通商品没有太大区别。但对于充满人文因素的著作权制度而言，这种做法却是不可取的，因为这可能意味着一国法律品格的丧失，因而将文化产品视为本土化制品是著作权制度后发国家的普遍态度。

2. 学习的必要性。学习指的是借鉴或移植国外先进的著作权制度，移植或借鉴的原因是多元的，最常见的理由是，对于后发国家而言，借鉴较之于法律规则与制度的自我创造更为容易完成或实现，这样可以有效地节约创建制度的成本。还应注意的是，后发国家的移植与借鉴有时还可能是基于某种权威的需要。当国内缺乏某种制度时，司法实践者便会成为创制该制度的主导者，但这些被迫的主导者或是因为懒惰，或是因为对权威的寻找，而使得移植或借鉴成为一条捷径。这是因为，仅仅是司法实践者所主张的大多缺乏说服力，更遑论权威性了，而域外发达的法律制度却可以带来说服力与权威性，特别是当学习者对被学习者的法律制度充满向往时。

而随着全球一体化进程的加快，“观念、物品和人员大量地跨越国界，无论政府是否希望如此，都别无选择”。[②] 这意味着，任何一个意欲融入世界的国家都不可能在孤立的状态下谋求发展。随着文化产业重要性的提高以及诸多著作权国际条约的影响，任何一个希望正常进行科技文化交流的国家的著作权制度发展都不可能在封闭的环境中进

① ［美］因加·毛尔科维奇：《输出法律改革：它能成功吗?》，载简玛利亚·阿雅尼、魏磊杰主编：《转型时期的法律变革与法律文化——后苏联国家法律移植的审视》，清华大学出版社2011年版，第19页。

② ［美］安守廉：《窃书为雅罪：中华文化中的知识产权法》，李琛译，法律出版社2010年版，第130页。

行。因而,在完善与发展本国著作权制度时,学习与借鉴其他国家、特别是那些文化发达国家的著作权制度具有不可避免性。而随着著作权国际保护体系日渐完善,各国在著作权领域达成的共识越来越多,这使得一个欲融入世界的国家已经丧失了闭门造法的可能性,进行著作权的对话与跨界交流是不可避免的。但应注意的是,对话与交流越来越多地受到非法学因素的影响,交流与对话更多地受到后发国家的政治性和象征性因素的驱动,而非被借鉴法律自身的力量和价值。但不可否认的是,这些政治性和象征性因素在法律移植上较被移植法律自身所固有的价值和工具性价值更有说服力。

3. 传承与学习的冲突。学习与传承并不总是相契合的,反而会经常发生矛盾,这种困境在著作权制度后发国家更为明显。后发国家一般是在学习与借鉴先发国家基础上建立自己的著作权制度,在学习的过程中受到了来自国外的压力,特别是那些20世纪之后才开始建立自己著作权制度的后发国家,国外压力往往成为主要的推动力。因而后发国家著作权制度的建立与发展往往是被动的,不同的只是被动的程度差异。被动模式的极端方式是在枪口之下的学习,[①]即以武力相要挟迫使后发国家建立著作权制度,如清末中国著作权制度的建立。枪口下的学习是被迫的,学习方式主要是移植,但移植的制度更像是一个被放置于新环境下的盆栽植物,难以融入一国法律的生态体系之中。因而,枪口下的学习大多缺乏社会基础,学习与传承不可避免地会发生矛盾。随着文明的发达,以武力相要挟的极端方式已不复存在,要挟的方式也由武力转变为经济。此种方式下,国家往往具有一定的主动性,即可以自主选择学习的对象以及决定学习的程度。但随着文化发达国家

① “枪口之下”之谓来自李雨峰教授之语,参见李雨峰:《枪口下的法律:中国版权史研究》,知识产权出版社2006年版。

的不断索求以及著作权国际条约影响的加大，后发国家的自主空间被大大限缩，后发国家在独立的背景下发展符合自己国情著作权制度的可能性越来越小。相较而言，主动学习的效果要好于被动学习，虽然在主动学习的过程中依然可以听到著作权制度后发国家的唠叨与不满，但大部分后发国家还是在权衡利益的基础上主动地对自己的著作权制度予以修改或完善。

（二）俄罗斯著作权制度的传承

传承是一个国家与民族保持其个性的必要条件，因而，虽然历史上俄罗斯发生过多次巨变，每次巨变之后我们都会看到一套新的文化系统取代了旧的文化系统。[①] 但我们同样也会发现，俄罗斯还是之前的那个俄罗斯，它的本性并没有发生太多的变化。虽然俄罗斯著作权制度的发展具有明显的“断代史”特征，历经封建专制、社会主义以及资本主义时期，但同样也具有较为明显的历史传承性。

沙俄时期，统治者在学习西方法律制定的同时也强调传承的重要性，希望新制定的法律“既能维护俄罗斯传统专制制度，又能吸取西欧近代文明；不仅能在俄国推行，而且能够给其他国家示范”。[②] 因而，民族主义在俄罗斯始终有较大的存活空间，沙俄时期曾出现过以卡拉姆津为代表的反法典化活动，遵循传统便是一个重要的反对原因，“爱国的言辞和民族主义的话语开始在关于法典的讨论中扮演重要的角色”。[③] 社会主义法律制度是在资本主义法律制度的废墟上建立的，社

---

① William H. Sewell, Jr.,“Ideologies and social revolutions: Ideologies and Social Revolutions: Reflections on the French Case”, *Journal of Modern History*, *Vol.* 57 (March 1985), pp. 57-85.

② 陶惠芬：《俄罗斯近代改革史》，中国社会科学院出版社 2007 年版，第 93 页。

③ [俄]塔提阿娜·波丽索娃：《俄罗斯民族的法律传统——19 世纪俄罗斯的法律汇编与法典编纂》，载魏磊杰、张建文主编：《俄罗斯联邦民法典的过去、现在及其将来》，中国政法大学出版社 2012 年版，第 22 页。

会主义的著作权制度是作为资本主义著作权制度的对立面而存在,因而,沙俄时期的著作权制度受到了严厉的批判。但苏联时期的著作权制度中存在了大量沙俄时期的内容,有学者便指出,《1961 年民事立法纲要》中著作权的许多原则并非源于 1928 年,而是 1828 年。①

俄罗斯联邦成立之始曾表现出明显的亲欧倾向,但老牌帝国的传统却使其在亲欧的过程中有些踌躇,并不时回眸过去。在经历了跌宕起伏的发展之后,俄罗斯对自己的过去有了更为理性的认识,在对过去的不合理制度进行批判的同时,过去曾经取得辉煌重新成为民族自豪感的来源,而曾塑造过辉煌的经验,如明确的国家目标与成为世界一极,再次成为圭臬。在法律的建设过程中,俄罗斯虽然对欧美国家的法律表现出极大的兴趣,但也只是希望其法律与欧美相像而已,对其根深蒂固的法律传统却难以割舍。俄罗斯对过去的法律制度含情脉脉,正如《俄罗斯私法形成与发展纲要》中所言,1917 年十月革命前在俄罗斯民法已经是世界上最优秀的民法流派之一。② "在根据新的形势重新加工这些传统制度之同时,起草委员会有时甚至从作为这些传统制度之根源的沙皇时代的立法中寻求灵感。"③著作权制度同样如此,俄罗斯对过去的著作权制度给予了高度评价,在俄罗斯联邦著作权制度中可以随处看到以往著作权制度的影子。因而,俄罗斯联邦时期的传承有明

① M. L. Woltmann: *The Author and the State: An Analysis of Soviet Copyright Law*, 14 Copyright law Symposium 1, 50(1964), p. 3.

② Указ Президента РФ от 07. 07. 1994 N 1473"О программе "Становление и развитие частного права в России, 3. Формирование и внедрение в практику частноправовых идей и представлений. 值得注意的是,虽然俄罗斯联邦官方对沙俄时期私法学的发达充满敬意,但亦有不同的声音存在,例如沙俄时期学者 С. Ю. 维特便在 1903 年做过预言:从某个角度看,俄国在世界上是独一无二的,那就是俄国人民被有意地、系统地培养成没有私有权和法制观念的群体。[俄]鲍·尼·米罗诺夫:《俄国社会史:个性、民主家庭、公民社会及法制国家的形成》(下册),张广翔等译,山东大学出版社 2006 年版,第 85 页。

③ [荷]沃特·斯奈德:《俄罗斯联邦民法典与荷兰新民法典:相似与差异》,载魏磊杰、张建文主编:《俄罗斯民法典的过去、现在及其未来》,中国政法大学出版社 2012 年版,第 183 页。

暗两种表现形式，表面上只是从沙俄时期的故纸堆中寻找营养，以显示与苏联时期著作权制度决裂。但即便如此，《俄罗斯联邦民法典》依然没有割断与苏维埃社会主义法律传统连接起来的脐带关系，[①]俄罗斯联邦著作权制度中仍然可以发现许多苏联著作权制度的因素。正如国内学者指出的那样，“就像 1922 年《苏俄民法典》不能摆脱沙俄时期民法典编纂的影响一样，新的《俄罗斯联邦民法典》的编纂也同样无法消除《苏俄民法典》的痕迹”。[②]

（三）俄罗斯对他国著作权制度的学习

作为一个在文明上相对落后的国家，学习他国先进的文明制度是俄罗斯赶超西方的一条必然途径。自 19 世纪以来，俄罗斯便以其独特的方式接受了西方法的影响。[③] 就地理环境而言，俄罗斯具有学习外国先进文明的独特优势，俄罗斯四围为平原环绕，这种地理状况虽然易致外族武力入侵，但同样也有利于外来文化之风刮入。沙俄时期，不断地殖民扩张使俄罗斯“成为一个现成的容器，装载了从欧亚大陆各个角落渗透进来的文化影响”。[④] 俄罗斯的法律制度深受西方影响，纵观俄罗斯的法制史，其法律制度不间断地受到欧洲国家的影响。自然法学派在欧洲盛行时，俄罗斯的统治者便表现出极大的兴趣，为当时的执政者赢得了开明君主的美名，并推动了俄罗斯法学的发展。在俄罗斯立法史上曾有过“свод”（法律汇编）与“уложение”（法典编纂）之争，“свод”

---

① ［美］克里斯托弗·奥萨魁：《俄罗斯联邦与哈萨克斯坦 1994 年民法典之比较》，李庆生译，载魏磊杰、张建文主编：《俄罗斯民法典的过去、现在及其未来》，中国政法大学出版社 2012 年版，第 135 页。

② 王志华：《论俄罗斯民法典的编纂及其历史继承性》，载《学习与探索》2008 年第 4 期。

③ ［日］大木雅夫：《比较法》，范愉译，法律出版社 1999 年版，第 213~214 页。

④ ［英］杰弗里·霍斯金：《俄罗斯史》（第 1 卷），李国庆等译，南方日报出版社 2013 年版，第 21 页。

代表了传统的法律体系化模式,“уложение”代表了西方的法律体系化模式。虽然在俄罗斯法制发展进程中民族主义的影响一直存在,但从俄罗斯法律体系化的进程来看,却是“уложение”不断超越“свод”的一个过程,直至成为唯一的立法模式。事实上,即使是在本土法律体系化模式占优势地位的历史时期,国外的法律技术还是占据了更为重要的地位。马克西姆·维纳弗曾对俄罗斯国内民法与拿破仑民法典进行过详细的比较,发现其中的一些规则与传统法律规定几乎没有共同之处,但却与拿破仑民法典相似。这也证明了,在法制发展过程中,虽然民族主义者一直在呐喊,但在更为发达的西方法学面前,他们的呼声比较弱。

与大部分后发国家一样,俄罗斯著作权制度可谓是一个“舶来品”,在不同时期的俄罗斯著作权制度中我们都可以发现许多西欧的因素,无论是其发展轨迹,还是立法、立法语言与立法内容都是西欧的。就其历史发展轨迹而言,俄罗斯是一个著作权制度后发国家,其著作权制度主要是以西欧国家的著作权制度为模板建立与发展起来,只是在时间上比西欧晚了100年左右。著作权同样经历了从封建特权到私权的历史演变,虽然著作权的私权性质在俄罗斯几经改变,但随着《俄罗斯联邦民法典》第四部分的出台,著作权的私权性质得到前所未有的巩固。从内容来看,俄罗斯大量地借鉴了西欧著作权制度中的内容,以至于可以将其视为西欧著作权制度的近亲。沙俄时期,俄罗斯以西欧国家(主要是法国与德国)为学习对象,这也使得其著作权制度具有较为明显的作者权体系品格。苏联时期的著作权制度虽然形成了独特的社会主义品格,著作权的性质发生了改变,但西欧著作权制度的因子可随处发现,其立法技术、语言与体系均是西欧的。苏联解体后,俄罗斯加入了一系列知识产权国际条约,并于2012年加入了世界贸易组织,著作权制度的对外学习达到了一个新的程度,学习的对象不再限于作者权体系国家,还包括版权体系国家,特别是美国。

需要指出的是,后发国家在学习与借鉴先发国家著作权制度时,应保持必要的警醒,以免成为先发国家著作权制度的附庸。俄罗斯在其著作权制度对外学习与交流中,便始终保持警惕,这也使得在大部分时间内保持独立的发展路径。沙俄时期,俄罗斯凭借其武力得以独立于欧洲,加之当时文化产业的地位尚不突出,因而,俄罗斯著作权制度按其实际需要,以自己的节奏发展。苏联早期,西方国家的敌视以及第二次世界大战的影响,俄罗斯著作权制度是在相对封闭的状态下进行。但至苏联后期时,随着改革的进行以及亲欧立场的确定,闭门造法的空间已经不复存在,独立发展的路径受到越来越大的挑战。俄罗斯联邦时期走出了之前的封闭体系,向世界特别是西方国家表达了善意,并因此而开始了著作权制度的新的发展。此时俄罗斯对西方的向往,使得俄罗斯国内对西方著作权制度产生了更多的信赖,也使得明显带有西方特征的著作权制度在俄罗斯国内获得了法律所应有的权威。但这种依靠移植“先进”制度所带来的权威却在传统的浸润下而慢慢地摘下耀眼的光环,受到了质疑与挑战。

第二节　俄罗斯著作权制度流变的启示

一、著作权制度法典化的启示

俄罗斯联邦时期著作权制度迅速与世界接轨,取得了较大的进展,其中不乏一些令人瞩目之处,但最为特色的莫过于知识产权完全民法典化的立法模式,但却引发了诸多争议。鉴于俄罗斯将包括著作权在内的整个知识产权制度纳入民法典,本部分也将研究视角扩展至知识产权与民法典的关系。

（一）知识产权的立法模式

当前，知识产权制度的立法例主要有三种做法：一是单行法，该立法例为大多数国家所采用；二是知识产权法典，代表国家有法国、斯里兰卡、菲律宾与越南等；三是完全纳入民法典，代表国家有俄罗斯与乌克兰。以上三种体例在我国均有支持者，并对我国的知识产权立法模式产生了影响。大部分学者认为应当采用我国目前所使用的单行法立法例，[①]在处理知识产权制度与民法典关系时，可在未来的民法典中对知识产权做一般性规定，具体内容则通过单行法规定。有学者认为应当制定专门的知识产权法典，[②]并进行了理论上进行了立法尝试。[③] 完全纳入民法典的体例在我国亦有呼声，[④]不过响应者相对较少，虽然2002年的民法典草案曾计划将知识产权篇纳入其中，并委托专家制定

---

① 梁慧星：《当前关于民法典编纂的三条思路》，载《中外法学》2001年第1期。李扬：《知识产权法基本原理》（修订版），中国社会科学出版社2013年版，第167~176页。李扬：《论民法典编纂中知识产权不宜独立成编》，载《陕西师范大学学报》（哲学社会科学版）2017年第2期。费安玲：《论知识产权与民法典的互动——以立法形式为分析视角》，载《陕西师范大学学报》（哲学社会科学版）2017年第2期。王太平：《学术法 · 法典法 · 知识产权法典化》，载《电子知识产权》2006年第8期。崔建远：《知识产权法之于民法典》，载《交大法学》2016年第1期。

② 陶鑫良、袁真富：《知识产权法总论》，知识产权出版社2005年版，第410页。夏建国：《制定统一知识产权法典的几点思考》，载《河北法学》2001年第3期。胡开忠：《知识产权法典化的现实与我国未来的立法选择》，载《法学》2003年第2期。曹新明：《知识产权与民法典连接模式之选择——以〈知识产权法典〉的编纂为视角》，载《法商研究》2005年第1期。夏建国：《制定统一知识产权法典的几点思考》，载《河北法学》2001年第3期。王迁：《将知识产权纳入民法典的思考》，载《知识产权》2015年第10期。

③ 曹新明、张建华：《知识产权制度法典化问题研究》，北京大学出版社2010年版，第282~412页。

④ 徐国栋：《民法典草案的基本结构——以民法的调整对象理论为中心》，载《法学研究》2000年第1期。李琛：《论中国民法典设立知识产权编的必要性》，载《苏州大学学报》（法学版）2015年第11期。朱谢群：《也论民法典与知识产权》，载《知识产权》2015年第10期。吴汉东：《知识产权应在未来民法典中独立成编》，载《知识产权》2016年第12期。吴汉东：《民法法典化运动中的知识产权法》，载《中国法学》2016年第8期。易继明：《历史视域中的私法统一与民法典的未来》，载《中国社会科学》2014年第5期。刘春田：《我国〈民法典〉设立知识产权编的合理性》，载《知识产权》2018年第9期。

了建议稿。[①]

将知识产权完全纳入民法典的立法例并不可取,其理由在于知识产权法与民法的差异。虽然知识产权的私权本质已经在国际条约中得到昭示,[②]但知识产权的私权性质依然存在诸多争议。知识产权法与民法有本质的差异,知识产权的内容受各国政策影响较大,奉行的是严格的法定主义。我国台湾地区学者刘孔中认为,知识产权法与民法本质不同,知识产权具有强烈的排他性质及公共利益衡量的考虑,民法中的规定不能当然引用于知识产权法中。[③] 因而,大部分国家虽然规定知识产权是一种民事权利,但却又将其规定在民法典之外,作为特别法规定。将私法分为一般私法与特别私法是大陆法系国家的通常做法,例如,在德国一般私法规定的是最为重要的一般法律关系,如民法典及其附从法(如婚姻法与消费者信用法等)。特别私法(如著作权法与劳动法)适用于特别的职业群体或生活领域,“这些群体和领域因其复杂性和特殊性需要专门的法律规则,它们在历史上源于民法,但已作为技术、经济和社会在某一生活领域内发展的反映而制定出来”。[④] 私法一分为二的做法既强调了这些特别法的私法属性,又保持了民法典的稳定性。因而,考虑知识产权私权本质已得以确认,但属于特定领域、变动频繁以及技术性比较强,将其在民法典之外作为特别法方式规定应是最好的选择。

---

① 可参考以下著述:郑成思:《知识产权法》(第 2 版),法律出版社 2003 年版,第 105~142 页。吴汉东:《知识产权立法体例与民法典编纂》,载《私法研究》2003 年第 1 期。

② 应当指出的是,虽然在《与贸易有关的知识产权协议》序言中对知识产权的私权性质进行了宣示,但该宣示更多的是发达国家在博弈过程中的胜利结果,而非法学逻辑发展的结果。

③ 吴敬琏、江平:《洪范评论》(第 14 辑),生活·读书·新知三联书店 2012 年版,第 10 页。

④ [德]海尔穆特·库勒尔:《〈德国民法典〉的过去与现在》,孙宪忠译,载梁慧星主编:《迎接 WTO——梁慧星先生主编之域外法律制度研究集》,国家行政学院出版社 2000 年版,第 393~394 页。

专门的知识产权法典立法例同样也不可取,其理由主要在于:一是知识产权法各单行法均在不断发展变化,“典范弃毁与新塑频仍,法典化的时机不成熟,超前法典化反而妨碍智慧财产法因应技术变化而持续自然成长的能力”。另外,考虑到知识产权的对象从来就没有确定过,我们更应认真地反思知识产权制度是否真的可以自成体系。二是知识产权法涉及的权利人种类较大,各自的利益不尽相同,“彼此的利益要不断做排列组合,一旦法典化,利害关系人的利益就会被绑死,因此,利益不同,难以找到各利害关系人均能接受的纳什均衡”。[①] 三是从知识产权法的发展历史来看,直至19世纪50年代,知识产权法才开始作为一个独立的法律部门出现,知识产权作为一个体系存在的历史较短。“在此之前,该法律不仅是未加组织的、开放的和非固定的,而且还存在着许多竞争性方法,……有许多潜在的方向可供选择。”[②]由此可见,将知识产权作为一个制度体系似乎尚缺乏必要的说服力。四是已有的知识产权法典均存在不足。斯里兰卡知识产权法典乃“拿来主义”的产物,[③]主要依据世界知识产权组织为发展中国家制定的示范法而形成,其中有许多条款来自示范法。菲律宾知识产权法典是“本土汇编主义”的产物,[④]即由已有的知识产权单行法汇编而成,体系凌乱。即使是开创先河的法国知识产权法典,同样也备受指责。以上三部知识产权法典均缺乏法典化的最基本结构与逻辑,三部知识产权法典均没有规

① 吴敬琏、江平主编:《洪范评论》(第14辑),生活·读书·新知三联书店2012年版,第27页。

② [澳]布拉德·谢尔曼、[英]莱昂内尔·本特利:《现代知识产权法的演进:英国的历程(1760-1911)》,金海军译,北京大学出版社2006年版,第7页。

③ 曹新明、张建华主编:《知识产权制度法典化问题研究》,北京大学出版社2010年版,第83页。

④ 曹新明、张建华主编:《知识产权制度法典化问题研究》,北京大学出版社2010年版,第99页。

定总则篇，因而仅有法典之名而无法典之实，不过是法律汇编而已。

（二）知识产权制度法典化的反思

《俄罗斯联邦民法典》第四部分在其制定过程中便充满争议，但立法者却在一片质疑中坚持了这一传统。我们应该为俄罗斯在立法模式上的勇气喝彩，但我们更应感到的是困惑，知识产权完全法典化的做法是否过于激进了呢？对俄罗斯著作权制度发展中的每一次创新与变革都应理性的分析，因而，我们或许仅应对这些尝试与创新的勇气予以赞赏，但并不能因此而模仿。

2020 年 5 月 28 日《中华人民共和国民法典》通过，民法典的意义不言而喻，日本学者穗积沉重曾言："实质为本，形体为末。然而，法律的外形一旦成为对民权的消长具有重要的事始，则其就不劣于法律实质。"[①]关于知识产权制度与民法典的关系，国内争论不大，主流观点与俄罗斯的"二元模式"一致，即在民法典总则中对知识产权做一般性规定，而具体的制度则由单行法来规定。但在民法典的其他一些问题上，如民法典的结构与内容，却始终存在争议。争议的存在是不可避免的，在争论中产生的结果总比一言堂情形下产生的更经得起考验。问题在于如何从诸多争议中，特别是从对立的争议中做出选择呢，结合《俄罗斯联邦民法典》第四部分知识产权篇的通过，对未来我国的知识产权立法提出以下建议。

一是应对创新保持理性。我们不应反对创新，但应对创新予以谨慎。没有创新是不可取的，但并不是所有的创新都能取得好的结果。在一些情形下，保守的价值可能更大，正如威尔·杜兰特所言："那些抗拒改变的保守派，与提出改变的激进派具有同等价值——甚至可能更

① ［日］穗积沉重：《法典论》，李求秩译，商务印书馆 2014 年版，第 6 页。

有价值,因为根须深厚比枝叶繁茂更加重要。”[①]我们不能完全否认新的理念,没有新的理念将是死水一潭;我们也不能盲目接受所有的新理念,完全的新理念会使得制度缺乏根基。正确的做法是对新理念予以“扬弃”,去芜存菁。新的理念必须经过反复的讨论甚至是异议。在没有经过理论上的充分讨论,而仅是凭借外力(如行政力量的推动与话语权的影响)而使用的话,则可能导致可怕的后果。

二是对特色的合理追求。制定具有民族特色的法律为许多学者的口号与目标,毋庸置疑,一部有特色的法律对于提高民族自豪感,增强文化的影响力具有积极的意义。但特色的追求应保持克制的理性,不能为了特色而形成特色,即特色的产生不能仅凭主观上的追求而形成,特色的形成更多地应是对特色国情的反映。特色的法律制度应当建立在特色的社会基础之上,加之法学上的谨慎探索与勇敢开创而形成。在特色的追求上一定要保持理性,改革与创新既要做深入的分析,也要做全面而系统的考虑。正如美国学者约翰·麦克米兰所指出的那样:“任何一项政策的效力都以难以预料的方式依赖于其他政策。最主要的教训是:避免自负。”[②]

三是保持立法的科学性。我国知识产权立法不应采用俄罗斯的立法模式,这是因为,法典乃是科学化与系统化的法律文件,法典是法律科学发展到一定阶段的产物,是对现有法律规范进行抽象化与体系化的一种方法。因而在制定民法典时一定要注意法典自身的体系性特点,不能随意将不相关的内容掺杂其中。此外,法典的制定应当科学,法典内部各个组成并不是杂乱无章地拼凑在一起,而是如钟表之齿

① [美]威尔·杜兰特、阿里尔·杜兰特:《历史的教训》,倪玉平等译,中国方正出版社、四川人民出版社 2015 年版,第 50~51 页。

② [美]约翰·麦克米兰:《避免自负及给改革者的其他教训》,载吴敬琏主编:《比较》(第 15 辑),中信出版社 2000 年版,第 31~33 页。

轮结合一般精密,按照一定的原则和谐共存于一部法典之中。因而,在将某一制度纳入民法典时,不可不考虑民法典自身之科学性,同时亦不可不考虑纳入之后的民法典与其他法律之间的共存问题。为体系性而法典化的理由是不可取的,这使得法律完全脱离了实际需要,以此发展,法律仅成为具有形式之美的符号组合,而不具有实际意义。另外,新的立法产生必然需要经过实际需要之推动、体系化之思维等多种因素共同作用才可,如果没有这些支撑,仅为形式之美或为特色之追求而创新,不仅无益,还可能产生有害结果。

二、行政力量推动立法的启示

著作权领域内“贫富差距似乎不论在国内层面还是在国际层面,都在不断加深,导致在市场上出现更多激进的行为”。[①] 对于因利益集团推动而导致的国内外不合理、不公平现象自应引起各方的关注,特别是对政府而言,应当有所作为,做好国内与国外两方面的应对工作:既要合理地平衡一国之内著作权领域内各种利益主体的诉求,也要抵挡住文化发达国家来势汹汹的压力。

(一)国内层面:利益之平衡

就国内层面而言,著作权制度具有双重价值目标:保护作者和其他著作权人权益以及社会公共利益。[②] 国外有学者指出,著作权法涉及多个领域:社会、政治、经济、教育以及文化艺术,因而,著作权法不能只关

---

① [德]西尔克·冯·莱温斯基:《国际版权法律与政策》,知识产权出版社 2017 年版,第527 页。

② 冯晓青、胡梦云:《动态平衡中的著作权法——“私人复制”及其著作权问题研究》,中国政法大学出版社 2011 年版,第 49 页。

注作者权益的保护,还应关注众多使用者的权益。[①] 就政府而言,需要妥善处理著作权领域内相关主体之间的利益关系,通过不断完善国内著作权制度,促进本国文化产业的发展与繁荣。

1. 著作权制度中的利益主体。著作权制度中有三个重要的利益主体:作者、传播者以及使用者,这其中,作者是著作权的来源,作者的创作行为产生了作品。传播者是作者与使用者之间的重要桥梁,如果没有传播者,许多作品可能就会束之高阁,而不能为公众所用。使用者是社会公共利益的代表,社会公众文化水平的提高是作品得以不断产生的重要基础。三个利益主体紧密地联系在一起,因而著作权法也被称为作者的权利法、传播者的权利法以及使用者的权利法。著作权制度的发展史亦可称为上述三种权利的平衡史。国外有学者认为,"从 18 世纪早期法律起源地英国开始,版权就是一个不稳定的力图平衡创作者、出版商和使用者现在与未来权利的产物"。[②] 因而,理想的著作权制度便是在合理平衡三种主体利益基础之上所形成的一个和谐体系。

2. 著作权领域利益之争的历史演变。"任何形态的财产权都是社会性地建构起来的,因而这些权利的外观都反映出了为创设这些权利所进行斗争的痕迹,版权亦是如此。"[③]虽然作者是著作权制度所标榜的中心,但从历史角度看,"版权故事中的主要元素,是生意的运作、作品内容的归属,以及政治的角逐。版权从来没有真正成为作家自己的权利,作家们并没有掌控其智慧成果之传播或是受益于作品之出版"。[④]

---

① L. Ray Patterson, Stanley W. Lindberg, *The Nature of Copyright: A Law of Users' Right*, University of Georgia Press, 1991, Sathens & London, p. 34.

② [美]莱曼·雷·帕特森、斯坦利·W. 林德伯格:《版权的本质:保护使用者权利的法律》,郑重译,法律出版社 2015 年版,第 2 页。

③ [美]马克·罗斯:《版权的起源》,杨明译,商务印书馆 2018 年版,第 17 页。

④ [美]约翰·冈茨、杰克·罗切斯特:《数字时代,盗版无罪?》,周晓琪译,法律出版社 2008 年版,第 26 页。

在现代著作权制度的发源地英国,其早期的著作权制度中,“作者只扮演了一个小角色,主角是国王和印刷业”。[①] 当代学者塞浦路斯·布莱格登便认为,该时期与印刷相关的法令均是在出版推动下通过,其目的是“为了出版商的利益……以及阻止那些之前导致诸多麻烦的分裂言论出版的印刷和传播”。[②] 17 世纪末时,因出版商对利益的贪得无厌以及对作者的冷酷无情导致社会对其日益不满,英国议会遂不再延续出版许可法,这使得出版商不再享有法律保护的特权。为继续维护图书出版中的利益,出版商采取各种手段与策略不断向议会施压,作为一枚棋子或者策略手段,创作者开始正式登上著作权制度的舞台。出于策略的考虑,出版商不再主张自己的出版特权,而是将作者推在前面,声称应保护作者的权益。对作者权益的保护乃出于服务于出版商利益之目的,因为出版商确信而且能够将作者从法律中得到的利益转移到自己身上。这样,创作者就成为形式上的利益主体,而且出版商成为幕后的利益主体。在出版商的推动力之下,出版商的策略成功了,其标志为1710 年通过的《安妮女王法》(Statute of Anne)。《安妮女王法》将作者作为形式上的保护主体,欧美理论界也普遍认为,“从主要保护印刷出版者转为主要保护作者,是《安妮女王法》的一个飞跃,也是版权概念近代化的一个突出标志”。[③] 虽然因出版商的精心操作使得作者成为形式上的主体,但这一突破却具有划时代的意义,自此,著作权领域便不再是出版商个人表演的舞台。《安妮女王法》的全称为《为鼓励学习而授予作者或者稿件购买人于法定期间内专有复制图书的法律》,从其名称上看,《安妮女王法》的主要目的在于促进学习,这也表明了《安妮女王

① [澳]彼得·德霍斯:《知识财产法哲学》,周林译,商务印书馆 2008 年版,第 23~24 页。

② Cyprian Blagden, *The Stationers' Company: A History*, 1403 - 1959, Cambridge: Harvard University Press, 1960, p. 118.

③ 郑成思:《版权法》(上),中国人民大学出版社 2009 年版,第 14 页。

法》对公共领域的关注。不仅如此,《安妮女王法》中的许多内容都体现了对公共领域的关注,如著作权的获得以新作品的产生为前提、著作权保护期限的法定性以及著作权人仅享有有限的专有权利等,这些规定不仅对著作权进行了限制,同时为他人使用作品划定了界限。由是可见,《安妮女王法》中已出现了使用者的影子,而使用者正是公共利益的代表。自此,著作权制度不再是出版商独自表演的舞台,作者与使用者也开始成为舞台上的重要角色。在美国,著作权同样自始便是个人权利与公共利益相结合的产物,例如在1909年关于著作权的国会委员会报告中便指出,作者对其创作的作品并不享有自然权利,著作权法应服务于公共福利。[①]《美国宪法》第1条明确规定:“为促进科学[②]和实用技术的进步,对作家和发明家的著作和发明,在一定期限内给予专有权利保护。”由是可见,美国的著作权法同样也明确将公共利益的维护放在第一位,作者的专有权利仅能在一定期限内享有。美国学者也认为,《俄罗斯联邦宪法》第1条的规定隐含着“根本的折中原则:对激励智力创造之愿望与保持智力成果在社会上自由传播之必要进行协调”。[③]

作者权体系国家著作权制度受自然法理论影响较大,认为作品是作者人格的延伸与精神的反映。作者权体系国家的著作权制度以作者为核心,著作权法的首要目的在于保护作者的人格利益。即便如此,在作者权体系国家中,同样是出版商较早取得了保护。第一个印刷特许权产生于1469年,威尼斯城市向一位来自斯拜尔的名叫约翰的人为期

---

① H. R. Rep. No. 2222, 60th, Cong. , 2d Sess 7 (1909).

② 需注意的是,对《美国宪法》第1条中所使用的术语“科学”的理解应放在特定的语境之中,在美国宪法通过时,“科学”的含义泛指知识和学问,与当前的“科学”含义有较大差别。参见[美]朱莉·E.科恩等:《全球信息经济下的美国版权法》,王迁等译,商务印书馆2016年版,第36页。

③ [美]谢尔登·W.哈尔彭等:《美国知识产权法原理》,宋慧献译,商务印书馆2013年版,第7页。

5年的特许权。1529年,法国国王颁布了《出版权法》,为巴黎的出版商提供特殊保护。文艺复兴时期,个人主义的影响越来越大,创作者的人格意识不断增强,作者也不断努力使自己的创作在法律上得到认可与保护。因而,在印刷特许权之外,还产生了“作者特许权”。第一个作者特许权始于1486年,但其作用仅在于保护思想上的利益,尚不能与现代著作权制度等同视之。16世纪末时,英国的出版者财产权理念传至德国,并影响了德国著作权制度的发展,德国著作权制度也对公共领域进行了关注。1837年普鲁士王国颁布了德国历史上第一部现代意义著作权法——《保护科学和艺术作品的所有权人反对复制或仿制法》,该法“建立起了著作权人保护的思想”,[①]并规定了作品的保护期限,体现了对公共利益的关注。法国著作权制度的早期阶段也是以特许权形式存在,但在法国大革命期间,所有特许权都被废除了。在1791年与1793年颁布的两部法律中,认可了文学与艺术财产权。法国著作权理念受自然法影响较大,注重对作者权益的保护,但同样也对公共利益予以关注,著作权自始便规定了法定保护期限。通过对法国早期著作权制度研究,金斯伯格认为,法国的立法者自始便重视公众获取作品的机会,也即将著作权视为促进公共教育的一种重要手段。[②]

公益与私益的平衡同样体现在诸多知识产权国际条约中,如《与贸易有关的知识产权协议》总则第7条、《伯尔尼公约》(1971年巴黎文本)第17条、《世界版权公约》序言部分等。俄罗斯属于作者权体系,与其他欧洲国家一样,俄罗斯著作权制度也是伴随着印刷技术以及印刷业的发展而建立起来的。但与欧洲国家不同的是,俄罗斯印刷业与著

---

① [德]M.雷炳德:《著作权法》,张恩民译,法律出版社2005年版,第22页。

② Robert P. Merge and Jane C. Ginsburg, *Foundations of intellectual property*, Foundation Press, 2004, pp. 285-290.

作权制度的发展始终是在政府的控制下进行,专制政府的强力掌控使得出版商在著作权制度的产生与发展中所起到的作用并不像欧洲国家那样突出。出于维护专制统治的需要,加之其悠久的集体主义传统思维,因而,俄罗斯著作权制度自始便具有对公共利益关注的特征。但对著作权人利益的关注同样也是不同时期著作权制度中的一个主要问题,沙俄时期,随着私权理念的浓厚,著作权人利益的维护在著作权制度中的地位逐渐突出。虽然苏联时期的著作权制度对著作权人利益予以较多的限制,但对著作权人利益的保护没有改变,只不过是以行政奖励的方式代替了市场回报。俄罗斯联邦时期,随着私权理念的回归,著作权人的利益得到前所未有的保护。

3. 著作权利益平衡中的困境。著作权制度的发展史中有一条清晰的线索:"版权已经从原本着重保障创作者本人的智慧成果,转变为赋予'创意'(财产)持有者更多的权利。"①甚至可以说,作者从来就没有成为著作权制度的中心,虽然他们始终被标榜为中心。作者仅是形式上的权益所有者,著作权的实际所有者是作品的传播者。早期的传播者主要指的是出版商,而在当前,已经演变为无所不及的大型文化公司。大部分创作者并不能够从其所创作的智力成果中得到丰厚甚至是足够的回报,著作权的归属以及因著作权而产生的各种利益大都由创作者转移至文化公司。"经济学研究显示,90%的艺术家只得到了各类版权收入的10%,而10%的人得到了剩余的90%收入。"②不仅如此,随着资源的不断集中以及传播和文化的全球化,文化资源高度集中在少数大型文化集团手中,"以前从来没有这样的现象:如此少的公司控制

① [美]约翰·冈茨、杰克·罗切斯特:《数字时代,盗版无罪?》,周晓琪译,法律出版社2008年版,第38页。

② [荷]约斯特·斯密尔斯、玛丽克·范·斯海恩德尔:《抛弃版权:文化产业的未来》,刘金海译,知识产权出版社2010年版,第8页。

了如此多的信息和文化输出”。[①] 文化资源的不断集中对著作权制度形成了一系列的冲击,主要体现在以下几点:

一是著作权制度逐渐偏离了设立之初所预设的轨道,成为大型文化集团的权利保护宣言。当文化产业成为一个重要的经济部门时,著作权便成为一种颇具吸引力并有利可图的商品,这一转变所带来的后果是,著作权制度脱离了所预设的轨道,成为利益集团最大化的获取利益的工具,虽然创作者依然被宣称为著作权制度的保护旨在。“知识产权政策往往被‘制造商’左右,听不到也不在意最终消费者的呼声,因此该政策更大程度上取决于该制度商业用户的利益,而非取决于更大公共利益的公正理念”。[②] 大型文化集团凭借强大的经济实力不断游说政府,影响著作权制度的发展,成为左右著作权制度发展的关键力量。大型文化公司影响国内乃至世界著作权制度的发展已经不再是耸人听闻的新鲜事,当前,大部分国家的著作权保护力度不断地加大,显然,“版权在时间、空间和范围内的不断扩展是版权企业积极游说的结果”。[③]

二是破坏了私益与社会公益之间的平衡。虽然著作权制度以公共财富(包括文化)的增加作为其终极目标,但在追逐私欲的驱动下,公共财富增加的数量远低于预期,增长的速率也远低于文化产业的发展速度。由于大型文化集团的精心布局,许多知识资源被人为地与公众隔离,延缓了进入公共领域的期限,这使得许多文化资源长时间停留在私人领域,并不能被社会充分利用。随着新自由主义思潮在文化领域的盛行,导致了文化领域内私益空间不断膨胀,而公共领域则不断地缩

① [美]罗纳德·V. 贝蒂格:《版权文化——知识产权的政治经济学》,沈国麟、韩绍伟译,清华大学出版社 2009 年版,第 181 页。

② 英国知识产权委员会:《知识产权与发展政策相结合》(中文版),第 6 页。

③ [法]蒲吉兰:《21 世纪的黑金》,贾春娟等译,社会科学文献出版社 2006 年版,第 97 页。

减,造成了"反公共的悲剧"(tragedy of anti-commons)。许多有识之士对这一现象表达了担忧,国内有学者称之为"版权制度异化",即"版权制度的设计与运行逐渐偏离版权制度的根本价值,走向自己对立面的现象"。[①] 国外有学者将这一现状形容为"信息封建时代",在这样的时代里,文化产权被转移到大型文化集团。不仅如此,随着文化跨国化的发展,大型文化集团的产品充斥世界各个角落,为维护其既得利益,大型文化集团又将其触角伸出国门,"这样的结果就是将私有垄断权提高到一个危险的全球化的高度,而此时,全球化的力量从某种程度上削弱了国家的作用;降低了国家保护其公民免受私有垄断权影响的能力"。[②]

三是对文化的内容与品质产生影响。由于文化市场的控制权被少数大型文化集团所掌握,主流文化已经全然浸透着商业气息。文化的发展已慢慢地丧失自主性,而被大型文化集团所左右。不仅如此,文化的多样性正在被文化的趋同性所取代,艺术创作的社会价值已让位于商业价值并日益不受重视。文化商业性色彩的突出引起了有识之士的担忧,认为"市场(包括文化市场)需要彻底重组,需要照顾到更广泛的社会利益、生态利益、文化利益、社会学利益和宏观经济利益"。[③]

四是对民主产生威胁。当文化资源被少数大型文化集团控制时,文化的内容与交流也必将在一定程度上受制于它们,所谓的文化参与权与言论自由最终将会成为这些利益团体的专享物,迎合他们的思维观念,服务他们的经济需要。文化企业控制的文化交流带来的弊端并不亚于专制政府控制的文化交流,因为二者均不会将社会公众的利

---

① 王洪友:《版权制度异化研究》,知识产权出版社 2018 年版,第 22 页。

② [澳]彼得·达沃豪斯、约翰·布雷斯韦特:《信息封建主义》,刘雪涛译,知识产权出版社 2005 年版,第 3 页。

③ [荷]约斯特·斯密尔斯、玛丽克·范·斯海恩德尔:《抛弃版权:文化产业的未来》,刘金海译,知识产权出版社 2010 年版,前言,第 6 页。

益放在首位。当追逐私欲的文化集团左右了主流文化的形成与走向时,必将会侵蚀民主。

4. 著作权领域利益平衡的实现。俄罗斯著作权制度的历史演变表明,由政府主导的著作权制度可能会给民主与文明带来危害,但缺乏政府的参与,仅以市场来推动的著作权制度同样也会带来一系列恶果,就像单纯的市场经济会导致经济失灵那样。平衡著作权关系中的私益与公益平衡始终是一个难解的问题,而利益集团的出现更是增加了这一问题的难度。虽然我国著作权法对公共利益予以关注,但还是存在许多不足[①],结合我国的实际情况,应做好以下几点:

一是确定著作权领域中各种利益的阶位。就著作权制度所涉及的三个利益主体而言,使用者所代表的公共利益应放在首位,其次是作者的利益,最后是传播者的利益。法律应以公共利益而非私人利益作为主要的服务对象,美国学者威廉·兰德斯与理查德·波斯纳便认为,“即使是最彻底的公共选择论者也不会否认许多法律服务于公共利益,或者更准确地说是服务于公共利益的理念而非某些特殊利益集团的利益”。[②] 在著作权领域更应强调公共利益的首要地位,这主要是因为文化的发展必须以充足的公共信息存在作为前提,因而,在著作权领域“保留公共领域与赋予个人著作权同等重要”,[③]“著作权的基本精神在于公益更重于私利”。[④] 令人欣慰的是,近几年来,以维护公共利益为目的的使用者运动越来越大,其影响也越来越大,“海盗党”的成立与迅速发展便是极好的例证。而在世界知识产权组织中,代表公众利益的

---

① 韦景竹:《版权制度中的公共利益研究》,中山大学出版社 2011 年版,第 214~223 页。

② 金福海主编:《版权法改革:理论与实践》,北京大学出版社 2015 年版,第 316 页。

③ Pamela Samuelson,“Mapping the Digital Publice Domain: Threats and Opportunities”, 66 *Law & Contemp*, 2003, P. 170.

④ 贺德芬:《著作权法论文集》,台北,台元彩色印制股份有限公司、三民书局 1987 年版,第 31~32 页。

非政府组织的数量从1996年以后迅速增长。①

二是政府应当有所为有所不为。一般情况下,国家不得介入私领域,因为“公权力没有权利认为自己是某些利益的首要表达者和保护者,即使它认为自己对这些利益了解得比利益载体更清楚”。② 在创作领域,国家的介入同样也应当是谨慎的。但当私领域的调节机制失灵时,国家进入私领域是有必要的,以保证公平与正义,只不过国家的介入应是适度与必须的,不能没有限度。在著作权领域,国家同样也应当有所为,有所不为,适当地介入其中。在帕梅拉·塞缪尔森等人共同完成的《版权基本原则项目》中强调应对版权领域中的行政制度改革,如著作权行政部门应提高政策专长和研究能力,在小规模版权纠纷处理中有所作为等。③ 国内也有学者呼吁,“著作权法理论与实践中均应坚持工具主义原则,不应得到义务论式的道德支持,而在国家层面上,著作权法是一种公共政策的工具”。④ 言论自由是文明社会最为珍贵的一种,无论是国际层面的人权宣言,还是一国内部的人权宣言中,都对言论自由做了明确而坚定的规定。但任何自由都不是绝对的,言论自由亦应有所限制。即使是在特别强调言论自由重要性的美国,近年来,学者也开始反思言论自由的限度。欧文·M.费斯认为应当重新分析国家在保护言论自由方面的作用,因为资源的私有化与集中化将会对民众的自由产生巨大影响,而民众却只能被动接受,这时便需要政府来帮助民众。利益集团有更多的实力与渠道发声,而民众则因为缺乏渠道而相对沉默。当两种利益发生冲突时,出声的利益并没有任何理由优于

---

① [德]西尔克·冯·莱温斯基:《国际版权法律与政策》,知识产权出版社2017年版,第516页。

② [俄]E. A. 苏哈诺夫:《俄罗斯民法》(第1册),黄道秀译,中国政法大学出版社2011年版,第2页。

③ 金福海主编:《版权法改革:理论与实践》,北京大学出版社2015年版,第28~33页。

④ 宋慧献:《版权保护与表达自由》,知识产权出版社2011年版,第459页。

沉默的利益。在此情形下，便需要政府积极行动，运用行政力量来合理分配公共资源，即分发扩音器给那些沉默者，否则在公共领域就不会听到他们的声音，这无疑是不公平的。[①]

三是发展与壮大著作权领域的社会组织。发达的社会组织是国家文明的一个重要标志，因为社会组织可以起到安全阀的作用，使得国家内部各种力量更加均衡，从而使国家处于动态的稳定之中。正如有学者所指出的那样，“中世纪西欧的多元权力均势，使得任何一种旨在强化同一性和摧毁新生对抗力量的专断权力，都难以确立和发展”。[②] 著作权领域中，也应当建立一种平衡机制，以制止政府与庞大文化集团的肆意妄为。当前，大部分国家已经建立了各类著作权组织，起到了一定的均衡作用，但这些组织大多仅是服务于特定的利益主体，具有一定的狭隘性。因而，应建立起可以服务于整个社会公众的著作权组织，“海盗党”的产生与发展可以为我们提供很多启示。

（二）国际层面：争夺话语权

从国际层面理解著作权制度是必要的，在重商主义文化与文化全球化的时代背景，国际交流的目的在于国家利益最大化，所谓的均势具有明显的动态性与易变性，是各国之间博弈的结果。[③] 著作权领域内国家博弈的激烈程度较其他领域并不让步，战争硝烟弥漫，利益之战时有发生。

1. 作为一种国家政策的著作权制度。从国际层面看，著作权制度已经成为文化发达国家谋取与维护利益的重要工具，成为其谋取利益

① ［美］欧文·M. 费斯：《谁在守望言论》，常云云译，北京大学出版社 2015 年版，第 2～5 页。

② 马长山：《国家、市民社会与法治》，商务印书馆 2002 年版，第 61 页。

③ 赵汀阳：《天下体系：世界制度哲学导论》，中国人民大学出版社 2011 年版，第 255 页。

以及维护在文化产业中的优势地位的重要手段,并以此来提高其著作权文化以及法治文化的影响,扩大文化殖民主义的范围。为达到这一目标,发达国家采用了两步走的策略:第一步先将各国的著作权立法水平达到其所期望的高度;第二步是执行这些符合其心愿的法律制度。凭借知识产权国际组织以及诸多知识产权国际条约,发达国家的第一步策略已经基本实现,现在正在着力推行第二步策略。

以先发国家为模板,后发国家建立了自己的著作权制度,但应指出的是,虽然先发国家的著作权制度具有一定的吸引力,但自著作权制度产生之日起,并非依靠制度本身的吸引力而为后发国家所效仿,而是先发国家借助武力与资本的力量,把一个地区性的实践变成了世界性的制度。著作权制度在早期"通过殖民方式,近年来则是通过大国在经济上施压的方式,逐步在世界范围扩展"。[①] 中国著作权制度的建立便是极好的例证,清末时,在西方列强枪口之下,中国开始了现代著作权制度的建设步伐。而新中国成立后,特别是改革开放以来,大陆著作权制度就是在外国资本的推动下得以重建,"可以说,在 1980 年代之后,中国知识产权保护中更多考虑的是招商引资的法律环境,而不是本国的创新和产业发展"。[②] 新中国的第一部著作权法产生于 1990 年,其后于 2001 年与 2010 年进行了两次修改,无论是著作权法的制定还是修改,来自国外的压力都起到了重要的作用。虽然我们可以说中国著作权制度在 20 余年的时间内走完了西方几百年走过的道路,但背后的艰辛和付出也是巨大的。

2. 著作权制度被动接受的后果。发达国家在知识产权领域的策略

---

① [德]西尔克·冯·莱温斯基:《国际版权法律与政策》,知识产权出版社 2017 年版,第 32 页。

② 吴敬琏、江平主编:《洪范评论》(第 14 辑),三联书店 2012 年版,第 85 页。

使得发展中国家陷入困境之中，西方学者毫不客气地指出，“当前由世界贸易组织与世界知识产权组织进行的、在世界范围内重新界定当代全球知识产权标准的运动将会把我们带回到像中世纪封建主义那样可憎的奴役时代”。[①] 在先发国家的主导下，著作权制度的发展路径已经被西方资本所预设，成为西方资本进入国外市场投资的重要工具，并以为西方财团攫取更多收益为目的，已成为“富国的养料、穷国的毒药”。不断强化的著作权制度导致了文化收益的不平衡，“知识财产法不断凸显的过程说明，至少有一些国家将通过信息的生产和传播为其生存和发展获取极大的利益”。[②] 而“大部分版权利益流入英美两国，大多数国家只能保留少部分版税”。[③] 虽然部分发展中国家拥有深厚的文化底蕴，但在文化产业中仍然是由发达国家唱主角，发展中国家与发达国家在文化产业上的差距在短期内难以弥补。根据联合国教科文组织的统计数据，发展中国家在 2013 年全球文化产品中所占比例为 46.7%，虽然比例较高，但发展中国家的文化产品主要为传统工艺方面，而发达国家出台的文化产品类别主要以现代意义的创意文化产品为主。[④] 因为著作权的所有权主要被文化产业发达的国家及大型文化公司所掌握，这使得发展中国家和较小的经济体处于一种明显的劣势。[⑤] 知识与思想的自由流通是科技与社会发展的重要前提，而不断加强的著作权保护却限制了这些重要因素的正常流通，损害了发展中国家经济的发展，加

---

① ［澳］彼得·达沃豪斯、约翰·布雷斯韦特：《信息封建主义》，知识产权出版社 2005 年版，第 2 页。

② ［澳］彼得·德霍斯：《知识财产法哲学》，周林译，商务印书馆 2008 年版，第 111 页。

③ ［荷］约斯特·斯密尔斯、玛丽克·范·斯海恩德尔：《抛弃版权：文化产业的未来》，刘金海译，知识产权出版社 2010 年版，第 9 页。

④ Report of UNESCO Institute for Statistics, *The globalisation of cultural trade: A shift in consumption*, 2016, p. 11.

⑤ 英国知识产权委员会：《知识产权与发展政策相结合》（中文版），第 95 页。

大了社会公众获取知识的成本,阻碍了发展中国家社会文化的进步。

3. 中国应采取的对策。发达国家在著作权领域的贪婪引起了广泛的不满,我国台湾地区学者在评论台湾地区与美国在著作权领域的谈判与博弈时,便声明"不想扮演丑陋的美国人"。① 西方学者也对美国在著作权领域的霸权主义颇有微词,认为美国的做法带有明显的傲慢的态度,对发展中国家缺乏必要的尊重,②并认为"美国对其版权法的发展应采取一种尊重全球创新体系的做法",③否则只会导致发展中国家的怨恨与不满。④ 然而,仅以报怨来应对发达国家咄咄逼人的压力是远远不够的,还应采取切实的行动。

一是著作权制度的完善应立足于本国国情。著作权制度的完善不是一蹴而就的,而是一个渐进的过程。事实上,著作权制度的发展从来就是与政府政策相关联的。在著作权制度发展早期,各国一般只保护本国作者的作品,而拒绝保护国外作者的作品。在一些国家,"盗版"他国作品甚至被视为光荣,因为这确实有利于本国文化以及与之相关产业的发展。因而,"作品的国际盗版历史几乎可以追溯到特权制度时期。当时盗版活动甚至还受到官方支持和赞助"。⑤ 美国著作权制度的发展历程便是一个很好例证,在前期阶段,美国采用的是弱保护原则,以便以更小的成本利用他国的文化资源,这也使得美国的著作权制度在当时臭名昭著。在整个 19 世纪,美国一直是图书盗版的中心,未

---

① 萧雄淋:《著作权法漫谈(一)》,大嘉印刷事业有限公司 1991 年版,第 37 页。

② L. Bently and S Maniatis, "Intellectual Property and Ethics", Perspectives on Intellectual Property, Vol. 4 (1998), London: Sweet & Maxwell, pp. 195-206.

③ 金福海主编:《版权法改革:理论与实践》,北京大学出版社 2015 年版,第 9 页。

④ K. Newby, *The Effectiveness of Special* 301 *in Creating Long term Copyright Protection for US Companies Overseas*, 1995, 21 Syracuse J Int Law and Commerce 29.

⑤ [澳]山姆·里基森、[美]简·金斯伯格:《国际版权与邻接权——伯尔尼公约及公约以外的新发展》(第 2 版)(上册),郭寿康等译,中国人民大学出版社 2016 年版,第 18 页。

与任何国家建立国际版权联系。直到 19 世纪末，在许多欧洲国家印刷的图书封面上经常可以发现如下字样“因版权，该书不在美国发行”。[①]即使美国经济跻身于世界强国后，鉴于其文化基础较弱的实际国情，对著作权的保护力度依然较弱，并迟迟不加入《伯尔尼公约》。而为缓和与其他国家在著作权领域的矛盾，在美国的推动下，制定了以较低保护水平为特征的《世界版权公约》。但当美国文化产业发达之后，《世界版权公约》反而成为其著作权保护的障碍后，美国便弃如敝屣，于 1984 年退出《世界版权公约》，并于 1989 年加入保护水平更高的《伯尔尼公约》。俄罗斯著作权制度的发展路径同样如此，在其文化产业起步阶段，曾有过较长时间采用低水平保护原则，并迟迟不加入著作权国际条约。但当文化产业发达后，俄罗斯著作权保护水平不断提高，著作权领域的对外交流开始活跃。

20 世纪 70 年代，西方国家开始重视版权经济，“版权成为贸易领域政治家关注的焦点”，[②]美国与俄罗斯等国曾经享有的低成本使用他国文化资源的时代一去不复返。西方国家开始重视本国著作权的海外保护，并推动了著作权国际保护的发展，与著作权相关的国际条约不断出台，如《保护唱片制作者防止唱片被擅自复制公约》《与贸易有关的知识产权协议》《世界知识产权组织版权公约》《世界知识产权组织表演和录音制品条约》《视听表演北京条约》。在发达国家的压力下，大部分后发国家的著作权制度经历了飞速的发展。这种拔苗助长型的带动固有其意义，因为在自然状态下，后发国家著作权制度要达到当前的水平需要多长时间是未知的。但同样也存在不可忽视的问题：在话语权由个

---

① 英国知识产权委员会：《知识产权与发展政策相结合》（中文版），第 18 页。

② ［德］西尔克·冯·莱温斯基：《国际版权法律与政策》，万勇译，知识产权出版社 2017 年版，第 234 页。

别先发国家掌握的背景下,后发国家付出了什么样的代价呢?英国知识产权委员会便认为,发展中国家应当享受发达国家著作权制度早期阶段曾经享有的政策自主权,并明确反对发达国家武断地将其较高的著作权保护标准强加给发展中国家,①这可以说是后发国家心声的最好表达。因而,在完善我国著作权制度时,应注意制度与本国的实际情况相同步,虽然美俄两国著作权制度发展的机遇不再有,再争取发达国家在其著作权制度早期发展阶段曾享受过的自主权已不再可能,但勇敢地抵制国外压力并争取符合自己的发展节奏还是非常有必要的。

二是争夺话语权。改变现有的格局,重创一种新的著作权制度无疑是解决著作权制度在国际层面矛盾的最佳路径,但这一目标过于宏大与长远。后发国家在其加入世界著作权体系时,这一领域已经被"先发者"占据并绘制好了未来的图景,作为"后来者"推倒重来已近乎不可能。因而,在著作权领域争夺话语权,并尝试慢慢打破现有格局便成为后发国家当前最为现实的选择。在争夺话语权时,必须清醒地认识到以下两点:第一,打破现有的由发达国家主导并建立的著作权国际保护格局非常必要,如果我们认同这些已经形成的格局,甚至将其视为当然的话,那么在我们自认为是为合法、正义而战的时候,或许很可能是为虎作伥或与邪恶同谋。丧失了自主性也就意味着缺乏在国际著作权的舞台上参与国际事务的能力,从而沦为强国之附庸,失去了国际性。第二,虽然著作权的国际保护具有其合理性与必然性,但不可否认的是,所谓的"国际"著作权已经慢慢沦为文化领域内"大国称霸小国""强国操控弱国"的一种手段。要清醒地认识到,"世界"并非建立在静态意义的各国之上,而是存在于各个国家之间相互角斗的动力关系之中。

---

① 英国知识产权委员会:《知识产权与发展政策相结合》(中文版),第7页。

三是采取多种手段。从国际层面看,著作权制度不再是一个封闭的系统,而是受多种因素影响的开放体系。作为一个著作权制度后发国家与发展中国家,单凭中国单一之力无法改变现有的保护模式,也不可能另辟新径。但当前著作权国际制度引发了越来越多的不满却是不争的事实,并出现了许多替代性的建议,如公共保存(Public Conservancy)、奖励作者制度①以及"权利弱化与利益分享"机制等,②我们可以合理地利用这些方法或手段对抗发达国家在著作权领域的霸权地位。例如,可以利用人权对抗著作权,因为"人权义务的位阶应高于一切经济政策与协定,具言之,国际知识产权公约的履行,应全面考虑国际人权公约所规定的义务;各国立法保护知识产权,其社会作用应符合国际人权义务"。③ 此外,还可以凭借中国日益增长的国际影响力,倡导建立发展中国家著作权联盟,以对抗文化发达国家在著作权领域的话语权。作为一个大国,中国不仅要在经济发展、世界和平上有所作为,同样在文化制度方面也应当有与之相当的贡献,在世界著作权体系中理应有所担当,以纠正由少数先发国家所引导的著作权制度发展模式。

三、学习与传承的启示

"社会进化是习惯与创新相互作用的过程",④著作权制度的发展也需要将学习与借鉴相结合而进行。俄罗斯著作权制度的历史发展就很好地印证了这一观点,将学习与传承有机结合起来。虽然著作权法的修改受外力影响较大,但每一次著作权法的修改都带有历史的气息。

---

① Lior Zemer, *Rethinking Copyright alternatives*, 14 intl J. L. & Info. Tech. pp. 138-139.

② 曹新明:《关于权利弱化与利益分享理论之研究——一种新的知识产权理论范式》,载《中南财产政法研究生学报》2007 年第 1 期。

③ 吴汉东主编:《知识产权国际保护制度研究》,知识产权出版社 2007 年版,第 7 页。

④ [美]威尔·杜兰特、阿里尔·杜兰特:《历史的教训》,倪玉平等译,中国方正出版社、四川人民出版社 2015 年版,第 47 页。

回顾历史已经成为俄罗斯的一个习惯,“每当我们处于危难之时,我们总是要回顾过去,展望未来”。① 俄罗斯国内学者对20世纪俄罗斯著作权制度的发展史进行了总结,认为其发展印证了自古以来的真理:一是能回顾者乃为前进者(верно идёт тот,кто умеет оглядываться назад);二是现在的问题总是根植于过去;三是历史总是在重演。②

(一)中国著作权制度的学习

中国现代著作权制度是在枪口威胁之下建立的。1910年,清政府颁布了中国第一部现代意义的著作权法——《大清著作权律》。该法出台时,中华民族面临着前所未有的危机,西方列强对暮年帝国虎视眈眈,国家主权受到极大干涉。《大清著作权律》的颁布“实际上并非当时经济制度发展的使然,而是其刻意学习西方列强的一些制度以能够维持残喘之国运”。③《大清著作权律》基本上是西方列强向中国灌输其文化的结果,国内有学者在分析“著作权”的词源后认为,“‘著作权’在中文中的出现完全是日本有计划地输出其文化与政治的结果:最先于法学教科书中,其后转化为立法用语”。④《大清著作权律》未及实施,清政府即被推翻,但该法的影响却延续不断,对后来的北洋政府以及国民党政府的历次版权立法有重大影响。⑤《大清著作权律》对新中国著作权法同样也存在一定的影响,如移植外国法的取向、著作权法的

---

① [俄]T. C. 格奥尔吉耶娃:《俄罗斯文化史——历史与现代》,焦东建、董茉莉译,商务印书馆2006年版,第659页。

② Панкеев И. А, *Авторское право для журналистов*,Икар,2014,С. 11-12.

③ 吴伟光:《著作权法研究:国际条约、中国立法与司法实践》,清华大学出版社2013年版,第4页。

④ 何勤华等:《法律名词的起源》(下),北京大学出版社2009年版,第714页。

⑤ 郑成思:《知识产权法》(第2版),法律出版社2003年版,第270~272页。

框架体系以及实质意义的特许恪守等。[①] 新中国成立后，抛弃了国民政府时期建立的法律制度，开始了社会主义性质的著作权制度建设。新中国成立之初，采取了“一边倒”的外交政策，苏联法律制度成为学习与借鉴的主要目标。[②] 因而，早期诸法受苏联法影响较大，著作权制度同样如此，1957年文化部公布的《保障出版物著作权暂行规定（草案）》便主要参照了苏联的《1928年苏联著作权纲要》。[③] 1949年至1978年，著作权制度虽然有了新的面貌，但却基本上与世界版权制度相隔离，加之政治、经济以及文化上的动乱，著作权制度的发展在“一定程度上而言是停滞甚至是倒退的”。[④] 动乱结束后，著作权制度迎来了新的发展时机。对于著作权制度已经中断了数十年发展的中国而言，一切都是新的。此时，著作权领域的国际形势已经发生了天翻地覆的变化，文化产业的地位越来越突出，著作权制度已经不再是一个封闭的体系，受政治与经济的影响越来越大。著作权制度的发展面临国内外双重的压力，国内压力主要来自一些著名作家和文艺家的请求，[⑤]国外压力主要来自发达国家。应当说，此时国外压力所起到的推动作用更大，著作权制度进入发展的快车道乃是为经济发展这个大目标而付出的代价之一。正如1979年9月中美签订《中美贸易关系协定》后有学者指出的那样，接受美国知识产权保护的要求是不得已的让步，“让出这一步，是为了跨出更大的一步。这是一个历史性的选择”。[⑥] 在此背景下，1990年9月7日，新中国第一部著作权法出台。此后，在国内外压力之下，著

① 王兰萍：《近代中国著作权法的成长（1903－1910）》，北京大学出版社2006年版，第174～176页。

② 何勤华等：《法律移植论》，北京大学出版社2008年版，第190～198页。

③ 周林、李明山主编：《中国版权史研究文献》，中国方正出版社1999年版，第301页。

④ 杨华权：《中国著作权观念的历史解读》，北京大学出版社2016年版，第131页。

⑤ 汤宗舜：《著作权法原理》，知识产权出版社2005年版，第13页。

⑥ 吴海民：《中国版权备忘录》，华艺出版社2008年版，第242页。

作权法经历了两次修改。就推动作用而言,无疑国外的压力更大一些,第一次修改是为了加入世界贸易组织,第二次修改起因于2009年中美两国的知识产权争端。但经过不足三十年的发展,我国著作权制度已经达到了较高的水平。

从我国著作权法的历史演变来看,自大清著作权律始,著作权制度的修改并非源自身之需要,而更多的是外国的压力,著作权制度的修改是以形式上的制度完善换取实质上的经济实惠。因而,博弈双方在著作权制度的制定与修改中各怀心思,形式上的完善显然不是以美国为代表发达国家的最终目的,但这却是达到其目的最重要的一步。就中国而言,形式上的完善应对了来自国外的压力,为自己低水平的非知识经济带来了空间。然而,这一阶段性的让步已经走到了尽头,发达国家越发强调著作权制度的实施效果。当然,随着经济转型的发展,知识在经济发展中的作用日益突出,文化产业在中国也开始成为一个重要的经济领域,因而,我国对著作权制度的修改也开始变得更为主动与自主。

(二)中国著作权制度的历史传承

因新中国著作权制度的建立与发展受国外影响较大,故而理论界对国外著作权制度给予了足够的重视,著作权领域比较研究成果丰硕。与之形成对比的是,理论界对我国著作权制度的历史研究却不够重视,相关研究成果较少。① 已有的研究成果一般仅是作为学术研究资源

① 与丰富的国外著作权制度研究资料相比,关于我国传统著作权制度的研究资料相对较少,其中代表性的有:李雨峰:《枪口下的法律:中国版权史研究》,知识产权出版社2006年版;王兰萍:《近代中国著作权法的成长(1903-1910)》,北京大学出版社2006年版;周林、李明山主编:《中国版权史研究文献》,中国方正出版社1999年版;李明山主编:《中国近代版权史》,河南大学出版社2003年版;李明山等:《中国当代版权史》,知识产权出版社2007年版;李明山主编:《中国古代版权史》,社会科学文献出版社2012年版;李明杰:《中国古代图书著作权研究》,社会科学文献出版社2013年版;杨华权:《中国著作权观念的历史解读》,北京大学出版社2016年版等。

而被束之高阁,在立法与实践中运用甚少。不仅如此,国内外理论界还有一些否认传统文化中存在著作权制度的声音。美国学者安守廉认为帝制中国并没有产生版权法,其理由在于:“应当把出版审查制度、其他的复印限制制度以及对异端材料的绝对禁止结合起来,将其视为一个更大的思想表达控制体系的组成部分,而不是将其视为知识产权制度雏形的建立。”[①]近代学者秦瑞玠认为,虽然中国古代文化发达,“然于律令上认有著作者之权利,而由国家予以保护,则视东西各国为独后”。其原因在于中国传统文化中有“述而不作,信而好古”之思维、“重义轻利”之价值观,外加私法不盛,故而清末之前中国并无著作权制度之产生。[②] 许多当代学者对中国古代有无著作权持否定态度,如有学者认为,中国古代有无著作权乃是一个伪命题。[③] 还有不少学者不仅持否定态度,还尝试着对中国古代没有产生著作权法的原因进行了分析,如有观点认为,传统文化心态和思维模式是阻碍著作权法产生的重要因素。[④] 有观点认为,中国传统文化以集体主义为本位,私权观念不发达,对私有财产保护不到位。因而,虽然中国古代已有著作权保护观念,但并没有发展成为近代的著作权保护制度。[⑤] 还有观点认为,除传统文化因素外,中国古代没有产生著作权制度的一个重要原因在于缺乏商品经济的土壤。[⑥]

当然,国内亦有一些学者认为中国古代存在著作权制度,并对其产

---

① [美]安守廉:《窃书为雅罪——中华文化中的知识产权法》,李琛译,法律出版社 2010 年版,第 20 页。

② 秦瑞玠:《大清著作权律释义》,商务印书馆 2015 年版,第 3~4 页。

③ 李琛:《著作权基本理论批判》,知识产权出版社 2013 年版,第 64~74 页。

④ 吴汉东:《关于中国著作权法观念的历史思考》,载《法商研究》1995 年第 3 期。

⑤ 朱健:《历史记忆与重新阐释——近代中国著作权观念的发生》,载《福建论坛》2005 年第 9 期。

⑥ 杨利华:《中国古代著作权保护及其成因探析》,载《金陵法律评论》2004 年 2 月。

生时间进行了考证。如郑成思先生认为,我国的著作权制度的起源应追溯至宋代,但在宋代之前已经存在现代著作权制度的某些萌芽。[①] 有观点认为,宋代时期已经孕育了现代著作权制度中的许多因素,如著作权标记、归属、转让、合同与许可等方面已经十分类似于现代著作权法。[②] 有学者将中国的著作权制度追溯至更远的先秦时期,认为“诸子著作开了古代著作署名权的先河”。[③] 亦有学者对中国古代的图书市场进行了考查,认为中国古代没有形成著作权法的原因在于农本社会的保守性格,但“学而优则仕”的理念实际上是一种替代性的激励机制。[④] 这实质上也是肯定了中国古代存在著作权制度,只是没有以著作权法的形式体现。

任何法律制度的形成都不是突然的,而是一个渐进的过程。枪口之下的法律固然可以快速生成,但这样的法律仅具形式意义,而没有生命力。“一个民族的确可以没有法学,但却一天也不能没有法律,在人们想到并且着手创立法学之前,法律一定已经有了长足的发展。”[⑤]著作权制度的形成非朝夕之功,必先经作品传播技术播下种子,经由适宜的社会环境培育,加上立法者的耕耘方可产生。因而,以是否具备现代著作权制度的因子作为判断一国历史上有无著作权制度实属不当,这实际上否认了各国历史上保护创作者利益所做出的努力与尝试,不啻对他国在著作权领域霸权主义的承认。事实上,随着印刷技术的出现,必

---

① 郑成思:《版权法》,中国人民大学出版社 2009 年版,第 8 页。

② 冯念华:《我国宋代版权保护与现代版权法的比较》,载《图书馆工作与研究》2005 年第 1 期。

③ 曹之:《中国古籍编撰史》,武汉大学出版社 1999 年版,第 519 页。另外可参见李明山:《中国古代版权史》,社会科学文献出版社 2012 年版,第 4~9 页。

④ 李雨峰:《枪口下的法律:中国版权史研究》,知识产权出版社 2006 年版,第 70~74 页。

⑤ [德]尤利乌斯·冯·基尔希曼:《作为科学的法学的无价值性——在柏林法学会的演讲》,赵阳译,商务印书馆 2016 年版,第 11 页。

然推动印刷业的出现与发展，也就必然会产生协调这一部门中所产生的各种利益的规则。中国古代不仅发明了印刷术，同样也有着较为繁盛的印刷业。元代时的印刷业便已较为繁荣，清代学者叶德辉指出“元化书坊所刻之书，较之宋刻尤伙，盖世愈近则传本多，利愈厚则业者众，理固然也”。[①] 明代的印刷业可谓极盛时代，“刻书机构之多，刻书地区之广，刻书数量之大以及刻书家之普遍，皆非其历代出版事业所可比拟”。[②] 西班牙人胡安·冈萨雷斯·德·门多萨曾根据其亲身经历，描述了明代时期中国印刷业以及图书交易的盛状。[③] 以上事实表明，中国古代已经存在较为繁荣的印刷业，因而存在调节印刷业中利益分配的制度应属必然。虽然这些规则或制度不会冠以“著作权”的名义，也可能并没有出现在一国的民事法律体系之中，但其具有现代意义著作权制度的功能却是毋庸置疑的。另外，应理性地分析外国学者对中国古代是否存在著作权制度的质疑，有学者认为，“在西方大多数理论文献中，中国从来都不是主题，而仅仅是‘它者’，它们研究中国与其说是为了中国，不如说是把中国当作一个陪衬。”[④]以西方近代产生的著作权制度为标准来判断其他国家是否存在著作权制度，这实际上是一种西方文化至上的理念，从而否认了他国在著作权制度上所做的探索与努力。

（三）学习与传承的有机结合

“文明既有先进和落后，那么，先进的就要压制落后的，落后的就要

① （清）叶德辉：《书林清话（外二种）》，北京燕山出版社 1999 年版，第 114 页。

② 李致忠：《历代刻书考述》，巴蜀书社 1990 年版，第 217 页。

③ ［西］胡安·冈萨雷斯·德·门多萨：《中华大帝国史》，孙家堃译，译林出版社 2014 年版，第 77~78 页。

④ 黄宗智：《经验与理论：中国社会、经济与法律的实践历史研究》，中国人民大学出版社 2007 年版，第 184 页。

被先进的所压制。”[1]作为后发国家,著作权制度发展过程中不可避免地会受先发国家的影响,著作权制度的发展必然要将学习国外与传承国内有机结合起来。虽然在不同发展阶段,学习与传承受到的关注程度不同,但不可否认的是,任何二者均是一国著作权制度发展必不可少的途径。就当前我国著作权制度的发展而言,国外的压力之下以及曾经历过的曲折所带来的教训,使得国内对学习与借鉴国外制度的必要性已经有充分地理解,但对历史传承却关注较少,甚至否认中国古代存在著作权制度。

美国学者约翰·施特劳斯指出,西方早期的人们将其过往历史置于很高地位,并认为“好的”便是“祖传的”。[2] 传统可以成为新制度生长的有机土壤。因而,在完善本国著作权制度时,既要注意学习与借鉴国外著作权制度,也应注意本国传统资源的挖掘。这是因为,“传统这个东西固然是历史的,这只是就其形成而言,若着眼于作用,它又是具体的、活生生的”。[3] 传统深植于社会公众心里,因而,新生的制度必须植根于传统中,否则就很难得到公众的认可,因为“他们所有的知识都是表面的,他们整个的灵魂都外在于他们”。[4] 在完善我国著作权制度时,我们一定要对自己的历史予以重视,在传承上多下功夫,应做好以下几点:

一是要从意识上重视传统资源。对中国著作权制度的发展史应以温润之眼光关注,不能置过往而不顾。俄罗斯著作权制度的发展史提

---

① [日]福泽谕吉:《文明论概略》,北京编译社译,商务印书馆1960年版,第177页。

② [美]约翰·施特劳斯:《自然权利与历史》(第3版),彭刚译,生活·读书·新知三联书店2016年版,第84页。

③ 梁治平:《法辨:中国法的过去、现在与未来》,中国政法大学出版社2002年版,第14页。

④ [俄]恰达耶夫:《哲学书简》,刘文飞译,译林出版社2011年版,第56页。

醒我们,必须要对过去予以必要的尊重,“过去的从来就没有过去”,[①]过去的从来也不会走远,更不会消失。历史的意义不必多言,即使是著作权制度这种较为新型的制度,过往的历史在当前依然具有很大的价值,割断本国著作权制度的发展史而仅关注国外的著作权制度建设是没有前途与意义的,因为“个人的明智,来自他记忆的连续性,团体的明智则需要其传统的延续”。[②] 张晋藩先生认为,一个民族法学的复兴,须开始于历史法学。[③] 对于人文科学的建设而言,脱离本国的历史与实践是没有任何出路的,那种否认本国历史的做法万不可取。中华文明延绵数千年之久,并多次屹立于世界之巅,因而,仅因暂时落后而置本国文化于脑后的做法实不足取,而是应本着自豪与实事求是的态度对其进行利用,以使其在新的时代里重新绽放光芒。国外学者阿尔伯特·H. Y. 便认为,随着中国社会经济的发展与繁荣,中国传统法律文化中的封闭元素将在新的社会背景中重生。[④]

二是应深度挖掘我国的著作权制度发展史,对本国著作权的历史演变进行深入的研究。德国法学家拉德布鲁赫认为,文化的成就属于民族,而只有体现民族独特文化的成就才能得到赞赏。不仅如此,一种文化只有带上民族特性的标志,才可以强化对另一个民族的吸引力。[⑤] 国内也有学者认为,“应坚定不移地站在传统法律文化之上,不要丢掉任何有价值的东西,并努力使之在全球化中获得重生,成为世界上发达

---

① ［南非］德斯蒙得·图图:《没有宽恕就没有未来》,江红译,广西师范大学出版社 2014 年版,中文自序。

② ［美］威尔·杜兰特、阿里尔·杜兰特:《历史的教训》,倪玉平等译,中国方正出版社、四川人民出版社 2015 年版,第 120 页。

③ 秦瑞玠:《大清著作权律释义》,商务印书馆 2015 年版,总序。

④ ［英］雷蒙德·瓦克斯:《法律》,译林出版社 2016 年版,第 18 页。

⑤ ［德］古斯塔夫·拉德布鲁赫:《法律智慧警句集》,舒国滢译,中国法制出版社 2016 年版,第 127 页。

程度最高和最有生命力的人类文化之一”。[①] 诚哉斯言！在建设独具中国特色的现代著作权制度时，我们一定要充分地利用我国传统文化中的积极因素，而不是简单地以西方标准对过去予以否认。

三是端正态度。既要克服偏激的虚无主义，否认我国著作权制度的悠久发展史，也要摒弃浅薄狂妄之历史观，利用自己的过去添加神圣光圈，对自己予以过高评价。日本学者竹内好在《给年轻朋友的信——对历史学家的要求》中提出，“学问的国际性并非意味着学问没有国籍，无国籍的学问对于世界性的学问而言，也是一种累赘吧”。[②] 在著作权制度领域，抛弃本国的民族性而只与世界同步的做法是不可取的，其原因不仅在于著作权制度领域的话语权被少数国家掌握，同样也意味着在著作权领域这一重要文化组成部分民族性的丢失，而成为他国的附庸。一个有担当的国家应在世界版权制度中发挥其应有的作用，而不是盲目随从。

四是保持自我。在利用他山之石时，要防止著作权制度殖民化，以塑造自己的文化防护之盾。在利用中国古代著作权制度时，我们应正确地对待自己的历史、现状与未来，重视传统中的科学因素。脱离传统只能产生历史虚无主义，著作权制度也就失去了生根发芽的土壤。历史是不断发展的，我们不能只停留在过去，对传统的重视并非辑佚钩沉，而是本着科学的精神，对传统文化的精神重新挖掘，将传统中的有生命力的部分予以传承。因而，在制定符合未来发展需要的著作权制度时，我们既应重视传统的积极因素，不断地增强民族自豪感，以更为自信的姿态在创新时代中有所作为。同时也要保持清醒的头脑，不能沉醉在中华民族曾经有过的光荣历史之中，而不能突破发展。

---

① 严存生：《法的“一体”和“多元”》，商务印书馆 2009 年版，第 320 页。

② ［日］竹内好：《近代的超克》，孙歌编，李冬木等译，三联书店 2016 年版，第 344 页。

五是采用科学方法挖掘传统。应采用系统地研究传统文化,不能因一个观点而完全否认传统文化的功能。相互矛盾的思想与理念并存于传统文化中实为常态。相左思想与流派并存的复杂性要求我们应以系统、整体的思维来分析传统文化,既要防止以偏概全,而否认传统文化在建构知识产权文化的积极作用;又要防止盲目乐观,而无视传统文化在构建知识产权文化时可能带来的消极影响。

结　语

“历史上向前一步的进展，往往是伴随着向后一步的探本穷源”。[①] 从纵横两个角度看一个国家著作权制度的发展是有必要的，这样既可以看清一个国家著作权制度的历史沿革，摸清其发展的历史脉搏，同样也可以正确界定一个国家著作权制度在世界的地位以及为世界著作权制度发展做出的贡献。

在完善我国著作权制度时，我们应当学习与借鉴国外的著作权制度。但学习与借鉴的对象不能仅限于先发国家与文化发达国家，对其他国家也应予以必要的关注。彼得·德霍斯便指出，对知识产权的研究不应完全以欧洲为中心，也不能过于依赖经济历史学家，知识产权是一个需要更多批判性历史故事的领域，在将西方知识产权制度引入非西方国家时，需要以批判的态度来认识西方的道路。[②] 缺少了这种批判性的眼光，就难免会唯西方著作权制度马首是瞻，不仅是对其在著作权领域话语权的承认，也难免会使自己沦为西方著作权制度的附庸。批判性的眼光也意味着，学习与借鉴的对象不能仅限于先发国家（主要指西方国家），对后发国家也应予以必要的关注，后发国家为建立符合自身国情著作权制度时所付出的努力以及先发国家而进行的斗争同样深

① 宗白华：《美学散步》，上海人民出版社 1981 年版，第 68 页。

② ［澳］彼得·德霍斯：《知识财产法哲学》，周林译，商务印书馆 2008 年版，第 25~26 页。

具启发意义。

俄罗斯，作为我国的近邻、曾经占据世界一极的国家，没有理由不对其著作权制度进行关注，并分析其在世界版权体系中的贡献。同为著作权制度后发国家，俄罗斯与中国的著作权制度发展路径十分相似，也曾在相同社会制度下走过相同的发展道路，因而，俄罗斯著作权制度的过去、现在与未来对我国著作权制度的完善与发展极具启发意义。

从纵向角度看，与俄罗斯跌宕起伏的历史相同，俄罗斯著作权制度也几经沧桑，著作权法由最初的附属法演变为单行法，再至民法典的组成部分。沙俄时期是俄罗斯著作权制度形成与发展时期，著作权性质由特权逐渐演变为私权；苏联时期，著作权的私权性质受到严格限制，著作权呈现公私兼有的性质；俄罗斯联邦时期，著作权的私权性质重新得以确认。著作权性质的变化不仅是俄罗斯社会制度变化的反映，也反映了俄罗斯在探索符合自己国情著作权制度时所付出的努力。正如对自己的历史所应持的态度一样，对俄罗斯著作权历史演变同样也不能采用“一刀切”的方法，简单地对其做出先进与否、合理与否以及科学与否的评价。著作权制度绝非一个封闭的空间，而是深受其他因素的影响，如政治、经济、文化以及对外政策等。著作权制度中涉及利益主体众多，在不同历史条件以及国情下，利益主体的地位不尽相同。因而，著作权制度是否合理与先进并无一个客观与恒定的评价标准。因而，我们应采用一种流动的评价方法，采用“同情的理解”的立场对俄罗斯著作权制度进行评价，而不能以现在的或者西方的标准来进行评价。因而，我们既不能否认俄罗斯著作权制度中有过的消极因素，也不能否认其中含有的积极因素。

从横向角度看，俄罗斯人以大无畏的革命精神创造了一段独特的历史，并取得了辉煌，令世界瞩目。社会主义法律的出现丰富了世界法律体系,并在世界产生过重大的影响。西方学者也认为,虽然苏联时期的法律受到较多的质疑,但苏联法律与西方法律两个本质的区别,即国家通过法律来计划经济和与此呼应的法律的教育作用,也对西方和整个世界产生了影响。在20世纪和21世纪,西方国家的政府官僚机构已经开始直接且积极地控制社会经济,而且法律同样也起到了教师或父母的作用。① 因而,我们不能否认俄罗斯在著作权制度领域所做的勇敢尝试与改革的意义,如沙俄时期为建立符合自身国情著作权制度而进行的理性尝试与斗争,苏联时期著作权制度对公共利益的关注以及著作权合同制度中对弱势作者的保护,俄罗斯联邦时期的立法模式以及著作权的三种类型等,都是为世界著作权制度所做出的贡献。

中国与俄罗斯之间有着特殊的关系。清末立法时,我们借由日本来了解西方;新中国成立后,我们借由苏联来了解西方。自新中国成立以来,我国就一直深受苏联法影响,新中国成立后至改革开放前,苏联法律制度几乎成为我国学习与借鉴的唯一对象。但自中国改革开放以来,中苏两国在法律的道路上分道扬镳,苏联继续在原有的道路上艰难前进,中国则迅速打开了大门,开始向世界著作权体系靠拢。但不可否认的是,直至今日,苏联法依然具有较大的影响。② 苏联法律至今仍然在我国法律中留有痕迹,如“中国现行民法躯体中仍然流淌着苏联民法的血液则是一个不争的事实”。③ 因而,苏联法成为我们学习与借鉴西方法的一个标杆,“对苏联法的态度决定着我们对现代西方法的态度”。④ 从俄罗斯法律中我们可以看到了自己的影子,从而更加清楚地

① [美]伯尔曼:《法律与革命》(第2卷),袁瑜琤、苗文龙译,法律出版社2008年版,第21页。

② 铃木贤:《原苏联法制与法学对当前中国法之影响》,载《法学研究》编辑部、黑龙江大学法学部编:《俄罗斯法论丛》(第1卷),中国社会科学出版社2006年版,第56~60页。

③ 李秀清:《中国移植苏联民法模式考》,载《中国社会科学》2002年第5期。

④ 王志华:《苏联法影响中国法的几点思考》,载《华东政法大学学报》2008年第1期。

认识了自己。苏联解体后,俄罗斯著作权制度也迅速扭转了发展方向,努力投入世界著作权大家庭,中俄两国著作权制度又走上了相同的发展道路。中国与俄罗斯均为著作权制度后发国家,二者不仅经历了相同的时期,而且曾经相互影响,并最终殊途同归,走上了相同的发展道路。诸多的相似性,加之过去紧密的联系,使得俄罗斯著作权制度对我国著作权制度的完善与发展具有特殊的意义。

参考文献

一、中文资料

（一）中文著作

[1]韩亚光:《俄罗斯宪法研究》,知识产权出版社 2012 年版。

[2]何汉文:《俄国史》,东方出版社 2013 年版。

[3]黄仁宇:《资本主义与二十一世纪》,三联书店 1997 年版。

[4]焦应达:《苏联法学教育研究》,法律出版社 2015 年版。

[5]李琛:《知识产权法关键词》,法律出版社 2006 年版。

[6]李雨峰:《著作权的宪法之维》,法律出版社 2012 年版。

[7]林穗芳:《列宁和编辑出版工作》,中国书籍出版社 1987 年版。

[8]刘毅政编:《叶利钦其人其事》,中国社会科学出版社 1993 年版。

[9]陆南泉等:《苏东剧变之后:对 119 个问题的思考》,新华出版社 2012 年版。

[10]陆南泉等主编:《苏联兴亡史论》,人民出版社 2002 年版。

[11]汤宗舜:《著作权法原理》,知识产权出版社 2005 年版。

[12]陶惠芬:《俄罗斯近代改革史》,中国社会科学院出版社 2007 年版。

[13]王勇飞编:《法学基础理论参考资料》,北京大学出版社 1980

年版。

[14]许华:《俄罗斯软实力研究》,中国社会科学出版社2017年版。

[15]鄢一美:《俄罗斯当代民法研究》,中国政法大学出版社2006年版。

[16]杨心宇等:《变动社会中的法与宪法》,生活·读书·新知三联书店2006年版。

[17]姚海:《俄罗斯文化》,上海社会科学院出版社2013年版。

[18]余敏:《前苏联俄罗斯出版管理研究》,中国书籍出版社2002年版。

[19]张建华:《帝国风暴:大变革前夜的俄罗斯》,北京大学出版社2016年版。

[20]张建文:《俄罗斯民法典编纂史研究》,中国政法大学出版社2012年版。

[21]张建文:《俄罗斯知识产权立法法典化研究》,知识产权出版社2011年版。

[22]《独联体成员国示范民法典》,张建文译,法律出版社2014年版。

[23]张俊杰:《当代俄罗斯法学思潮》,法律出版社2008年版。

[24]张树华:《过渡时期的俄罗斯社会》,新华出版社2001年版。

[25]赵士国:《历史的选择与选择的历史——近代晚期俄国革命与改革研究》,人民出版社2006年版。

[26]郑异凡:《新经济政策的俄国》,人民出版社2013年版。

[27]郑羽等:《普京八年:俄罗斯复兴之路(2000-2008)》(政治卷),经济管理出版社2008年版。

[28]周尚文等:《苏联兴亡史》,上海人民出版社2002年版。

[29]吴伟光:《著作权法研究——国际条约、中国立法与司法实

践》,清华大学出版社 2013 年版。

[30]王春梅:《苏联法对中国民事主体制度之影响》,法律出版社 2017 年版。

[31]刁绍华编:《二十世纪俄罗斯文学词典》,北方文艺出版社 2000 年版。

[32]李雨峰:《枪口下的法律:中国版权史研究》,知识产权出版社 2006 年版。

[33]秦瑞玠:《大清著作权律释义》,商务印书馆 2015 年版。

[34]金观涛:《历史的巨镜》,法律出版社 2015 年版。

[35]梁治平:《寻求自然秩序中的和谐——中国传统法律文化研究》,商务印书馆 2013 年版。

[36]梁治平:《新民说:法律史的视界——梁治平自选集》,广西师范大学出版社 2013 年版。

[37]梁治平:《在边缘处思考》,法律出版社 2010 年版。

[38]曹建明、张建华主编:《知识产权制度法典化问题研究》,北京大学出版社 2010 年版。

[39]李琛:《著作权基本理论批判》,知识产权出版社 2013 年版。

[40]金雁:《倒转"红轮":俄国知识分子的心路回溯》,北京大学出版社 2012 年版。

[41]魏磊杰、张建文主编:《俄罗斯联邦民法典的过去、现在及其将来》,中国政法大学出版社 2012 年版。

[42]郑成思:《版权法》(上、下),中国人民大学出版社 2009 年版。

[43]李明山主编:《中国古代版权史》,社会科学文献出版社 2012 年版。

[44]梁慧星主编:《迎接 WTO——梁慧星先生主编之域外法律制度研究集》(第 1~2 辑),国家行政学院出版社 2000 年版。

[45]周雪舫:《俄罗斯史》(第4版),三民书局2015年版。

[46]舒国滢:《法哲学沉思录》,北京大学出版社2010年版。

[47]李明德等:《〈著作权法〉专家建议稿说明》,法律出版社2012年版。

[48]王兰萍:《近代中国著作权法的成长(1903-1910)》,北京大学出版社2006年版。

[49]吴汉东主编:《知识产权法》(第5版),法律出版社2014年版。

[50][加]梁鹤年:《西方文明的文化基因》,生活·读书·新知三联书店2014年版。

[51]李华权:《中国著作权观念的历史解读》,北京大学出版社2016年版。

[52]唐广良:《知识产权:反观、妄议与臆测》,知识产权出版社2013年版。

[53]严存生:《法的"一体"和"多元"》,商务印书馆2008年版。

[54]宗白华:《美学散步》,上海人民出版社1981年版。

[55]封丽霞:《法典编纂论——一个比较法的视角》,清华大学出版社2002年版。

[56]李兴等:《红色风暴会再度暴发吗?:解读新俄罗斯的前途和命运》,中国城市出版社2003年版。

[57]李静杰主编:《十年巨变——俄罗斯卷》,中共党史出版社2004年版。

[58]贺延辉:《俄罗斯图书馆事业政策法规研究》,知识产权出版社2013年版。

[59]《鲁迅全集》,人民文学出版社2005年版。

[60]宋慧献:《版权保护与表达自由》,知识产权出版社2011年版。

[61]李宗辉:《历史视野下的知识产权制度》,知识产权出版社

2015年版。

[62]吴汉东主编:《知识产权国际保护制度研究》,知识产权出版社2007年版。

[63]吴汉东主编:《中国知识产权制度评价与立法建议》,知识产权出版社2008年版。

[64]黄汇:《版权法上的公共领域研究》,法律出版社2014年版。

[65]詹艳:《版权法之困境与出路:以文化多样性为视角》,西安交通大学出版社2016年版。

[66]韦景竹:《版权制度中的公共利益研究》,中山大学出版社2011年版。

[67]王渊:《现代知识产权与人权冲突问题研究》,中国社会科学出版社2011年版。

[68]金海军主编:《版权法改革:理论与实践》,北京大学出版社2015年版。

[69]龙井瑢:《新媒体时代的版权与技术》,陕西师范大学出版社2016年版。

[70]肖尤丹:《历史视野中的著作权模式确立——权利文化与作者主体》,华中科技大学出版社2011年版。

[71]刘克明、金挥主编:《苏联政治经济体制七十年》,中国社会科学出版社1990年版。

[72]赵汀阳:《天下体系:世界制度哲学导论》,中国人民大学出版社2011年版。

[73]郑成思:《知识产权法》(第2版),法律出版社2003年版。

[74]郑成思:《知识产权法》(第3版),法律出版社2005年版。

[75]刘春田主编:《中国知识产权评论》(第1卷),商务印书馆2002年版。

[76]刘春田主编:《中国知识产权评论》(第2卷),商务印书馆2006年版。

[77]唐广良、董炳和:《知识产权的国际保护》,知识产权出版社2006年版。

[78]吴汉东等:《西方诸国著作权制度研究》,中国政治大学出版社1998年版。

[79]陈杰:《论著作权的正当性》,知识产权出版社2016年版。

[80]刘长林:《中国系统思维》,社会科学文献出版社2008年版。

[81]何勤华等:《法律名词的起源》(上、下),北京大学出版社2009年版。

[82]张静:《著作权法评析》,台北,水牛出版社1983年版。

[83]蒋廷黻:《中国近代史》,世纪出版集团、上海古籍出版社2011年版。

[84]马长山:《国家、市民社会与法治》,商务印书馆2002年版。

[85]吴海民:《中国版权备忘录》,华艺出版社2008年版。

[86]何勤华等:《法律移植论》,北京大学出版社2008年版。

[87]周林、李明山:《中国版权史研究文献》,中国方正出版社1999年版。

[88]张俊杰:《俄罗斯法治国家理论》,知识产权出版社2009年版。

[89]林精华:《误读俄罗斯——中国现代性问题中的俄国因素》,商务印书馆2005年版。

[90]郭文:《俄国近代自由主义的理路》,中国出版集团、世纪图书出版公司2014年版。

[91]李明杰:《中国古代图书著作权研究》,社会科学文献出版社2013年版。

[92]曹之:《中国古籍编撰史》,武汉大学出版社1999年版。

[93]（清）叶德辉：《书林清话（外二种）》，北京燕山出版社 1999 年版。

[94]李致忠：《历代刻书考述》，巴蜀书社 1990 年版。

[95]郭小丽：《俄罗斯的弥赛亚意识》，人民出版社 2009 年版。

[96]张昊琦：《俄罗斯帝国思想初探》，知识产权出版社 2012 年版。

[97]冯绍雷：《20 世纪的俄罗斯》，生活·读书·新知三联书店 2007 年版。

[98]李明山等：《中国当代版权史》，知识产权出版社 2007 年版。

[99]贺德芬：《著作权法论文集》，台北，台元彩色印制股份有限公司、三民书局 1987 年版。

[100]萧雄淋：《著作权法漫谈（一）》，大嘉印刷事业有限公司 1991 年版。

[101]曹新明：《中国知识产权法典化研究》，中国政法大学出版社 2005 年版。

[102]李扬：《知识产权法基本原理（Ⅰ）》（修订版），中国社会科学出版社 2013 年版。

[103]陶鑫良、袁真富：《知识产权法总论》，知识产权出版社 2005 年版。

[104]吴汉东：《知识产权多维度学理解读》，中国人民大学出版社 2015 年版。

[105]吴汉东：《知识产权精要：制度创新与知识创新》，法律出版社 2017 年版。

[106]张玉敏主编：《西南知识产权评论》（第 2 辑），知识产权出版社 2012 年版。

[107]张玉敏主编：《西南知识产权评论》（第 4 辑），知识产权出版社 2014 年版。

[108]李雨峰主编:《西南知识产权评论》(第6辑),知识产权出版社2016年版。

[109]杨延超:《版权战争》,知识产权出版社2017年版。

[110]国家知识产权局条法司:《专利法研究2004》,知识产权出版社2005年版。

[111]龚鹏程:《国学入门》,北京大学出版社2007年版。

[112]谢晓光:《俄罗斯与东亚转型理论与实践》,长春出版社2013年版。

[113]陈黎阳:《苏联解体后的俄罗斯民族主义》,重庆出版社2006年版。

[114]赵定东:《俄罗斯社会转型模式研究》,人民出版社2007年版。

[115]黄宗智:《经验与理论:中国社会、经济与法律的实践历史研究》,中国人民大学出版社2007年版。

[116]王人博、程燎原:《法治论》,广西师范大学出版社2014年版。

[117]李扬:《知识产权的合理性、危机及其未来模式》,法律出版社2003年版。

[118]龙文懋:《知识产权法哲学初论》,人民出版社2003年版。

[119]胡波:《知识产权法哲学新论》,法律出版社2017年版。

[120]冯晓青、胡梦云:《动态平衡中的著作权法——"私人复制"及其著作权问题研究》,中国政法大学出版社2011年版。

[121]冯晓青:《知识产权法哲学》,中国人民公安大学2003年版。

[122]王汎森:《执拗的低音:一些历史思考方式的反思》,生活·读书·新知三联书店2014年版。

[123]吴敬琏主编:《比较》(第15辑),中信出版社2000年版。

[124]王洪友:《版权制度异化研究》,知识产权出版社2018年版。

［125］严耕望：《治史三书》（增订本），上海人民出版社 2016 年版。

［126］陈瑞华：《论法学研究方法》，法律出版社 2017 年版。

［127］胡旭晟：《解释性的法史学——以中国传统法律文化的研究为侧重点》，中国政法大学出版社 2005 年版。

［128］谢鸿飞：《法律与历史：体系化法史学与法律历史社会学》，北京大学出版社 2012 年版。

［129］张举玺等：《苏联晚期媒介生态与体制》，中国社会科学出版社 2016 年版。

［130］张秋华等：《"拉普"资料汇编》，中国社会科学出版社 1981 年版。

（二）中文译著

［1］［德］M. 雷炳德：《著作权法》，张恩民译，法律出版社 2005 年版。

［2］［日］穗积陈重：《法典论》，李求轶译，商务印书馆 2014 年版。

［3］［苏］B. П. 格里巴诺夫、C. M. 科尔涅耶夫：《苏联民法》（上、下册），中国社会科学院法学研究所民法经济法研究室译，法律出版社 1984 年版。

［4］［美］E. 博登海默：《博登海默海理学》，潘汉典译，法律出版社 2015 年版。

［5］［美］雅各布·阿博特：《彼得大帝传：他的野蛮征服了俄罗斯的野蛮》，史露静译，江西教育出版社 2012 年版。

［6］［俄］T. C. 格奥尔吉耶娃：《俄罗斯文化史——历史与现代》，焦东建、董茉莉译，商务印书馆 2006 年版。

［7］［俄］瓦·奥·克柳切夫斯基：《俄国史教程》（第 1~5 卷），刘祖熙等译，商务印书馆 2009 年版。

［8］［美］保罗·戈斯汀：《著作权之道——从谷登堡到数字点播

机》,金海军译,北京大学出版社 2008 年版。

[9][澳]彼得·德霍斯:《知识财产法哲学》,周林译,商务印书馆 2008 年版。

[10][德]茨威格特、克茨:《比较法总论》(上、下),潘汉典等译,中国法制出版社 2017 年版。

[11][俄]安德兰尼克·米格拉尼扬:《俄罗斯现代化与公民社会》,徐葵等译,新华出版社 2003 年版。

[12][俄]鲍里斯·尼古拉耶维奇·米罗诺夫:《俄国社会史:个性、民主家庭、公民社会及法制国家的形成》(上、下卷),张广翔等译,山东大学出版社 2006 年版。

[13][俄]M. 布尔加科夫:《大师和玛格丽特》,高惠群译,上海译文出版社 2012 年版。

[14][俄]德米特里·特列宁:《帝国之后:21 世纪俄罗斯的国家发展与转型》,韩凝译,新华出版社 2015 年版。

[15][俄]戈·瓦·普列汉诺夫:《俄国社会思想史》(第 1~3 卷),孙静工译,商务印书馆 1990 年版。

[16][俄]瓦·瓦·津科夫斯基:《俄国哲学史》(上、下册),张冰译,人民出版社 2013 年版。

[17][俄]亚·尼·雅科夫列夫:《一杯苦酒——俄罗斯的布尔什维主义和改革运动》(修订版),徐葵等译,社会科学文献出版社、当代世界出版分社 2016 年版。

[18][俄]M. H. 马尔琴科:《国家与法的理论》,徐晓晴译,中国政法大学出版社 2010 年版。

[19][俄]П. И 库德利雅夫采夫主编:《苏联法律辞典》,法律出版社 1957 年版。

[20][法]伏尔泰:《彼得大帝在位时期的俄罗斯帝国史》,吴模信

译,商务印书馆 2016 年版。

[21][荷]彼得·李伯庚:《欧洲文化史》(上、下),赵复三译,上海社会科学院出版社 2004 年版。

[22][美]E. 博登海默:《法理学:法律哲学与法律方法》,邓正来译,中国政法大学出版社 2004 年版。

[23][美]大卫·M. 科兹、弗雷德·威尔:《从戈尔巴乔夫到普京的俄罗斯道路——苏联体制的终结和新俄罗斯》,曹荣湘等译,中国人民大学出版社 2015 年版。

[24][美]弗拉季斯拉夫·M. 祖博克:《失败的帝国——从斯大林到戈尔巴乔夫》,李晓江译,社会科学文献出版社 2014 年版。

[25][美]克里斯汀·罗思-艾:《莫斯科的黄金时代:苏联建立的传媒帝国如何在文化冷战中落败》,蓝胤淇、陈霞译,商务印书馆 2016 年版。

[26][美]理查德·A. 波斯纳:《法律理论的前沿》,武欣、凌斌译,中国政法大学出版社 2003 年版。

[27][美]罗伯特·杰维斯:《国际政治中的知觉与错觉》,秦亚青译,世界知识出版社 2003 年版。

[28][美]罗纳德·V. 贝蒂格:《版权文化——知识产权的政治经济学》,沈国麟、韩绍伟译,清华大学出版社 2009 年版。

[29][美]尼古拉·梁赞诺夫斯基、马克·斯坦伯格:《俄罗斯史》(第 8 版),杨烨等译,上海人民出版社 2007 年版。

[30][美]乔舒亚·库珀·雷默等:《中国形象——外国学者眼里的中国》,沈晓雷译,社会科学文献出版社 2008 年版。

[31][美]威尔·杜兰特、阿里尔·杜兰特:《历史的教训》,倪玉平等译,中国方正出版社、四川人民出版社 2015 年版。

[32][美]威廉·M. 兰德斯、理查德·A. 波斯纳:《知识产权法的

经济结构》(中译本第2版),金海军译,北京大学出版社2016年版。

[33][南非]德斯蒙得·图图:《没有宽恕就没有未来》,江红译,广西师范大学出版社2014年版。

[34][苏]C. H. 布拉都西:《苏维埃民法》(上、下),中国人民大学民法教研室译,中国人民大学出版社1954年版。

[35][日]大木雅夫:《比较法》,范愉译,法律出版社2006年版。

[36][苏]E. A. 苏哈洛夫:《社会主义民法典的体系》,司法部法学教材编辑部编审:《外国民法资料选编》,法律出版社1983年版。

[37][英]戴维·M. 沃克:《牛津法律大辞典》,光明日报出版社1989年版。

[38][英]杰弗里·霍斯金:《俄罗斯史》(第1~3卷),李国庆等译,南方日报出版社2013年版。

[39]俄罗斯社会经济和政治国际基金(戈尔巴乔夫基金会):《奔向自由:戈尔巴乔夫改革二十年后的评说》,李京州译,中央编译出版社2007年版。

[40][俄]B. O. 克柳切夫斯基:《俄国各阶层史》,徐昌翰译,商务印书馆1990年版。

[41][意]简玛利亚·阿雅尼、魏磊杰主编:《转型时期的法律变革与法律文化——后苏联国家法律移植的审视》,魏磊杰等译,清华大学出版社2011年版。

[42][比]马克·范·胡克主编:《比较法的认识论与方法》,魏磊杰、朱志昊译,法律出版社2012年版。

[43][德]古斯塔夫·拉德布鲁赫:《法律智慧警句集》,舒国滢译,中国法制出版社2016年版。

[44][苏]A. C. 佛道谢耶夫:《在建成社会主义与共产主义社会中苏维埃国家与法律的创造作用》,慎微译,作家书屋1952年版。

[45][俄]B. B. 津科夫斯基:《俄国思想家与欧洲》,徐文静译,上海三联书店 2016 年版。

[46][美]罗斯科·庞德:《法律史解释》,邓正来译,商务印书馆 2013 年版。

[47][英]以赛亚·伯林:《苏联的心灵:共产主义时代的俄国文化》,潘永强、刘北成译,凤凰出版传媒集团、译林出版社 2010 年版。

[48][英]以赛亚·伯林:《俄国思想家》,彭淮栋译,凤凰出版传媒集团、译林出版社 2011 年版。

[49][法]托克维尔:《旧制度与大革命》,陈玮译,中央编译出版社 2013 年版。

[50][英]奥兰多·费吉斯:《耳语者:斯大林时代苏联的私人生活》,毛俊杰译,广西师范大学出版社 2014 年版。

[51][美]埃娃·汤普逊:《帝国意识:俄国文学与殖民主义》,杨德文译,北京大学出版社 2009 年版。

[52][苏]苏达显可夫、贝可夫:《苏维埃国家与法律问题讲座》(第 1 辑),中央人民政府法制委员会编译,中央民族印刷厂 1951 年版。

[53][美]安守廉:《窃书为雅罪:中华文化中的知识产权法》,李琛译,法律出版社 2010 年版。

[54][意]罗道尔夫·萨科:《比较法总论》,商务印书馆 2014 年版。

[55][英]彼得·罗澜:《中国的崛起与俄罗斯的衰落:市场化转型中的政治、经济与计划》,隋福民译,浙江大学出版社 2012 年版。

[56][法]勒内·达维德:《当代主要法律体系》,漆竹生译,上海译文出版社 1984 年版。

[57][英]丹尼斯·罗伊德:《法律的理念》,张茂柏译,上海译文出版社 2014 年版。

[58][美]约翰·冈茨、杰克·罗切斯特:《数字时代,盗版无罪?》,周晓琪译,法律出版社2008年版。

[59][英]雷蒙德·瓦克斯:《法律》,译林出版社2016年版。

[60]《斯大林文集》,人民出版社1985年版。

[61]《马克思恩格斯选集》,人民出版社1995年版。

[62]英国知识产权委员会:《知识产权与发展政策相结合》(中文版)。

[63][俄]M. P. 泽齐娜等:《俄罗斯文化史》,刘文飞、苏玲译,上海译文出版社1999年版。

[64][美]伯尔曼:《法律与革命》(第2卷),袁瑜铮、苗文龙译,法律出版社2008年版。

[65][比]马克·范·胡克主编:《比较法的认识论与方法论》,魏磊杰、朱志昊译,法律出版社2012年版。

[66][美]马克·罗斯:《版权的起源》,杨明译,商务印书馆2018年版。

[67][德]西尔克·冯·莱温斯基:《国际版权法律与政策》,万勇译,知识产权出版社2017年版。

[68][荷]约斯特·斯密尔顿、玛丽克·范·斯海恩德尔:《抛弃版权:文化产业的未来》,刘金海译,知识产权出版2010年版。

[69][美]欧文·M. 费斯:《谁在守望言论》,常云云译,北京大学出版社2015年版。

[70][俄]安德兰尼克·米格拉尼扬:《俄罗斯现代与公民社会》,徐葵等译,新华出版社2003年版。

[71][美]莱曼·雷·帕特森、斯坦利·W. 林德伯格:《版权的本质:保护使用者权利的法律》,法律出版社2015年版。

[72][澳]彼得·达沃豪斯、约翰·布雷斯韦特:《信息封建主

义》,知识产权出版社 2005 年版。

[73][日]竹内好:《近代的超克》,孙歌编,李冬木等译,生活·读书·新知三联书店 2016 年版。

[74][英]理查德·韦南:《20 世纪欧洲社会史》,张敏等译,海南出版社 2012 年版。

[75][澳]彭道敦、李雪菁:《普通法视角下的知识产权》,谢琳译,法律出版社 2010 年版。

[76]联合国教科文组织:《重塑文化政策:为发展而推动文化多样性的十年》,意娜译,社会科学文献出版社 2016 年版。

[77][西]胡安·冈萨雷斯·德·门多萨:《中华大帝国史》,孙家堃译,译林出版社 2014 年版。

[78][苏]罗森塔尔、尤金:《简明哲学辞典》,中共中央马克思、恩格斯、列宁、斯大林著作编译局译,三联书店出版 1975 年版。

[79][美]罗伯特·P. 墨杰斯、彼特·S. 迈乃尔、马克·A. 莱姆利:《新技术时代的知识产权法》,齐筠等译,中国政法大学出版社 2003 年版。

[80][苏]斯·恩·布拉都西:《苏维埃民法》(上、下),中国人民大学民法教研室译,中国人民大学印刷厂 1954 年版。

[81][苏]П. И. 库德利雅夫采夫:《苏联法律辞典》(第 1 分册),法律出版社 1957 年版。

[82][德]尤利乌斯·冯·基尔希曼:《作为科学的法学的无价值性——在柏林法学会的演讲》,赵阳译,商务印书馆 2016 年版。

[83][意]吉奥乔·阿甘本:《裸体》,黄晓武译,北京大学出版社 2017 年版。

[84][俄]鲍里斯·叶利钦:《午夜日记——叶利钦自传》,曹缦西、张俊翔译,译林出版社 2001 年版。

[85][美]兹比格纽·布热津斯基:《大棋局——美国的首要地位及其地缘战略》,中国国际问题研究所译,上海人民出版社 1998 年版。

[86][英]保罗·赛格特:《人类的法定权利》,张伟译,中国人民大学出版社 2016 年版,第 181 页。

[87][美]罗伯特·A. 帕斯特:《世纪之旅:七大国百年外交风云》,胡利平、杨韵琴译,上海人民出版社 2001 年版。

[88][意]罗道尔夫·萨科:《比较法导论》,费安玲等译,商务印书馆 2014 年版。

[89][美]沃尔特·G. 莫斯:《俄国史(1885-1996)》,张冰译,海南出版社 2008 年版。

[90][德]马克斯·韦伯:《论俄国革命》,潘建雷、何雯雯译,上海三联书店 2010 年版。

[91][英]马丁·西克史密斯:《BBC 看俄罗斯:铁血之国千年史》,张婷婷、王玮译,重庆出版社 2018 年版。

[92][英]罗伯特·谢伟思:《斯大林传》,李秀芳、李秉中译,华文出版社 2014 年版。

[93][荷]弗雷德·布鲁因斯马、[意]戴维·奈尔肯编:《法律文化之追寻》,明辉、李霞译,清华大学出版社 2011 年版。

[94][俄]亚·伊·弗多文:《二十世纪的俄罗斯族人》,南京大学出版社 2015 年版。

[95][俄]尼古拉·别尔嘉耶夫:《自我认知》,汪剑钊译,世纪出版集团、上海人民出版社 2007 年版。

[96][美]艾伦·沃森:《民法法系的演变及形成》,李静冰、姚新华译,中国法制出版社 2005 年版。

[97][俄]罗伊·麦德维杰夫:《普京总统的第二任期》,王尊贤译,社会科学文献出版社 2007 年版。

[98][美]小杰克·F.马特洛克:《苏联解体新历记》(上、下),吴乃华等译,世界知识出版社1996年版。

[99][法]蒲吉兰:《21世纪的黑金》,社会科学文献出版社2006年版。

[100][美]罗斯科·庞德:《法的新路径》,李立丰译,北京大学出版社2017年版。

[101][美]罗斯科·庞德:《法律史解释》,邓正来译,商务印书馆2013年版。

[102][美]大卫·克里斯蒂安:《时间地图:大历史,130亿年前至今》,晏可佳等译,中信出版集团2017年版。

[103][德]卡尔·拉伦茨:《法学方法论》,陈爱娥译,商务印书馆2005年版。

[104][美]塞缪尔·亨廷顿:《第三波——20世纪后期民主化浪潮》,刘军宁译,上海三联书店1998年版。

[105][英]弗·奥·冯·哈耶克:《通往奴役之路》,王明毅等译,中国社会科学出版社1997年版。

[106][美]托尼·朱特:《战后欧洲史》(1~4卷),林骧华等译,中信出版社2014年版。

[107][美]雅克·巴尔赞:《从黎明到衰落:西方文化生活五百年,1500年至今》(上、下),林华译,中信出版社2013年版。

[108][法]马克·布洛赫:《为历史学辩护》,张和声、程郁译,中国人民大学出版社2006年版。

[109][日]福泽谕吉:《文明论概略》,北京编译社译,商务印书馆2017年版。

[110][日]中山信弘:《多媒体与著作权》,张玉瑞译,专利文献出版社1997年版。

[111][法]蒲吉兰:《21 世纪的黑金》,贾春娟等译,社会科学文献出版社 2006 年版。

[112][俄]E. A. 苏哈诺夫:《俄罗斯民法》(1～4 册),黄道秀等译,中国政法大学出版社 2011 年版。

[113][美]朱莉·E. 科恩等:《全球信息经济下的美国版权法》,王迁等译,商务印书馆 2016 年版。

[114][美]谢尔登·W. 哈尔彭等:《美国知识产权法原理》,宋慧献译,商务印书馆 2013 年版。

[115][德]弗朗茨·维亚克尔:《近代私法史》(上、下),陈爱娥、黄建辉译,上海三联书店 2006 年版。

[116][澳]迈克尔·里德:《叶夫根尼·帕舒卡尼斯:一个批判性的再评价》,刘蔚铭译,法律出版社 2012 年版。

[117][美]约翰·施特劳斯:《自然权利与历史》(第 3 版),彭刚译,生活.读书.新知三联书店 2016 年版。

[118][波]雷沙德·卡普钦斯基:《帝国:俄罗斯五十年》,乌兰译,生活·读书·新知三联书店 2018 年版。

[119][澳]波波·罗:《孤独的帝国——俄罗斯与新世界无序》,袁靖、傅莹译,中信出版集团 2019 年版。

[120][日]丸山真男:《现代政治的思想与行动》,陈力卫译,商务印书馆 2018 年版。

[121][澳]山姆·里基森、[美]学者简·金斯伯格:《国际版权与邻接权——伯尔尼公约及公约以外的新发展》(第 2 版)(上、下册),郭寿康等译,中国人民大学出版社 2016 年版。

[122][俄]安德烈·P. 齐甘科夫:《俄罗斯与西方:从亚历山大一世到普京——国际关系中的荣誉》,关贵海、戴惟静译,上海人民出版社 2017 年版。

（三）中文期刊

［1］梁慧星：《当前关于民法典编纂的三条思路》，载《中外法学》2001 年第 1 期。

［2］金海军：《16-18 世纪英国知识产权的历史与功能：一种社会结构整体观》，载刘春田主编：《中国知识产权评论》，商务印书馆 2002 年版。

［3］宋慧献：《苏联舆论审查与版权法的畸变》，载《法律科学》（西北政法大学学报）2008 年第 3 期。

［4］［苏］Л. Н. 加连斯卡娅：《从国际私法观点看著作权的保护问题》，马柳春译，载《现代外国哲学社会科学文摘》1986 年第 5 期。

［5］杨心宇：《早期俄罗斯法哲学评述》，载《复旦学报》（社会科学版）2000 年第 3 期。

［6］［苏］В. А. 多佐尔采夫：《论苏联的著作权立法》，刘波林译，载《环球法律评论》1985 年第 10 期。

［7］焦广田：《完善立法体制　提高保护水平——苏联对著作权法进行根本性修订》，载《出版工作》1989 年第 3 期。

［8］［苏联］Э. П. 加夫里洛夫：《著作权法应该是什么样的法律》，焦广田译，载《环球法律评论》1990 年第 4 期。

［9］徐国栋：《苏联与俄罗斯民法中的人格》，载《俄罗斯法论丛（1）》，中国社会科学出版社 2006 年版。

［10］铃木贤：《原苏联法制与法学对当前中国法之影响》，载《法学研究》编辑部、黑龙江大学法学部编：《俄罗斯法论丛》（第 1 卷），中国社会科学出版社 2006 年版。

［11］李秀清：《中国移植苏联民法模式考》，载《中国社会科学》2002 年第 5 期。

［12］王志华：《论俄罗斯民法典的编纂及其历史继承性》，载《学习

与探索》2008 年第 4 期。

［13］石巍：《TRIPs 效应评估与我国的因应对策》，载《山东大学学报》（哲学社会科学版）1998 年第 1 期。

［14］王志华：《苏联法影响中国法的几点思考》，载《华东政法大学学报》2008 年第 1 期。

［15］陈金锋：《都铎王朝图书审查制度探微》，载《宁夏大学学报》（人文社会科学版）2006 年第 6 期。

［16］冯念华：《我国宋代版权保护与现代版权法的比较》，载《图书馆工作与研究》2005 年第 1 期。

［17］吴汉东：《关于中国著作权法观念的历史思考》，载《法商研究》1995 年第 3 期。

［18］朱健：《历史记忆与重新阐释——近代中国著作权观念的发生》，载《福建论坛》2005 年第 9 期。

［19］杨利华：《中国古代著作权保护及其成因探析》，载《金陵法律评论》2004 年 2 月。

［20］徐国栋：《民法典草案的基本结构——以民法的调整对象理论为中心》，载《法学研究》2000 年第 1 期。

［21］计秋枫：《“开明专制”辨析》，载《世界历史》1999 年第 3 期。

［22］夏建国：《制定统一知识产权法典的几点思考》，载《河北法学》2001 年第 3 期。

［23］胡开忠：《知识产权法中公有领域的保护》，载《法学》2008 年第 8 期。

［24］王太平、杨峰：《知识产权法中的公共领域研究》，载《法学》2008 年第 1 期。

［25］李雨峰：《版权法上公共领域的概念》，载《知识产权》2008 年第 5 期。

[26]冯晓青:《知识产权法的公共领域理论》,载《知识产权》2007年第3期。

[27]王琳琳:《从中国民法典时代特色角度谈知识产权入典立法建议》,载《当代法学》2018年第3期。

[28]邓社民:《我国民法典分则编纂中的知识产权立法构想》,载《法学评论》2017年第9期。

[29]赵万一:《知识产权法的立法目标及其制度实现——兼论知识产权法在民法典中的地位及其表达》,载《华东政法大学学报》2016年第11期。

[30]吴汉东:《知识产权应在未来民法典中独立成编》,载《知识产权》2016年第12期。

[31]吴汉东:《民法法典化运动中的知识产权法》,载《中国法学》2016年第8期。

[32]李琛:《论中国民法典设立知识产权编的必要性》,载《苏州大学学报》(法学版)2015年第11期。

[33]毛金生:《论"统一知识产权法典"的编撰》,载《知识产权》2010年第5期。

[34]鄢一美:《寻找现代〈民法典〉:中国与俄罗斯不同的立法进程》,载《求是学刊》2010年第2期。

[35]李雨峰:《知识产权通则:立法进程中的一种尝试》,载《法学论坛》2006年第1期。

[36]杜颖:《知识产权"入典"的思考》,载《北方法学》2018年第5期。

[37]刘鑫:《从类型化到法典化:我国知识产权立法的发展与变革——以〈民法总则〉第123条为切入点》,载《电子知识产权》2018年第4期。

[38]何华:《〈民法总则〉第123条的功能考察——兼论知识产权法典化的未来发展》,载《社会科学》2017年第10期。

[39]施刚:《俄罗斯知识产权“入典”的历史选择》,载《私法》2017年第6期。

[40]翟羽艳:《〈俄罗斯联邦民法典〉的现实性与现代性评析》,载《俄罗斯中亚东欧研究》2011年第5期。

[41]甄瑞辰等:《〈俄罗斯联邦文化基本法〉框架与内容述略》,载《山东图书馆学刊》2014年第5期。

[42]鄢一美:《〈俄罗斯民法典〉对“知识产权”概念的立法取舍》,载《知识产权》2016年第10期。

[43]肖秋惠:《20世纪90年代以来俄罗斯的知识产权法律保护研究》,载《图书情报知识》2002年第6期。

[44]肖辉忠、燕玉叶:《90年代以来的俄罗斯法制建设》,载《俄罗斯研究》2003年第3期。

[45]杨静:《TRIPs视野下俄罗斯知识产权民事执法研究》,载《辽宁行政学院学报》2010年第12期。

[46]李建忠:《从〈俄罗斯联邦民法典〉看我国知识产权法如何入典》,载《法制与经济》2017年第3期。

[47]杨昌宇:《从制度构建到观念内化:当代俄罗斯宪政发展的隐性问题》,载《俄罗斯中亚东欧研究》2007年第3期。

[48]张建文:《当代俄罗斯宪法的私有财产保护模式分析》,载《重庆文理学院学报》(社会科学版)2010年7月。

[49]刘洪岩:《多元文化体制下的俄罗斯法律文化的发展问题》,载《俄罗斯东欧中亚研究》2014年第6期。

[50]陈绍玲、王文敏:《俄罗斯〈反盗版法〉评析及其对我国网络著作权保护的启示》,载《电子知识产权》2015年第10期。

[51]李琳:《俄罗斯传统法律文化研究——以十月革命前法典编纂为视角》,载《社会科学辑刊》2011 年第 5 期。

[52]张俊杰:《俄罗斯法治国家思想历史初析》,载《求是学刊》2004 年 7 月。

[53]杨昌宇:《俄罗斯法治进程中的核心文化因素及其影响》,载《俄罗斯中亚东欧研究》2012 年第 1 期。

[54]杨昌宇:《俄罗斯公民宪法权利的文本演变——对 1906 年根本法、1918 年苏俄宪法和 1993 年联邦宪法的考察》,载《北方法学》2010 年第 3 期。

[55]杨静:《俄罗斯关于外国知识产权法律保护之研究》,载《黑龙江省政法管理干部学院学报》2010 年第 8 期。

[56]王志华、刘天来:《俄罗斯国家与法理论的历史传统》,载《求是学刊》2017 年 9 月。

[57]杨建斌、杨译迪:《俄罗斯邻接权法律制度的几点启示》,载《中国出版》2012 年 2 月上。

[58]王绪良:《俄罗斯民法的特点》,载《内蒙古电大学刊》2011 年第 3 期。

[59]曹倩文:《俄罗斯民法典发展历程及对我国民法典制定的启示》,载《法制与社会》2017 年 7 月上。

[60]李秀文:《俄罗斯民事基本法对我国民法典起草的借鉴意义》,载《黑河学院学报》2017 年第 1 期。

[61]付荣:《俄罗斯民事立法原则与改革与借鉴》,载《中国律师》2003 年第 5 期。

[62]黄道秀:《俄罗斯民事立法在向市场过渡时期的发展:E. A. 苏哈诺夫教授访谈录》,载《比较法研究》1994 年第 3 期、第 4 期。

[63]杨昌宇:《俄罗斯社会转型与法治之路》,载《俄罗斯中亚东欧

研究》2005 年第 5 期。

[64]鄢一美:《俄罗斯社会转型与民法法典化》,载《比较法研究》2015 年第 3 期。

[65]魏建国:《俄罗斯市场经济转型困境的法治视角解读》,载《俄罗斯中亚东欧研究》2011 年第 6 期。

[66]鄢一美:《俄罗斯所有制关系的变革及其法律形成》,载《中国法学》1997 年第 2 期。

[67]孙景宇、鲁文霞:《俄罗斯与东欧国家法律移植的教训与启示》,载《国外社会科学》2015 年第 4 期。

[68]陈福胜:《俄罗斯与东亚法治发展模式之比较——以不同文化模式为背景的视角》,载《俄罗斯中亚东欧研究》2009 年第 2 期。

[69]刘洪岩、孙熠泽:《俄罗斯早期市民社会的形成和发展——以社会、国家及社会舆论为视角》,载《北方法学》2009 年第 5 期。

[70]张建文:《俄罗斯知识产权立法法典化的创举:统一技术权制度》,载《重庆理工大学学报》(社会科学版)2010 年第 3 期。

[71]张建文:《俄罗斯知识产权立法完全法典化的进程与特点》,载《科技与法律》2009 年第 1 期。

[72]鄢一美:《俄罗斯知识产权立法与民法典的编纂》,载《知识产权》2006 年第 3 期。

[73]熊建军:《俄罗斯知识产权文化与法律保护》,载《欧亚经济》2014 年第 3 期。

[74]张建文:《俄罗斯知识产权与民法典关系的立法史考察》,载《河北法学》2009 年第 12 期。

[75]杨昌宇:《俄罗斯主导法律观的演变及当代变革》,载《求是学刊》2011 年第 4 期。

[76]周珩:《俄罗斯著作权法律保护的历史沿革》,载《黑龙江省政

法管理干部学院学报》2017 年第 4 期。

[77]孟祥娟:《俄罗斯著作人身非财产权研究》,载《俄罗斯中亚东欧研究》2012 年第 4 期。

[78]张俊杰:《俄罗斯转型时期法学理论的根本转向》,载《法学家》2004 年第 3 期。

[79]杨昌宇:《法系视角下俄罗斯法律传统及对中国的启示》,载《学术交流》2016 年第 9 期。

[80]张力:《公民、自然人,抑或其他——论俄罗斯民法文化中“公民”(гражданин)概念的价值取向》,载《河北法学》2007 年第 3 期。

[81]温恒国:《功能主义视角下的俄罗斯宪法变迁——评〈俄罗斯宪法:本质、演进与现代化〉》,载《北大法学评论》2008 年第 1 期。

[82]王志华:《借鉴与超越——俄罗斯民法典编纂论》,载《外国法制史研究》2007 年第 00 期。

[83]王哲:《近年来俄罗斯法学理论的发展变化》,载《中外法学》1996 年第 4 期。

[84]翟羽艳:《近现代俄罗斯土地私有化法律制度改革的文化分析》,载《俄罗斯中亚东欧研究》2008 年第 2 期。

[85]王晓玲:《论俄罗斯法的特征》,载《哈尔滨工业大学学报》(社会科学版)2006 年第 3 期。

[86]李建华:《论俄罗斯联邦民法典(Ⅰ)总则的特点与我国未来民法典的借鉴》,载《法学评论》2000 年第 6 期。

[87]王志华:《论俄罗斯知识产权法的民法典化》,载《环球法律评论》2009 年第 6 期。

[88]付家东、陈雄:《略论苏联到俄罗斯法定义的变迁》,载《河北法学》2002 年第 5 期。

[89]刘洪岩:《萌动与发展:俄国早期法治思想的历史演进》,载

《俄罗斯学刊》2017 年第 5 期。

[90]刘洪岩:《内省与契合:当代俄罗斯法治秩序的变塑》,载《俄罗斯学刊》2011 年第 3 期。

[91]焦富民:《私法理念在〈俄罗斯联邦民法典〉中的复兴及其启示》,载《法商研究》2017 年第 6 期。

[92]张建文:《私法在俄罗斯国家政策中的优越地位》,载《武汉科技大学学报》(社会科学版)2009 年第 3 期。

[93]康敬奎:《苏联、俄罗斯法学在中国——全国法学学术研讨会会议综述》,载《求是学刊》2001 年第 5 期。

[94]徐国栋:《苏式民法调整对象定义的沉浮》,载《中国法学》2008 年第 5 期。

[95]佘能斌、程淑娟:《我国"民商合一"立法借鉴的新选择——由〈俄罗斯联邦民法典〉引出的思考》,载《当代法学》2006 年第 1 期。

[96]陆南泉:《普京的治国理念与俄罗斯的未来》,载《当代世界与社会主义》2005 年第 2 期。

[97]范在峰:《从知识产权法律体系存在的问题看法典化的必要性》,载《知识产权》2003 年第 2 期。

[98]吴汉东:《国际化、现代化与法典化:中国知识产权制度的发展道路》,载《法商研究》2004 年第 3 期。

[99]易继明:《历史视域中的私法统一与民法典的未来》,载《中国社会科学》2014 年第 5 期。

[100]李扬:《论民法典编纂中知识产权不宜独立成编》,载《陕西师范大学学报》(哲学社会科学版)2017 年第 2 期。

[101]韦贵红:《论知识产权立法体例与民法典的制定》,载《法律适用》2004 年第 5 期。

[102]费安玲:《论知识产权与民法典的互动——以立法形式为分

析视角》,载《陕西师范大学学报》(哲学社会科学版)2017 年第 2 期。

[103]钟瑞栋:《民法典的理性与知识产权法》,载《中国政法大学学报》2016 年第 5 期。

[104]靳晓东:《我国知识产权权利冲突之立法对策》,载《法学杂志》2011 年第 12 期。

[105]安雪梅:《现代民法典对知识产权制度的接纳》,载《法学论坛》2009 年 1 月。

[106]王太平:《学术法 · 法典法 · 知识产权法典化》,载《电子知识产权》2006 年第 8 期。

[107]朱谢群:《也论民法典与知识产权》,载《知识产权》2015 年第 10 期。

[108]胡开忠:《知识产权法典化的现实与我国未来的立法选择》,载《法学》2003 年第 2 期。

[109]李雨峰:《知识产权法典化论证质评》,载《现代法学》2005 年第 11 期。

[110]崔建远:《知识产权法之于民法典》,载《交大法学》2016 年第 1 期。

[111]苏力:《也许正在发生—中国当代法学发展的一个概览》,载《比较法研究》2001 年第 3 期。

[112]曹新明:《关于权利弱化与利益分享理论之研究——一种新的知识产权理论范式》,载《中南财产政法研究生学报》2007 年第 1 期。

[113]徐海燕:《俄罗斯联邦社会院的成立与发展》,载《国际资料信息》2007 年第 1 期。

二、俄文资料

(一)俄文著作

[1]А. В. Бакунцев, *Авторское право на произведения литературы*

в Российской Империи: *Законы*, *постановления*, *международные договгры* (1827–1917). Москва: Издательство ВК, 2006.

[2] А. Л. Маковский. *Кодекс россии*: *проблемы*, *теория*, *практика сборник памяти С. А. Хохлова международный центр финансово – экономического развития*, Москва 1998.

[3] Адарюков В. Я. *Книга гражданской печати в* XVIII *веке. // Книга в России.* Ч. М. , 1924.

[4] Антимонов Б. С. , Флейшиц Е. А. *Авторское право*, М: Юридическая литература, 1957.

[5] Баженов . В. В. *У истоков авторского права в Россяя. Правовые идеи и государственные учреждения.* Свердловск, 1980.

[6] Гаврилов Э. П. Советское авторское право. Основные положения. Тенденции развития. М. , 1984.

[7] Гаврилов, В. И. *Авторское право. Издательский договор.* Москва, Юрид. лит. , 1988.

[8] Гордон М. В. *К истории возникновения авторского права в России* //Ученые записки Харьковского Юридического Института. –Харьков: Изд–во Харьк. юрид. ин–та, 1948, Вып. 3.

[9] Н. М. Коршунова. *Интеллектуальной собственности* (*Право на результаты интеллектуальной деятельности и средства индивидуализации*) : Учебное пособие, М. , 2008.

[10] Е. А. Моргунова, *Авторское право*, Москва: "Норма" , 2009 .

[11] Е. А. Суханов, *Гражданское право*, *2–е изд.* , перераб. и доп. – М. : Издательство БЕК, 1998.

[12] И. А. Зенин, *Интеллектуальная собственность и ноу–хау*: Учебно-практическое пособие / Московский государственный университет

экономики, статистики и информатики. –М. : МЭСИ, 2001.

[13] И. А. Близнеца, *Авторское право и смежные права* (*издание второе*), Москва: ООО "Проспект", 2015.

[14] И. Т. Фролов, *Введение в философию*, Москва, Респулика, 1990.

[15] Иоффе О. С. *Советское гражданское право*: В 3–х тт. Т. 3. Л., 1965.

[16] ИоффеО. С, Шаргородский М. Д. *Вопросы теории права*. – М. : "Юридическая литература". 1961.

[17] Калмыков П. Д. *О литературной собственности вообще и в особенности об истории прав сочинителей в России*. Рассуждение орд. проф. Имп. Сю–Петерб. ун–та, д–ра прав П. Д. Калмыкова, чит. на публичном акте Унив. 8–гщ февр. 1851.

[18] Камышев В. Г. *Права автора литературных произведений*, Москва, 1972.

[19] Кастальский. В. Н, *Основные новеллы части четвёртой гражданского кодекса Российской Федерации*. – М. , Волтерс Клувер, 2007.

[20] Киселев Н. П. *О Московском книгопечатании* XVII *в*. КН: Исслед. И материалы. 1960. Сб. 2.

[21] Корецкий В. И. *Авторские правоотношения в СССР*. – Сталинабад, 1959.

[22] Костькова Ольга Владимировна, *Постатейный комментарий к ФЗ Об авторском праве и смежных правах*. Новая правовая культура, 2005.

[23] Кудрявцев С. А. *Русские гравированные книги* XVII–XVIII *вв*. //

КН:Исслед. и материалы. 1960. Сб. 2.

[24] Куликов М. В. *Право на неприкосновенность произведения в советском авторском праве, сборник научных статей студентов, курсантов и слушателей.* отв. ред. А. Г. Антонов. Новокузнецк,2016.

[25] Л. А. Трахтенгерц, *Комменратрий к гражданскому кодексу Российской Федерации части четвёртой (постатейный)*, Москва ИНФРА-КОНТРАКТ,2009.

[26] Владимир-Буданов М. Ф. *Обзор истории русского права. Москва*, Территория Будущего,2005.

[27] Лопатин В. Н. (ред.) Белая книга: *История и проблемы кодификации законодательства об интеллектуальной собственности: Обращение к читателю (вместо введения)*,2009.

[28] В. Я. Ионас, *Произведения творчества в гражданском праве.* - М.:Юридическая литература,1972.

[29] Матвеев А. Г. *Право авторства и право на неприкосновенность произведения в российском и международном авторском праве.* М.:Юрлитинформ,2013.

[30] *Международные конвенции об авторском праве. Бернская конвенция об охране литературных и художественных произведений.* Комментарий К. Мазуйе. -Москва:Прогресс,1982.

[31] *Описание дел Архива Министерства народного просвещения.* Под ред. А. С. Николаева и С. А. Переселенкова. т. 2 Пг.:1921.

[32] О. С. Иоффе, *Гражданский Кодекс РСФСР*, Издательство Ленинградского университета,1965.

[33] П. В. Крашенинникова, *Гражданский кодекс Российской Федерации, Авторское право. Права, смежные с авторскими.*

Постатейный Комментарий к главам 69–71. Москва. Статут, 2014.

[34] Зернин Н. В. *Развитие права на неприкосновенность произведения // Гражданско – правовые вопросы обеспечения прав потребителей при переходе к рынку.* Пермь, 1991.

[35] Н. И. Павленко, Екатерина Великая, *Молодая гвардия.* Москва, 2003.

[36] И. А. Панкеев, *Авторское право для журналистов*, Икар, 2014.

[37] *Полное собрание законов Российской империи*, *с* 1649 *года. Том XXX.* 1808 – 1809. СПб.: Типография Ⅱ отделения Собственной Его Императорского Величества канцелярии, 1830.

[38] *Проблемы юридической науки в исследованиях докторантов, адъюнктов и соискателей.* Сб. научных трудов: в 2–Х т. –Вып. 7. –Т. 1 . Н. Новгород, 2001.

[39] Б. И. Пугинский, Д. Н. Сафиуллин, *Правовая экономика: проблемы становления.* Москва.: Издательство: “ Юридическая литература”, 1991.

[40] Р. А. Мерзликина, *Право Интеллектуальной Собственности*, Москва “Финансы и статистика” 2008.

[41] С. А. Беляцкин, *Новое авторское право в его основных принципах.* СПБ.: Издание юридического книжного склада “Право”, 1912.

[42] С. А. Судариков, *Основы Авторского Права*, Минск “Амалфея”, 2000.

[43] С. А. Судариков, *Авторское право*, Москва: ООО “Проспект”, 2009.

[44] Победоносцев К. П. *Курс гражданского права. Первая часть: Вотчинные права.* /Науч. Ред. В. С. Ем. М. ,2002.

[45] А. П. Сергеев, *Права интеллектуальной собственности в Российской Федерации: учебник.* 2. Москва. : ПБОЮЛ Гриженко Е. М. ,2001.

[46] В. И. Серебровский, *Вопросы советского авторского права.* Москва, Издательство Академии наук СССР, 1956.

[47] Синайский В. И. *Русское гражданское право. В 2-х выпусках в Киеве* 1914-1915 *гг.* Москва: Статут, 2002.

[48] С. А. Степанова, *Комментарий к гражданскому кодексу Российской Федерации (Учебно-практический)*, Москва, ООО "Проспект", 2019.

[49] *Краткий обзор книжной торговли и издательской деятельности Глазуновых за сто лет* 1782-1882. СПБ. ,1883.

[50] *Советское гражданское право. Т.* 2, Под ред. : Красавчиков О. А, М. : Высшая школа, 1985.

[51] Фалалеев Алексей Сергеевич, *Авторское право советского периода, Проблемы Экономики И Юридической Практики*, Издательский дом "Юр-ВАК" (Москва), 1998.

[52] Флейшиц Е. А. *Личные права в гражданском праве Союза ССР и капиталистических стран.* Москва. Юрид. изд-во НКЮ СССР, 1941.

[53] Шершеневич Г. Ф. *Авторское право на литературные произведения.* Казань, 1891.

[54] Шершеневич Г. Ф. *Учебник русского гражданского права (по изданию 1907г.).* Москва: Спарк, 1995.

[55] И. Л. Корнеева, *Право интеллектуальной собственности в Российской Федерации*, Юристъ, 2006 .

[56] А. Н. Елисеев, И. Е. Шульга, *Институциональный анализ интеллектуальной собственности*, Москва, ИНФРА-М, 2005.

[57] Е. А. Моргуновой, *Право интеллектуальной собственности: актуальные проблемы*, НОРМА ИНФРА-М, Москва, 2014.

[58] И. А. Зенин, *Проблемы российского права интеллектуальной собственности*, Статут, Москва, 2015.

[59] Гросул В. Я, *Русский консерватизм XIX столетия: идеология и практика*, Москва, Прогресс-Традиция, 2000.

（二）俄文期刊

[1] Л. П. Михайлович, "Основные проблемы и вопросы, стоящие перед современным авторским правом", *Общество и право*, 2009, №1 (23).

[2] М. С. Андрейкина, "У истоков российского авторского права", *Обсерватория культуры*, НИЦ Информкультура РГБ. -№ 2 / 2005.

[3] Маковский А. Л. "Наш долг - активно способствовать развитию гражданского законодательства", *Российского Права*. -М.: Норма, 2002, № 3.

[4] Лысенко Павел Михайлович, "Основные проблемы и вопросы, стоящие перед современным авторским правом", *ОБЩЕСТВО И ПРАВО*, 2009 №1(23).

[5] Р. С. Нагорный, "История развития норм о свободном использовании объектов авторских и смежных прав до принятия

четвертой части ГК РФ. ”,*Российского Права*. М. :Норма,2010,№ 2.

[6] Панкеев И. А. , “Российское авторское право XX века в нормативных актах, Вестник Московского университета”, *Журналистика*,Серия 10,Номер:3.

[7] Плиева Светлана Васильевна,“Исторические этапы развития авторского права в России”, *Бизнес в законе*,2009. 5.

[8] И. В. Подкопаева, “Рассуждение ординарного профессора императорского санкт-петербургского университета п. д. калмыкова о литературной собственности и правах сочинителей в россии”, *Краткое Сообщение*,2010. 1.

[9] Сергеев А. “Заключение на проект части четвертой Гражданского кодекса РФ”, *Авторское право и смежные права*, 2006. № 7.

[10] Ю. А. Караулова,“Современный этап развития авторского права в россии”,*Право и управление.* Век,№ 4 (9)/2008.

[11] Титлянова-Чайкина Наталья Викторовна,“Издатели дореволюционной вятки и становление авторского права в россии, Библиография”,*Научный журнал по библиографоведению,книговедению и библиотековедению*,2016. 2(407).

[12] Р. В. Притулин, “Проблемы эффективности применения уголовного наказания за нарушение авторского права и смежных прав”,*Юридическая мысль*, 4(60)-2010.

[13] Шевченко А. В. “Институт ответственности за нарушение авторских прав в россии (исторический аспект)”. *Социосфер*, 2010. 2.

[14] Ю. А. Караулова,“Современный этап развития авторского

права в России" ,*Право и Управление.* № 1 (10) 2009.

[15] Федотов М. А. "Гласность и цензура: возможность сосуществования // Советское государство и право" , *Наука*,1989. — Вып. 7.

[16] Свечникова И. В. "Защита прав предпринимателя и права на объекты интеллектуальнойсобственности: вопросы правоприменения", *ЭЖ-Юрист*,№12 (963) 2017.

[17] Усольцева С. В. "Новое в развитии российского авторского права" ,*Сибирский Юридический Вестник.* -2001. -№ 3.

[18] А. К. Юрченко, "Новое в регулировании авторских отношений" ,*Правоведение*,1994,№ 1.

[19] С. В. Усольцева, " Защита прав интеллектуальной собственности", *Сибирский Юридический Вестник.* 2003. № 1.

[20] С. В. Усольцева, "Защита прав на использование произведений,переданных по авторскому договору" ,*Сибирский Юридический Вестник.* 2000. № 2.

[21] С. В. Усольцева, "Международная система нормативноправового регулирования интеллектуальной собственности", *Сибирский Юридический Вестник.* 1999. № 2.

[22] С. В. Усольцева, "Право интеллектуальной собственности в Интернет". *Сибирский Юридический Вестник.* 2000. № 4.

[23] Е. И. Карлова-Игнатьева, "Проблематика и судебнаяпрактикапривлечения к ответственности занарушение авторских прав", *Имущественные отношения в Российской Федерации*,№ 7 (118) ,2011.

[24] О. Г. Степаненко,"Договоры об отчуждении исключительного права на объекты авторских прав" , *Вестник ИрГТУ*,№1 (84) 2014.

[25] А. В. Афанасьев,"Интеллектуальная собственностьи авторское

право в Интернете", *Имущественные отношения в Российской Федерации*, №2(53), 2006.

[26] Т. Г. Макаров, "Формы защиты авторских прав", *Бизнес в законе*, 2008. 2.

[27] В. А. Голуб, "Защита авторских прав как задача обеспечения информационной безопасности", *Вестник ВГУ. Серия: Филология. Журналистика*. 2011, №1.

[28] Антон Геннадьевич Матвеев, "Право на неприкосновенность произведения в дореволюционномроссийском и советском авторском праве", *Исторические, философские, политические и юридические науки, культурология и искусствоведение. Вопросы теории и практики*, № 4 (18) 2012, часть 2.

[29] И. В. Овчинников, "Право на обнародование произведения в континентально-европейском авторском праве, экономика и право", 2017. Т. 27, вып. 1.

[30] Ельчанинова Наталья Борисовна, "Проблемы правовой охраны интеллектуальной собственности в сети интернет", *Общество: Политика, Экономика, Право*, 2016, №12.

[31] Н. С. Колесень, "Законодательйтво об авторйком праве исмежных правах", *Направления Проблемы Управления*, 1 (34) 2010.

[32] И. В. Подкопаева, "Рассуждение ординарного профессора императорского санкт-петербургского университета П. Д. Калмыкова о литературной собственности и правах сочинителей в России", *Вестник ВГУ. Серия: Право*, 2010, № 1.

[33] Матвеев А. Г. "Российская модель права на неприкосновенность произведения", *Вестник Пермского университета. Серия "Юридические*

науки". 2011. Вып. 4 (14).

[34] А. В. Брякина, Н. А. Хузина, "К вопросу о возникновении уголовной ответственности за нарушение авторских прав", *Научный альманах*, 2016, № 1-3(15).

[35] А. П. Рабец, "К вопросу о совершенствовании положений четвертой части гражданского кодекса Российской Федерации", *Вестник Саратовской государственной юридической академии*, Номер: 4 (105) Год: 2015.

[36] Ёров Р. Х. "Некоторые вопросы перехода личных неимущественных прав, связанных с авторским правом", *Международный студенческий научный вестник*, № 4, 2015.

[37] С. Н. Поленова, "Законодательное регулирование авторских прав как объектов бухгалтерского учета интеллектуальной собственности", *Правовое Регулирование*, 8 (104)-2007.

[38] А. В. Кривошеев, "Свободное использование произведений, защищенных техническими средствами защиты авторского права и смежных прав, по законодательству США", *Вестник РУДН*, *серия Юридические науки*, 2009, № 3.

[39] Н. М. Карамзин, "О книжной торговле и любви ко чтению в России", Доступил 11. 11. 2018, http://dugward. ru/library/karamzin/karamzin_o_knijnoy_torg. html.

[40] М. В. Куликов, "Право на неприкосновенность произведения в советском авторском праве, вестник молодого ученого кузбасского института", из Сборник научных статей студентов, курсантов и слушателей. отв. ред. А. Г. Антонов. Новокузнецк, 2016.

三、英文资料

(一)英文著作

[1]E Michiel Elst, *Copyright, Freedom of Speech, and Cultural Policy in the Russian Federation*, Martinus Nijhoff, 2004.

[2]John Feather, *Publishing, Piracy and Politics: an Historical Study of Copyright in Britain*, London: Mansell, 1994.

[3]Mira T. Sundara Rajan, *Copyright and Creative Freedom: a Study of Post-Socialist Law Reform*, Routledge, 2006.

[4]WIPO, *Character Merchandising*, WO/INF/108, December 1994.

[5] John O. Asein, *Nigerian Copyright Law & Practice, Second Edition*, Books and Gavel Ltd., 2012.

[6]Sheldon W. Halpern, Phillip Johnson, *Harmonising Copyright Law and Dealing with Dissonance: a Framework for Convergence of US and EU Law*, Edward Elgar Publishing Limited, 2014.

[7] Christopher May & Susan K. Sell, *Intellectual Property Rights: a Critical History*, Lynne Rienner Publishers, Boulder & London, 2006.

[8]Mark Rose, *Authors and Owners: the Invention of Copyright*, Harvard University Press, Cambridge, Massachusetts & London, 1993.

[9]Fredrick S. Siebert, *Freedom of the Press in England*, 1476-1776: *the rise and decline of government control*. Urbana : University of Illinois Press, 1952.

[10]Cotterell , *The Law of Property and Legal Theory*, William Twining (ed.), Legal Theory and Common Law, Basil Blackwell, 1986.

[11]W. R. Cornish, *Intellectual Propery: Patents, Copyright, Trademarks and Allied Rights*, Sweet and Maxwell, 1981.

[12]Robert P. Merge & Jane C. Ginsburg, *Foundations of intellectual property*, Foundation Press, 2004.

[13]William Party, *How to fix copyright*, Oxford University Press, 2011.

[14] Report of UNESCO Institute for Statistics, *The globalisation of cultural trade: A shift in consumption*, 2016.

[15] Cyprian Blagden, *The Stationers' Company: A History*, 1403 - 1959, Cambridge: Harvard University Press, 1960.

[16] Robert P. Merge, Peter S. Menell, Mark A. Lemley, *Intellectual Property in the New Technological Age*, Sixth Edition, Wolters Kluwer Law & Business, 2012.

[17]L. Guibault & P. B. Hugenholtz (eds.), *The future of the Public Domain*, Kluwer Law International., Netherlands, 2006.

[18]Lior Zemer, *The idea of authorship in copyright*, Ashgate Publishing Limited, England, 2007.

[19]William Fisher, *Theories of Intellectual Property*, *New essays in the legal and political theory of property*, S. Munzer ed., Cambridge University Press, 2000.

[20]L. Ray Patterson, Stanley W. Lindberg, *The Nature of Copyright: A Law of Users' Right*, University of Georgia Press, 1991, Sathens & London.

[21]Pamela Samuelson, *Mapping the Digital Publice Domain: Threats and Opportunities*, 66 Law & Contemp, 2003.

(二)英文论文

[1]Corinna M. Wissels, "The Russian Civil Code: Will it Boost or Bust Franchising in Russia?", 22 *Rev. Cent. & East Eur. L*, 498, note 8(1996).

[2] David Vaver, "Intellectual Property Rights: The State of Art", 116 *Law Quarterly Review*, 636 (2000).

[3] Eric Schwartz, Tbe Herbert Tenzer Memorial Conference: Copyright in the Twenty-first Century: Intorduction, 13 *CARDOZO ARTS & ENT. L. J.* 13, 17(1994).

[4] Esprit Eugster, "Evolution and Enforcement of Intellectual Property Law in Russia", Accessed June 20, 2018. http://digitalcommons. law. wustl. edu/globalstudies/vol9/iss1/5/.

[5] Monica B. Vermeer, Note, "A new era in Russian copyright law: protecting computer software in the post-soviet Russian Federation", 5 *TRANANAT' L. L. & Conterp. Probs.* 147, 148(1995).

[6] Richard E. Bennett, "The Solzhenitsyn Cases: The Russian Author and Western Copyright Law", *OHIO Northern University Law Review*, Vol. 3. 1975.

[7] Sergey Budylin & Yulia Osipova, "Is All of MP3 Legal? Non-Contractual Licensing under Russian Copyright Law", *Suffolk University Journal of High Technology Law*, Vol. 7, No. 1, 2007.

[8] Silke von Lewinski, "Copyright in Central and Eastern Europe: An Intellectual Property Metamorphosis, Fordham Intellectual Property", *Media and Entertainment Law Journal*, Volume 8, Issue 1, 1997.

[9] William H. Sewell, Jr. "Ideologies and social revolutions: Ideologies and Social Revolutions: Reflections on the French Case", *Journal of Modern History* 57, March 1985.

[10] Silke von Lewinski, "The Beginnings of Soviet Copyright Legislation 1917-1925", *Review of Socialist Law*, 1982, 8 (1).

[11] K. Newby, "The Effectiveness of Special 301 in Creating Long

term Copyright Protection for US Companies Overseas", *Syracuse J Int Law and Commerce* 29. 1995, 21.

[12] Peter Burger, "The Berne Convention: its history and its role in the future", *Journal of Law & Technology*, Winter 1988.

[13] Lea Shaver, "Copyright and inequality", 92 *Washington University Law Review*, 117 (2014).

[14] S. Ergey B Udylin and Y Ulia O Sipova, "Total Upgrade: Intellectual Property Law Reform in Russia", 1 *Colum. J. E. Eur. L.* 1, 4 (2007).

[15] Boris N. Mamlyuk, "Russia & Legal Harmonization: An Historical Inquiry into IP Reform as Global Convergence And Resistance", *Washington University Global Studies Law Review*, Dec 2011.

[16] A. Makarov and A. Pakhomov, "Innovative Exports Promotion in Russia: Role of Intellectual Property Rights Protection", *Russian Economic Developments*, No. 8, 2013.

[17] Andrey V. Kashanin, "The Criteria of Copyrightability used in Russian Judicial Practice", *Hse Working PapersWP BRP*, 30/Law/2014.

[18] Eduard P. Gavrilov, "Legislation on Intellectual Property in the Russian Federation: Novels Introduced in the Civil Code of R. F". by the Federal Law of March 12, 2014 № 35 FZ, Basic Research ProgramWorking Papers Series: Law WP BRP 52/Law/2015.

[19] Igor Motsnyi, "A Note on the Protection of Intellectual Property on the Internet: A Russian Perspective", 29 *Review of Central and East European Law*, 2004 No. 2.

[20] Natal'ya V. Lebedeva and Aleksandra Yu. Kondyurina, "Alterations in Intellectual Property Right after Russia's Accession to the

World Trade Organization", *European Researcher*, 2013, Vol. (50), № 5-3.

[21] L. Bently and S Maniatis, "Intellectual Property and Ethics", *Perspectives on Intellectual Property*, Vol. 4, 1998.

[22] Astapovich, A. And L Gregoriev, "Foreign investment in Russia: Problems and solovtions", *Problems of Economic Transition*, 1994, Vol. 36, No. 10.

后　记

本书是以我的博士论文为基础,并在做大量修改之后而成。本书的完成首先要感谢的是我的博士生导师梁慧星先生。先生的学识、大德与睿智非我贫乏语言所能表述,他的言行对我的为人与学术研究产生重大影响。以将他国的著作权法史学作为一个选题是比较危险的,容易受到各方面的质疑甚至指责。史学的研究对象是故纸堆,提出的是对过去的看法,因而难免会有人对其意义产生怀疑,在当前实用主义思维活跃的背景下,这种怀疑更加地多了。因先例已有,故而在选题时我曾有过踯躅,但在先生的鼓励之下,我毅然选择了这样一个宏大而危险的研究领域。在写作的过程中,先生不仅在写作方法、论文结构与内容上给了我许多建议,还多次督促我的写作进程。先生的谆谆教导不仅为我的写作开阔了思路,更成为我写作的精神动力所在。

我还要特别感谢山东大学法学院的王丽萍、周长军、张海燕、秦伟、柳忠卫、柳砚涛等诸位老师,在与他们交流的过程中,给了我许多的启迪,使我在为人、学术追求以及论文写作中均获益匪浅。我还要感谢山东大学外国语学院俄语系的李建刚与李学岩等诸位老师以及俄语系的各位同学,在他们的帮助下,我获取了许多俄文资料。在写作的过程中,正是在他们的无私帮助下,使我对一些俄文资料,特别是一些古俄文资料的翻译与掌握更为准确。

当然我要特别感谢的是我的家人,父母虽然年事已高,但仍全力支持我在学业上不断求索。妻子承担了家庭中的大部分事务,为我营造一个好的写作氛围,使我能够全身心投入写作之中。特别感谢我的女儿,她的来临给了我很多灵感与动力。我还要感谢我的岳父与岳母、姐夫与姐姐,他们的无私帮助让我备感振奋。

史学研究有两个主要部分:“事实厘清”与“价值宣扬”,当前国内的理论界,“价值宣扬”似乎较“事实厘清”更受吹捧。理论界并不乏仗“意”“直”言者,新的学说、理论与完善建议层出不穷,而致力于厘清事实的埋头苦干者却变得稀缺,甚至受到冷落。“事实厘清”与“价值宣扬”在史学研究中的地位应当不分轩轾,对“事实厘清”需予以必要重视。“价值宣扬”应建立在“事实厘清”的基础之上,否则的话,所宣扬的价值不过是空中楼阁而已。不仅如此,“事实厘清”还应尽量地摆脱所宣扬价值的左右,否则的话,事实就不能得到真正的厘清。在写作过程中,我对“事实厘清”予以了必要重视,着力于不同时期俄罗斯著作权制度的描述与释明,尽量做到价值无涉,力求原汁原味地还原俄罗斯著作权制度历史的本来画面,虽然这个画面描绘地过程中已经不可避免地加入了我的个人因素。我相信,对于一个填补国内研究空白的著作而言,如实还原较有价值性地选择意义更大,这样更有利于后来者在我的基础上更进一步。

学术研究是辛苦的,但却是无比快乐的,法史学的研究与写作更别具情趣。法国年鉴大师马克·布洛赫认为,对于个人而言,历史是一种令人销魂的爱好,是兴趣聚集酝酿的源泉。此言诚不相欺,当辑古钩陈,完全融入过去之后,过去的画面将会一一再现,著者亦仿佛沿着历史的溪流缓缓而下,沿途的风景令人流连忘返。法史学研究令人沉思,在思考的过程中可以得到对策法学所不能带来的乐趣,这或许正是杨雄发出“雕虫小技”感叹的缘故吧。与不可掌控的当下与未来相比,对过去的把握更为自由,你既可以将焦距拉远,也可以拉近;即可以宏观巨视,也可以细致入微。与未来的不确定相比,过去在已有资料的范围内是确切的,不管其中的细节多么烦琐,但结果却是真实地摆在眼前。

张之洞曾指出,“史学须渐次为之,亦须穷年累月”,因而,完成并不意味着结束,而是新的开始。本书的完成也意味着下一个阶段的开始,在之后的时光里,我将依然关注俄罗斯著作权制度的历史演变,不断地丰富自己所勾勒出来的底稿。我也希望能有更多的人参与其中,补苴罅漏,将俄罗斯著作权制度描绘得更为清楚与精彩。

图书在版编目(CIP)数据

俄罗斯著作权制度流变考 / 姜海洋著. -- 北京 : 法律出版社, 2020
(新时代法学学术文库 / 梁慧星主编)
ISBN 978-7-5197-4941-5

Ⅰ. ①俄… Ⅱ. ①姜… Ⅲ. ①著作权法-研究-俄罗斯 Ⅳ. ①D951.23

中国版本图书馆 CIP 数据核字(2020)第 173983 号

新时代法学学术文库	俄罗斯著作权制度流变考 ELUOSI ZHUZUOQUAN ZHIDULIU BIANKAO	姜海洋 著	责任编辑 似 玉 装帧设计 李 瞻

出版 法律出版社
总发行 中国法律图书有限公司
经销 新华书店
印刷 北京建宏印刷有限公司
责任印制 吕亚莉

编辑统筹 法律应用出版分社
开本 A5
印张 10.125
字数 251 千
版本 2020 年 9 月第 1 版
印次 2020 年 9 月第 1 次印刷

法律出版社/北京市丰台区莲花池西里 7 号(100073)
网址/www.lawpress.com.cn
投稿邮箱/info@lawpress.com.cn
举报维权邮箱/jbwq@lawpress.com.cn
销售热线/400-660-8393
咨询电话/010-63939796

中国法律图书有限公司/北京市丰台区莲花池西里 7 号(100073)
全国各地中法图分、子公司销售电话:
统一销售客服/400-660-8393/6393
第一法律书店/010-83938432/8433 西安分公司/029-85330678 重庆分公司/023-67453036
上海分公司/021-62071639/1636 深圳分公司/0755-83072995

书号:ISBN 978-7-5197-4941-5 定价:58.00 元
(如有缺页或倒装,中国法律图书有限公司负责退换)